启笛

Novgorod

Histoire et archéologie d'une république russe médiévale (970-1478)

Pierre Gonneau

〔法〕皮埃尔·格努 著
程水英 译

看见
诺夫哥罗德

北京大学出版社
PEKING UNIVERSITY PRESS

目录
CONTENTS

如何打开中世纪罗斯最著名的城市诺夫哥罗德，或者叫尊贵的大诺夫哥罗德（Monseigneur Novgorod-Le-Grand）的大门？

我们应当与汉萨[1]商人一起，在冬季和夏季航行，探索沃尔霍夫河两岸，寻访东岸的圣索菲亚大教堂和西岸的商业区。然后，我们可以通过考古、建筑和图像资料来了解上述地区的文化精华，但最重要的是叙事材料，如圣徒的编年史和传记以及口头传说。

古罗斯遗迹面临许多危险，尤其是在 20 世纪。当时的革命和苏维埃政府使得几乎所有的礼拜场所遭到关闭，建筑和遗迹被改造甚至拆毁。同时，罗斯文化的一些无价之物也被放进了博物馆。第二次世界大战造成了进一步的破坏，但也首次引起了对保护和修复古迹的关注。诺夫哥罗德在 1941 年 8 月 15 日至 1944 年 1 月 20 日被德军占领期间遭到枪林弹雨的破坏，圣索菲亚大教堂的圆顶也严重受损。然而，这是最早开始挖掘废墟和保存遗迹的城市之一。1945 年 12 月 22 日通过的城市规划规定，要建设一个当时可预期的最现代化的苏维埃城市，同时

---

[1]　Hanse，汉萨同盟（13—17 世纪北欧城市结成的商业、政治同盟，以德意志北部诸城市为主）。——译者注

还能基本保留中心的历史城区。此外，自 1953 年以来每年进行的考古发掘都取得了重大发现，其中最令人震惊的是诺夫哥罗德出土的桦树皮文献。

在二战后或解冻时期开始职业生涯的一代科学家领导了发掘工作，并对了解诺夫哥罗德做出了根本性的贡献。其中有两人已去世，他们是安德烈·扎利兹尼亚克（Andreï Zalizniak，1935—2017）和瓦伦丁·亚宁（Valentin Ianine，1929—2020），他们理应被授予大诺夫哥罗德荣誉公民的称号。在法国，我的老师弗拉基米尔·沃多夫（Vladimir Vodoff，1935—2009）帮助研究中世纪的学者认识了这座城市，使他们了解早在圣彼得堡之前，这座城市就是罗斯通往欧洲的窗口。谨以此书献给我的老师和这些科学家。

第一章

新城的诞生与发展

"诺夫哥罗德"一词的意思是"新城"。它最早出现于大约公元 900 年，位于 820 年左右建立的第一个要塞戈罗季谢 [Gorodichtche] 下游几公里处，沿着沃尔霍夫河两岸（分别为圣索菲亚侧和商业侧）扩展。

斯拉夫人、波罗的人、芬兰人和罗斯－瓦良格人

现有的书面资料略显冗长，且大多是传说，从中可知波罗的人、芬兰人和斯拉夫人等不同民族曾在诺夫哥罗德的遗址上聚居融合。后来，在 9 世纪初的 30 多年里，罗斯人（也被称为瓦良格人）也到此定居下来。

《往年纪事》（*Le Récit des temps passés*）是东斯拉夫现存最古老的编年史。这部编年史提到的年代最早可追溯至大洪水时代。正文按照拜占庭纪年体系编排，起于 6360 年（即基督纪

年或公元纪年的 852 年），但其年表在 945 年之前是不确定的[1]。故事最初的重心是在诺夫哥罗德，但很快就转移到基辅。《诺夫哥罗德第一编年史》（*Première chronique de Novgorod*）出现得比较晚，起讫时间为 1280 年至 1440 年。从拜占庭、拉丁和阿拉伯等其他地区获得的具体信息有助于完善或厘清史实。然后，我们必须尝试将这些信息与考古发现进行比对。

《往年纪事》讲述了斯拉夫人的民族起源，虽然简要，却解释了他们如何从最初的中心（可能在多瑙河沿岸）迁移过来的过程。我们对向东的分支比较感兴趣：

> 斯拉夫人在第聂伯河沿岸定居，有些被称为波利安人（Polianes，平原之人），有些被称为德雷夫利安人（Drevlianes，林中之人）。

> 还有一些人定居在伊尔默湖（Ilmer）附近，保留了斯拉夫人的名字（斯洛文尼亚人 ［Slovènes］）。他们建立了一个城市，取名为诺夫哥罗德[2]。

伊尔门湖（在编年史中最初称为伊尔默）位于一个复杂河系的中心（见 14 页地图），是一个在春秋季沼泽遍布的地区。这个地区汇集了 52 条溪流的水，并滋养了一条南北走向的沃尔霍夫河，最后注入拉多加湖。而涅瓦河从拉多加湖流出，向西注入波罗的海东端的芬兰湾。在移民时代，根据

《往年纪事》所述，斯拉夫部落最初定居在乌克兰西北部和白罗斯，随后是俄罗斯的西部。其向东北推进的极点是诺夫哥罗德地区，在那里，新来者斯拉夫人与波罗的人和芬兰－乌戈尔人相遇，在《往年纪事》中，这进入了又一个历史阶段：

> 拜占庭纪年6367年（公元859年），海外的瓦良格人迫使楚德人（Tchoudes）、斯洛文尼亚人、梅尔人（Mer）、维斯人（Ves）和克里维奇人（Krivitches）进贡[3]。

与居住在亚得里亚海沿岸和阿尔卑斯山脚下的斯洛文尼亚人一样，诺夫哥罗德的斯洛文尼亚人也是斯拉夫人的一部分。他们只是保留了该族群的原始名称，没有根据地形或民族英雄渊源采用其他名称。克里维奇人也是斯拉夫人，他们被认为是斯摩棱斯克久远的库尔干文明的一部分。另外，维斯人是芬兰语族群，被认为是维普斯人和卡累利阿人的祖先，他们生活在拉多加湖、奥涅加湖和白湖之间。在雅罗斯拉夫尔、科斯特罗马、伊万诺沃和弗拉基米尔等伏尔加河上游地区，也有芬兰人居住的区域。最后，"楚德人"这个集体名称往往指波罗的海人，特别是波罗的海东岸的爱沙尼亚人的祖先，他们在1200年日耳曼人的军事命令下放弃了部落生活方式，接受了基督教。那时，纳尔瓦河已经标志着罗斯和之后的利沃尼亚的边界。然而在此之前，楚德人出现在更远的东部地区，这可以从专名学和地名中得到证明。《往年纪事》和《诺夫哥罗德第一编

年史》提到，在 1068 年至 1078 年间，基辅大公伊贾斯拉夫
（Iziaslav）的扈从中有一个叫楚丁（Tchoudine）的人，他的弟
弟叫图基（Touky）。楚丁的洗礼名是尼古拉斯，据说他参与了
著名法典《罗斯法典》的修订[4]。诺夫哥罗德还有一条楚德街
[Tchoudintseva oulitsa]。所以楚德人很可能最早生活在诺夫哥
罗德周边地区。

正是以诺夫哥罗德为核心，诞生了《往年纪事》中被称为"呼
唤瓦良格人"的"原始场景"，奠定了基辅罗斯政治体系的基
础。事实上，在 859 年的短暂记载之后，编年史上留下了两年
的空白，然后重新开始叙述一个自海外建立的王朝：

> 在拜占庭纪年的 6370 年（公元 862 年），他们（即上文中
> 859 年纳贡的民族）把瓦良格人赶进了大海，不再向其进
> 贡。他们开始自己统治自己，但在他们之中没有正义，他
> 们内讧；从一个世系到另一个世系之间有所分歧，于是互
> 相发动战争。他们对自己说："还是让我们找一个能统治我
> 们，能根据法律为我们裁决的君王吧。"于是他们到海外
> 去想把瓦良格人找回来。瓦良格人中部族众多，有些被称
> 为瑞典人，有些被称为诺曼人、盎格鲁人、哥特人。而这
> 些人就被称为罗斯人。楚德人、斯洛文尼亚人、克里维奇
> 人、维斯人和罗斯人说："我们的国家又广阔又富裕，但
> 没有秩序。来统治我们，管理我们吧。"最后选中的是三
> 兄弟领导的部族。他们带着所有罗斯人出发了。老大留里

克（Riourik）在诺夫哥罗德立足，老二西涅乌斯（Sineous）
定居在别洛奥泽罗（Beloozero，在白湖边），老三特鲁沃
尔（Trouvor）则拥有伊兹博斯克（Izborsk）。正是因为这
些瓦良格人，诺夫哥罗德人才取了罗斯作为本土的名字。
这些诺夫哥罗德人是瓦良格人的后裔，以前他们是斯洛文
尼亚人（斯拉夫人）。两年后，西涅乌斯去世了，他的弟
弟特鲁沃尔过不久也去世了。于是留里克统辖了全部领
地，把三个要塞，即波洛茨克、罗斯托夫、别洛奥泽罗分
给了自己的手下。在这些要塞中，瓦良格人只是殖民者，
而第一批居民是诺夫哥罗德的斯洛文尼亚人、波洛茨克的
克里维奇人、罗斯托夫的梅尔人、别洛奥泽罗的维斯人和
穆罗姆（Mourom）的穆罗米亚人。留里克统治了所有这
些人[5]。

这一段文字引起了详细的审视和激烈讨论，特别是因为一些不
可忽视的文本差异。最让人不解的是罗斯人的地位：他们是接
受呼唤的人，还是发出呼唤的人？[6] "反诺曼主义者"认为罗
斯人是斯拉夫人的一支，而"诺曼主义者"则认为罗斯人是斯
堪的纳维亚人的一支。尽管拉丁文（Rous）、阿拉伯文（al-Rus）
和希腊文（Rhôs）的资料表明罗斯人应该属于斯堪的纳维亚
人，而非斯拉夫人（萨卡里巴人 [Sakaliba]），但争论并没有
完全停止，而考古学则更能证明斯堪的纳维亚人在东欧地区逐
步定居的进程[7]。

许多古代记述的手稿表明，留里克定居在拉多加，而不是诺夫哥罗德[8]。这不是后期文字补充的结果，而是与重要的考古证据相一致的。大约在 730—750 年，波罗的海地区形成了三个斯堪的纳维亚商行，它们彼此相距甚远，但在物质文化上却非常接近，并长期扩张：比尔卡（Birka 或 Bÿörkö，在瑞典梅拉伦湖的比约克岛上，斯德哥尔摩以西 30 公里处[9]），丹麦南部历史悠久的海泽比 [Hedeby]（德语为 Haithabu，石勒苏益格附近[10]）和位于沃尔霍夫河沿岸的一个海角上，在拉多加湖以南 13 公里的老拉多加 [Staraïa Ladoga]。斯堪的纳维亚的殖民始于 750 年至 770 年之间。拉多加在传说故事中被称为"阿尔代久堡"（Aldeigjuborg）。

留里克于 862 年到达拉多加，879 年去世，留下一个独生子伊戈尔（Igor），由一位亲戚奥列格（Oleg）摄政。不久后，奥列格开始向南进军：

> 在拜占庭 6390 年（公元 882 年），奥列格开始了一次远征，带着一大群瓦良格人、楚德人、斯洛文尼亚人、梅尔人、维斯人和克里维奇人。他带着克里维奇人到达斯摩棱斯克，占领了这个小镇，在那里安置了一个人管理。然后他顺着第聂伯河而下，占领了柳别奇，并在那里驻军。然后奥列格和伊戈尔看到了基辅的山丘……奥列格说："这座城

比尔卡的如尼文石刻

看见诺夫哥罗德

老拉多加的景色

设在海泽比的斯堪的纳维亚商行（重建）

市将成为罗斯诸城之母。"他身边有瓦良格人和斯洛文尼亚人，还有其他人，都被称为"罗斯人"。奥列格着手建立堡垒，并要求斯洛文尼亚人、克里维奇人、梅尔人进贡。他迫使诺夫哥罗德每年缴纳 300 格里夫纳（grivny）[11] 作为换取和平的代价。后来，其他人也向瓦良格人进贡，直到雅罗斯拉夫去世 [12]。

在这里，一段相当长的历史集中在两代人身上。关于留里克，我们一无所知，他的死亡日期可能是臆测的。我们所知的是，基辅有一位名叫伊戈尔的大公，在 945 年被德雷夫利安斯拉夫部落谋杀，当时他试图征收两倍的贡品。但他在 941 年之前的年表，以及可能与他一起统治的奥列格的年表，都非常不确定 [13]。事实上，斯堪的纳维亚的定居点是从北向南逐渐扩张的，考古遗址的年代确切表明：如果说老拉多加的殖民始于 750 年至 770 年之间，那么戈罗季谢（在未来的诺夫哥罗德以南）的殖民最早始于 820 年，格涅兹多沃（Gnezdovo，在未来的斯摩棱斯克附近）的殖民可能更晚，可能是在大约 890—900 年，而切尔尼戈夫 - 切斯托维茨（Chernigov-Chestovitsy，位于乌克兰第聂伯河左岸）是在 890—960 年。也是在 900 年左右，斯堪的纳维亚人出现在基辅的下城（俄语为 Podol，乌克兰语为 Podil）。

今天，大多数学者都承认，留里克三兄弟都是传奇中的人物，就像建立罗马城的罗穆卢斯和瑞摩斯一样。他们的登陆象征着一个新权力的建立，这个权力将支配沃尔霍夫河流域的各个民族，尔后扩展到更远的地方。他们所来自的海外出发地可能指的是瑞典，也可能指的是丹麦，也有人认为，史料里说的"海"可能只是拉多加湖，而不是波罗的海。这一切始于大约730—750年的拉多加。但我们注意到，这个地方显然只是一个贸易站，并没有军队设防。另一方面，另一个更靠近未来诺夫哥罗德的地方具有堡垒的特征。

古堡（戈罗季谢）

在诺夫哥罗德市上游两公里处，离伊尔门湖不远，一个俯瞰沃尔霍夫河的狭窄河岸尖角上，坐落着一座古老的城堡，俄语称为戈罗季谢。这个名字早在1103年就出现在《诺夫哥罗德第一编年史》中；19世纪初，这座城堡更名为"留里克古堡"[Riurikovo Gorodishche]，以更充分地与《往年纪事》的传说相吻合。在这个地方进行的发掘发现了一个坚固的斯堪的纳维亚风格的居住地，可与老拉多加相媲美，但防备要好得多。这块高地被夹在沃尔霍夫河的两个分叉之间；此外，一条河渠和堤岸保护了台地的一部分免受入侵，其余部分则保持开放。在这里，有土地在耕种；手工业和贸易得以开展；权力也在此集中。最古老的地层可追溯到820年，最晚可追溯到850—860年。出土的文物证明了斯拉夫人的存在，还有大量斯堪的纳维亚人口，包括妇女。还发现了遵循9世纪瑞典东

旧城堡（戈罗季谢）遗址：霍姆斯加德

部传统的如尼文。

这个地方似乎完全符合 9 世纪初或中叶出现的斯堪的纳维亚地名"霍姆斯加德（Holmsgardr）"，意思是"岛上堡垒"[14]。在斯堪的纳维亚传奇中，霍姆斯加德被视为加达里基(Gardariki)的首府，而加达里基是"城市之国"或"堡垒之国"，冒险家们从斯堪的纳维亚海岸出发，沿着"东方之路"[Austvegr] 前往这里。我们从传奇故事中知道他们的旅程，也从他们的父母为纪念他们而竖立的如尼石刻中知道他们的旅程，其足迹主要分布在瑞典大陆和哥特兰岛，但也经过挪威和丹麦[15]。

波斯旅行家伊本·鲁斯塔（Ibn Rusteh）描述了一个似乎也与戈罗季谢相对应的地方。他的《珍贵记录之书》(*Atours précieux*) 是在 10 世纪初（903 年至 920 年之间）创作的，但其中介绍

了一本可以追溯到 870 年至 880 年的《无名氏记述》(*Relation anonyme*):

> 罗斯人住在一个被沼泽包围的半岛上。这个半岛由森林和沼泽组成,步行要用三天;这个地方恶臭难忍,土壤是如此潮湿,像在脚下移动。他们的统治者被称为罗斯可汗。他们发动种族战争,俘虏斯拉夫人,然后卖给可萨人和保加尔人。他们没有耕地,靠在斯拉夫人的土地上掠夺为生[16]。

对伊本·鲁斯塔来说,罗斯人对斯拉夫部落的统治是确凿无疑的。他还描述了罗斯人、伏尔加保加尔人和可萨人之间的贸易关系,而不是从属关系。保加尔人,一个来自阿尔泰的突厥语族群,部分定居在伏尔加河中部,部分定居在曾是东罗马帝国行省的默西亚(Mésie),那里已经居住着斯拉夫人(后来的保加利亚人)。可萨帝国从伏尔加河河口一直延伸到普鲁特河,这个帝国形成于 650 年左右,持续了两个多世纪。在可萨人的统治下,既有来自亚洲的游牧部落牧民,也有从西方迁移过来的斯拉夫人。直到 10 世纪初,基辅这个地方一直是可萨势力范围的一部分。

伊本·鲁斯塔告诉我们许多细节。罗斯人不仅仅是维京冒险家的自由联合体,他们还携手交易武器。他们建立了一个汗国(kaganat)。这个名字并不是斯堪的纳维亚风格,显然与可萨汗国相呼应。

9 世纪罗斯汗国地图

《往年纪事》记录了这两个势力范围之间某种事实上的权力划分，后来这种平衡被打破，开始向罗斯－瓦良格人倾斜：

拜占庭纪年 6367 年（公元 859 年），瓦良格人要求楚德人、斯洛文尼亚人、梅尔人、维斯人和克里维奇人进贡。另一方面，可萨人向波利安人、塞韦里亚人（Severianes）、维亚蒂奇人（Viatitches）征收贡品，每户一张松鼠皮和一张貂皮。

在 6393 年（公元 885 年），奥列格派人去问拉迪米契人（Radimitches）："你们向谁进贡？"他们回答说："可萨人。"奥列格对他们说："不要向可萨人进贡，而要向我进贡。"他们献给奥列格的贡品与他们给可萨人的贡品一致。因此，奥列格将其统治范围扩大到德雷夫里安人、塞韦里亚人和拉迪米契人，同时还与乌里奇人（Oulitches）和蒂维特人（Tivertses）交战[17]。

然而，关于罗斯汗国最准确的信息来自加洛林王朝的拉丁语资料。《圣贝尔坦年鉴》（*Annales de Saint-Bertin*，圣贝尔坦是所位于加来海峡圣奥梅尔的修道院）记录了 829 年至 882 年法兰克王国的官方资料。根据这份资料所述，839 年，一个不期而至的罗斯使团随着拜占庭的代表团前往法兰克王国，访问了英格尔海姆（Ingelheim），拜访了查理曼大帝的儿子"虔诚者路易"（Louis le Pieux）：

有来自希腊人的使节，由皇帝狄奥菲勒斯派遣而来……他还派遣了一些自称罗斯国的使臣。他们声称，他们的国王称为可汗（chaganus），为了友谊而派他们到他（狄奥菲勒斯）那里。在信中，狄奥菲勒斯恳求皇帝（虔诚者路易）对他们仁慈，准许他们返回家园，并协助他们安全穿越帝国，因为他们如果从君士坦丁堡经过，将穿过野蛮民族的领土，他不会让他们通过这种方式返回，以免遭受危险。路易皇帝仔细调查了他们的来龙去脉后，发现他们是属于瑞典的民族，于是判断他们是来监视狄奥菲勒斯的王国和法兰克王国，而不是寻求友谊，他决定采取权宜之计，先把他们关押起来，直到能确定他们是否出于善意而来[18]。

最棘手的问题是找到"罗斯汗国"。"反诺曼主义"路线的支持者将其定位在第聂伯河中部，或更远的南部，亚速海的塔曼半岛，甚至是克里米亚[19]。证明这一论断的原因之一是基于《往年纪事》的叙述，说是在拜占庭纪年6874年（公元866年），第一次罗斯远征君士坦丁堡从基辅开始。然而，该突袭的时间是错的（实际上发生在860年），并且其进程在很大程度上是虚构的：由于布拉赫内（Blachernes）的圣母奇迹般的干预，进攻以罗斯落败告终，君士坦丁堡侥幸逃脱了灾难，其周围地区遭到洗劫却无力反击[20]。

但最重要的一点是，罗斯汗国的南部位置假说与考古学相矛盾：考古学认为他们是在890—900年左右到达基辅的。这也与希腊的资料相矛盾：在希腊资料中，860 年突袭的肇事者是一个遥远而不为人知的民族，来自"超北方"地区[21]。最后，即使假设 839 年的罗斯人不想"通过野蛮民族的领土"返回家园，他们通过英格尔海姆返回基辅又有什么意义呢？相较而言，如果是要回到老拉多加或戈罗季谢，那么穿越法兰克帝国是有道理的。与老拉多加不同，戈罗季谢是设防的，并且外观像是一个被沼泽包围的岛屿或半岛，它似乎是罗斯汗国的自然遗址[22]。

戈罗季谢统治着一大片斯拉夫农业聚落，并从这些地方征收贡品[23]。它也是伏尔加河流域网的桥头堡和保护者，这是一条非常活跃的贸易路线，沿途出土的阿拉伯迪拉姆货币就证明了这一点。在这个流域网中，有两个贸易站点特别引人注目。它们是两个重要的现存中世纪罗斯城市的原型。其一是蒂梅雷沃（Timerevo），它距离伏尔加河和科托罗斯尔河的交汇处有 12 公里，大城市雅罗斯拉夫尔现在就坐落于此。其最古老的库尔干（古坟）可追溯至 9 世纪上半叶。蒂梅雷沃在 9 世纪后半叶全面活跃，人口混杂，有芬兰 – 乌戈尔人、波罗的人、斯拉夫人和斯堪的纳维亚人[24]。第二个贸易点要沿着科托罗斯尔河往上走到涅罗湖，大罗斯托夫现在就坐落在涅罗湖的岸边。在上游 6 公里处发现了萨斯基（Sarskoe）遗址，它可能是梅尔部落的中心，但从 800 年左右就有斯堪的纳维亚人存在的痕迹。它加固过几次，其面积增加了三倍，直到 11 世纪初被废弃而由罗斯托夫所取代[25]。并不确定这些离拉多加和戈罗季谢很远的地方是否在罗斯可汗的直接管辖之下。我们可以想象这是一个或多或少松散的联邦。

在 865—867 年间，戈罗季谢的遗址遭受了暴力攻击，几近毁灭，诺夫哥罗德地区其他斯堪的纳维亚人的定居点也是如此，包括老拉多加。这不可能是一场简单的动乱事故，因为这些地点在短时间内陆续被毁。另一方面，这些事件与 862 年《往年纪事》中描述的情节相吻合（"他们将瓦良格人赶进大海，不再向他们进贡"），和往常一样，时间有几年的延迟。人们可能会认为，这是一场附属国人民驱逐罗斯人的起义，或者是来自外部力量（可能来自斯堪的纳维亚）的攻击，或者是罗斯人内部的争斗，因为一方皈依了基督教，而另一方拒绝了基督教[26]。在 875 年至 900 年间，迪拉姆的流通在东欧降至最低点。然而，最后提及与可萨人和阿瓦尔人相邻的北方人（Nortmanni，毫无疑问是罗斯人）可汗（Chaganus）的来源，可以追至 871 年[27]。这些一致的迹象表明，汗国是罗斯人统治下的第一种国家形式（在最宽泛的意义上），但在存在三十到四十年后（839 年之前—871 年之后）崩溃了。戈罗季谢的重建始于 890—900 年左右，斯堪的纳维亚人做出了新的贡献。

《往年纪事》的叙述集中在奥列格的胜利行军上，他在 911 年带领罗斯人到达基辅，然后围攻君士坦丁堡。这一切似乎都沿着"从瓦良格到希腊之路"，因为那是东正教将要走的路线。

但是，仍然是异教徒的罗斯人同样受到伏尔加河的诱惑，甚至是更大的诱惑，因为那里正在与阿拉伯世界建立有利可图的交易。伊斯兰教已经渗透到伏尔加的保加尔人中。阿拉伯旅行家伊本·法德兰（Ibn Fadlan）在 922 年有一段对罗斯人风俗的描述：

> 他们金发红肤。他们既不穿束腰外衣，也不穿长衫，而是穿一件遮住身体一侧的衣服，让一只手自由。每个人都有一把斧头、一把剑和一把刀，这几样东西他们从不离身。他们的剑上有很长的条纹刃，很像法兰克人的。他们的身上，从指甲末端到脖子，都有代表树木、人物或其他事物的纹身。每个女人的胸前都挂着一个铁、银、铜或金制的盒子，这取决于她丈夫的财富和地位。每个盒子都有一个环，环上挂着一把刀，也挂在胸前。她们的脖子上戴着金项圈和银项圈；事实上，当一个丈夫有一万迪拉姆时，他为他的妻子做一个项圈，当他有两万迪拉姆时，他做两个项圈，以此类推……每多一万迪拉姆，他就加一条项圈。所以女人的脖子上有很多项圈[28]。

这段描述还附上了对罗斯人不友善的评论，诸如他们肮脏不堪，他们不讲道德以及他们的葬礼仪式与伊斯兰教的相冲突。然而，这些斯堪的纳维亚的战士、航海家和奴隶贩子仍然给人留下了深刻的印象。

戈罗季谢直到大约公元 1000 年仍保持其在周边地区的政治和经济优势。11 世纪是新城发展的世纪，而城堡或多或少被遗弃。但城市居民对王公的认同感日益增强，使其逐渐处于一个微妙的境地。当他不再觉得自己是这座城市的主人时，他更愿意与其随从退到一个更安全的位置，从而保持一点距离。《诺夫哥罗德第一编年史》准确地记录了这个转折：

> 6611 年（公元 1103 年）姆斯季斯拉夫（Mstislav）王公在戈罗季谢建造天使报喜教堂[29]。

这是第一次提到这个地名，其后缀（-ichtche）表明城堡无人或者曾经无人居住。因此，姆斯季斯拉夫兴复了一个荒地。老城堡（也可以说是旧城堡）再次成为住所，或者说是王公的堡垒。

在王公和人民之间关系紧张时，它的作用是显而易见的：

> 6728 年（公元 1219 年）……弗谢沃洛德王公带着他所有的人，穿着盔甲，像要开战一样，从城堡下来，来到雅罗斯拉夫庭。诺夫哥罗德人拿着武器来迎接他，在王公的庭院里排成一列。……6763 年（公元 1255 年）……诺夫哥罗德人在附近的基督诞生教堂后面部署了军队；那些步行的人站在城堡对面的圣埃利亚（Saint-Élie）教堂外[30]。

同样，当亚历山大·涅夫斯基（Alexander Nevsky）遵照蒙古可汗的意愿成为弗拉基米尔大公时，他还亲自确保人民配合新的蒙古主人的强制人口普查：

> 6767 年（公元 1259 年），大公和可恶的鞑靼人一起离开了戈罗季谢，并在恶人的建议下，对人口实行计数[31]。

过了些年，到了 1270 年，诺夫哥罗德人对亚历山大的兄弟雅罗斯拉夫怀恨在心，他们写了一封信，陈述所有的不满，并把信寄给了城堡。由于王公拒绝让位，诺夫哥罗德人开始进攻：

> 他们把雅罗斯拉夫的卫兵几乎都赶回了戈罗季谢。全城的人，无论老少，都带着兵器向城堡进发，他们坚持了两天，步兵越过吉洛图格河（Jilotoug），骑兵在戈罗季谢的后方[32]。

在城堡里，王公有自己的卫队 [droujina, grid]，也称为侍从 [dvor，字面意思是"宫廷"]，由职业战士组成，他们也扮演议事官员的角色。如果增援的队伍到来，他们会在戈罗季谢搭帐篷，或者住在当地人家里[33]。城堡里有一个法庭和一座大厅 [gridnitsa]，人们可以在那里伸张正义。1232 年，这座大厅被用作临时监狱，关押当时与诺夫哥罗德交战的普斯科夫人——雅罗斯拉夫王公将他们扣为人质[34]。2003 年，考古学家还在戈罗季谢遗址发现了一个大概可以追溯到 1160—1220 年的猴子头骨，据说，那时这只猴子逗乐了王公的随从[35]。

随着时间的推移，戈罗季谢开始建立教堂。《诺夫哥罗德第一编年史》提到了圣尼古拉教堂的故事，该教堂始建于1165年，1191年改建，1201年在闪电引起的火灾中被毁[36]。1199年用壁画装饰的救世主显圣容教堂（La Transfiguration du Sauveur）建成，1322年，一位莫斯科王朝的成员，出任诺夫哥罗德王公的阿法纳希·丹尼洛维奇（Afanassi Danilovitch）安葬于此[37]。莫斯科家族对主教堂——天使报喜堂（L'Annonciation）也具有影响。1342年，在王公"骄傲的谢苗"的命令下，天使报喜堂的重建由大主教瓦西里发起，这当中可能动用了大量的财物与人力，因为次年就举行了祝圣仪式[38]。

1444年，立陶宛大公卡齐米日写信给诺夫哥罗德人，宣布他正在与莫斯科交战，并提议以下列方式承认他的权力："把我的副官带到戈罗季谢。"[39] 1471年，当莫斯科和诺夫哥罗德之间的紧张局势达到顶点时，根据莫斯科的消息来源，诺夫哥罗德人再次要求卡齐米日（1447年同时成为波兰国王）施加干预，"但他们没有将大公的副官赶出戈罗季谢"。七年后，伊凡三世来向诺夫哥罗德人发号施令：他在接待大主教和城市代表团前"命令他的建筑师法兰克人亚里士多德[40]修复戈罗季谢之下的沃尔霍夫河大桥"，有点像加莱的市民出现在英国国王面前那样[41]。

在 20 世纪初，戈罗季谢仍然是诺夫哥罗德的一个独立的居民区。之后该地并入诺夫哥罗德，经过专门的分类和保护，它不再有人居住。天使报喜堂的废墟依然存在。该教堂曾于 1797 年、1806 年、1882 年多次修缮；1930 年停止做礼拜，1934 年被考古学家首次发掘，但在第二次世界大战期间被遗弃并遭受重创。1966—1969 年进行的新发掘发现了 12 世纪的部分建筑和壁画碎片。因此，我们能够研究一定数量的文字涂鸦，包括俄罗斯已知的最古老的格拉哥里字母 [42]。

圣索菲亚侧河岸

大约 950 年，新的定居点开始形成，而戈罗季谢仍然活跃。城堡位置的优点是容易防御，但缺点是太窄。下游两公里处，沃尔霍夫河两岸的小山丘使居民相对安全地免受春季和秋季经常发生的洪水侵袭。正是在那里，新的聚居区形成了，最初是分开的，构成了新城三个最古老片区的雏形：沃尔霍夫河左岸的平民区（柳季区 [Lioudine]，西南）和内雷沃区（Nerevo，西北）以及右岸的斯拉夫诺区（Slavno，东南）。

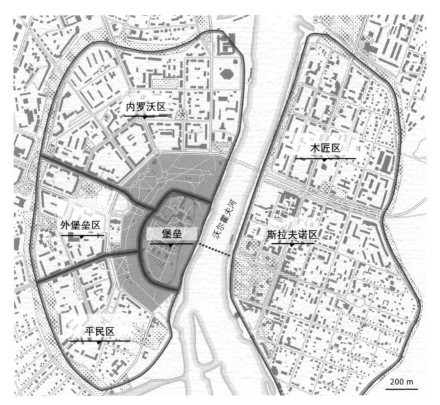

中世纪诺夫哥罗德的区划（当时的城市布局）

堡垒（德蒂涅茨）和圣索菲亚大教堂

左岸的新设防核心被称为堡垒（德蒂涅茨 [detinets] 或哥罗德克罗姆尼 [Gorod Kromny]）；现在也使用"诺夫哥罗德克里姆林"（Kremlin de Novgorod）一词。其北部是诺夫哥罗德城区的最高点之一（圣索菲亚山 [Sofiski kholm]）。整个德蒂涅茨占据了一小块区域，一侧临近沃尔霍夫河，另一侧与城壕相连，并依靠定期加固的围墙进行防御。1116 年，姆斯季斯拉夫·弗拉基米罗维奇（Mstislav Vladimirovitch）在一次战胜楚德人后"**为诺夫哥罗德建造比之前更宽的围墙**"[43]。德蒂涅茨的各个城门，以其所在地区的名字命名[44]。

大主教接替王公们开始建造城市，尤其是在 15 世纪，他们表现出了巨大的野心。1400 年，约翰修复了围墙，装饰了复活教堂，建造了克里姆林宫的一扇门[45]。但在 1437 年，水位上升淹没了沃尔霍夫河岸的一部分土地，随之淹没了城墙和钟楼[46]。尤西米乌斯二世（Euthyme II，1429—1458）随后承担了重要的完善和装饰工作，在莫斯科吞并诺夫哥罗德后也没有停止。而宫殿塔 [Dvortsovaya Bachnia] 建于 1484—1499 年。

围绕着德蒂涅茨的宽阔城壕仍然存在。第二道防线称为田野的小城寨 [Maloï zemlianoï gorod]，可以追溯到 16 世纪晚期，在 19 世纪 30 年代被夷为平地。这些地区的防御工事比较稀疏。在很长一段时间里，诺夫哥罗德人只是匆忙地竖起了一道栅栏［ostrog］，以防万一。他们在1169年、1224年、1270年和1316年都是这样做的。从1335年开始，他们试图在右岸的部分地区建造一堵石墙。苏联时期的考古发掘发现了一些残迹。然而，城市的很大一部分仍然被上设栅栏的高耸土墩保护着。1391年，诺夫哥罗德人强征了5000磅白银（每个区1000镑，用于在每条街道的入口处建一座塔［koster］[47]。

与普斯科夫这样的边境要塞和莫斯科或特维尔这样的公国首府不同的是，诺夫哥罗德没有连续的围墙。弗拉芒人吉尔伯特·德·兰诺伊（Gilbert de Lannoy）在1413年冬天到访时非常蔑视这座城市的防御：

> 优美的大城市大诺夫哥罗德位于一个美丽的平原上，周围是大森林，遍布溪流和沼泽。一条名为沃洛斯科（Wolosco）的大河穿过城市中心，但这座城市的封闭是由石墙和泥土构成的，而塔楼用石建制[48]。

1430年，另一项重大的努力是征用［prigon］该地区的居民服劳役[49]。在吞并诺夫哥罗德（1478年）之后，莫斯科统治者多次加筑城墙，特别是在1534—1537年和1582—1584年。正是经过这样的安排，白塔或阿列克谢塔［Belaïa, Alexeevskaïa bachnia］得以建造或加固，这是该城市现存唯一的塔，它位于通往圣索菲亚南侧的通道上[50]。1611年瑞典人围攻诺夫哥罗德的地图显示，同一岸边有三座连续的防御工事，对岸有一道围墙。一个世纪后，彼得大帝仍然急切地想保护这座城市免受查理十二世可能的攻击。然而，在北方战争（1721年）的最终胜利后，诺夫哥罗德失去战略价值，取而代之的是喀琅施塔得、圣彼得堡、里加和雷维尔（塔林）。在18世纪，围墙被遗弃，只有德蒂涅茨保留了其设防的外观[51]。

德蒂涅茨的主要建筑物是圣索菲亚大教堂。988年基辅大公弗拉基米尔皈依基督教后，在左岸的小丘上建起一座木制教堂（原始的圣索菲亚大教堂），位于柳季区和内雷沃区之间。1037年至1046年间，以君士坦丁堡的圣索菲亚大教堂为摹本，"智者"雅罗斯拉夫着手在基辅建造一座巨大的圣索菲亚大教堂，并为此邀请了拜占庭的建筑师和艺术家。1045年，他的儿子弗拉基米尔急于放大新宗教的影响，增强这个皈依它的王朝的力量，因而开始建造诺夫哥罗德圣索菲亚大教堂，他可能聘请了相同的设计师和建筑师[52]。1049年，一场大火烧毁了建设中的教堂。教堂后来的位置略有变化，最终在1050年或1052年完成[53]。

诺夫哥罗德的圣索菲亚大教堂有五个中殿和三个侧廊，里面有另外的小教堂和三个后殿。它长27米，宽24.8米（包括长廊在内是34.5米和39.3米），顶部有6个圆顶，圆顶中的鼓形石块为室内提供照明。教堂屋顶在1151年时最初用铅覆盖，此后多次重修；主穹顶在1408年镀金[54]。主穹顶上安装了一个大十字架，其首次被提及是在1333年[55]。为了改善建筑物

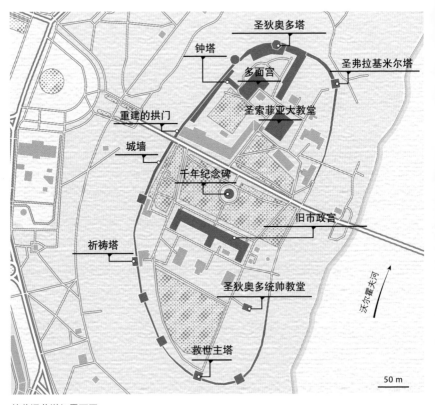

德蒂涅茨详细平面图

德蒂涅茨或堡垒

圣索菲亚大教堂（后部）

圣索菲亚大教堂（重建）。让·克劳德·戈尔文的水彩画

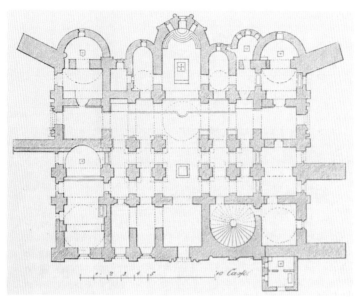

圣索菲亚大教堂（平面图）

的声效，在主殿的后墙和中央穹顶的穹隅中安装了共振容器
[golosniki]，这在中世纪的罗斯很常见 [56]。教堂在 1893—1900
年经历了一次修复运动，期间拆除了一些现代的建筑附加物。
1929 年，它被改造成一个反宗教博物馆。第二次世界大战期
间它遭到抢劫和破坏，现已完全修复，附属于诺夫哥罗德保护
区博物馆。1991 年恢复其礼拜场所的功能。

大教堂在 1108 年首次用壁画进行装饰。现在只能看到中央穹
顶上环绕着全能者基督的先知和大天使的画像；基督救世主的
画像在第二次世界大战期间被炮弹摧毁 [57]。此外，墙壁上的装
饰大多在 19 世纪末的翻修中完成。这些圣像数量众多，见证

了诺夫哥罗德派的艺术，但许多最珍贵的作品现在都保存在市博物馆。在当地的信仰中，守护主教尤西米乌斯、安东尼和萨巴斯的圣像尤为重要，它们在城市的历史上留下了印记，但最重要的是可以追溯到 15 世纪的圣母圣像和索菲亚（意为"神圣的智慧"）圣像。

圣索菲亚大教堂的青铜门是该建筑另一个显著的装饰物。这一今天仍然可以在大教堂的西边看到的"马格德堡门"也被称为普洛克门（Plock）、赫尔松门（Cherson）或西格图纳门（Sigtuna）。据说弗拉基米尔为了使诺夫哥罗德基督化，从 988 年他接受洗礼的赫尔松带来了这件东西。另一个传说是，这扇大门在 1187

圣索菲亚大教堂圆顶的全能者基督圣像，约瑟夫·德·贝耶男爵摄于1901 年

马格德堡青铜门

年是由诺夫哥罗德的私掠者从瑞典海岸夺来的[58]。这门显然是西方制造的：门上面可以读到几个拉丁铭文。现在可以确定的是，此门由马格德堡的大主教威赫曼·德·塞堡（Wichmann de Seeburg）及其副手普洛克主教亚历山大·德·马龙纳（Alexandre de Malonne）受后者的波兰城市大教堂委托而铸造，并在1152至1154年间交付。随后，他们前往诺夫哥罗德，但尚不清楚行动是否和平进行。

在罗斯，青铜板是铺设或放置在木板上的。"马格德堡门"最初属于圣母诞生教堂，后来由诺夫哥罗德工匠阿夫拉姆（Avram）修复，安装在大教堂的西门上。时间最早可以追溯到15世纪，A.N.特里福诺娃（Trifonova）认为是在尤西米乌斯二世的第二任期。E.雷卡特（Rekate）则倾向于1490年代根纳德（Gennade）任主教时：由于后者编纂了第一本完整的俄文圣经，他希望为他的大教堂提供一种插图圣经[59]。在这些引人注目的人像中，有一个射箭的半人马，这可能暗指肉体的诱惑，或异端的危险。

1336 年，大主教瓦西里·卡利卡（Basile Kalika）让人制作了另一扇镀金的青铜门[60]。这扇"瓦西里之门"[Vasilievskie vrata] 于 1570 年在伊凡雷帝对诺夫哥罗德进行惩罚性远征后被带走，运到他的要塞首都亚历山德罗夫（Alexandrova Sloboda），装饰在三一教堂的南门上[61]。

圣索菲亚大教堂曾被用作墓园，但由于没有王朝在诺夫哥罗德扎根，其中的墓葬相对较少。被埋葬的王公中最杰出的是大教堂的建造者，即"智者"雅罗斯拉夫的儿子弗拉基米尔·雅罗斯拉维奇（Vladimir Iaroslavitch）（死于 1052 年），1439 年尤西米乌斯大主教给他的坟墓镀了金，但他并没有受到崇拜[62]。埋葬在那里的还有"勇者"姆斯季斯拉夫·罗斯季斯拉维奇（Msitslav Rostislavitch），他来自斯摩棱斯克家族，在诺夫哥罗德统治期间去世（1180 年）。他的儿子姆斯季斯拉夫·姆斯季斯拉维奇（Mstislav Mstislavitch）向诺夫哥罗德人宣布，他最深切的愿望就是有一天能在父亲身边安息，但他没有遵守诺言[63]。亚历山大·涅夫斯基的兄长费多尔·雅罗斯拉维奇（Fedor Iaroslavitch）在婚礼前夕突然死亡（死于 1229 年），也葬在了圣索菲亚大教堂。主教和大主教的坟墓数量明显

马格德堡门（局部半人马像）

更多，经常受到敬拜[64]。

与基辅圣索菲亚大教堂的墙壁一样，在诺夫哥罗德圣索菲亚大教堂的墙壁上有大量的雕刻文字（根据 2014 年的统计有将近 800 篇），其中约有 20 篇是用格拉哥里字母刻的。大多数雕刻于 11 世纪下半叶到 14 世纪初之间[65]。其中一段文字谴责杀害安德烈·博戈柳布斯基王公（Andrei Bogolioubski，死于 1174 年）的凶手永远遭受折磨，尽管安德烈在 1170 年组建了一个强大的联盟来对抗诺夫哥罗德；这里比《弗拉基米尔－苏兹达尔编年史》（*Chronique de Vladimir-Souzdal*）中保存的记载更精确，它甚至给出了一份凶手的名单。kouni roni 这个词组重复出现，也许是希伯来语"起来！呼喊！" [kumi roni] 的变体（《耶利米哀歌》2:19），抑或与斯堪的纳维亚语词源（如尼文或秘符 kouni）有关[66]。

作为一个繁荣的城市，诺夫哥罗德能够委托能干的建筑师和工匠建造重要的工程。尤西米乌斯二世大主教特别积极，尽管他不得不克服一些挫折：

> 6943 年（公元 1435 年），尤西米乌斯大主教在自己宫殿的圣金口若望门外用石头建造了一座教堂。那年秋天，教堂建设完工，但工匠们刚离开，教堂就坍塌了。……6944 年（公元 1436 年），尤西米乌斯大主教再次完成了圣约翰教堂的建设，并在屋顶上安装了一个报时钟[67]。

诺夫哥罗德圣索菲亚大教堂墙壁上刻的 kumi roni 字样

德蒂涅茨外围仍然保留着建于 1439 年的钟楼——当时取代的是 1437 年在洪水中倒塌的钟楼。主教的宫殿（或称多面宫）也被保留，这是由大主教尤西米乌斯在同一年建造的[68]。民众选出来的主教就安置在这里，他要在此等待都主教授职。前市政宫则建于 18—19 世纪。

1862 年落成的"千年俄罗斯"纪念碑规模宏大，令人印象深刻，其安然经过了苏联时期。从留里克在诺夫哥罗德的出现日期（862 年）开始，这座纪念碑以巨大的构图汇集了这千年历史中的一百多位杰出人物：王公、教士、学者和作家。其由设计师米哈伊尔·米克钦（Mikhaïl Mikechine）和建筑师维克多·哈特曼（Victor Hartmann）构思，此外还有一个庞大的雕塑家团队，包括伊凡·施罗德（Ivan Schröder）和亚历山大·奥佩库钦（Alexandre Opekouchine）。

"千年俄罗斯"纪念碑（1862 年）

苏联政权在上台后不久就急忙把这些建筑用围栏圈起来，但没有采取任何进一步保护行动。德国人试图拆除这个建筑群，但只拆掉了保护围栏，使遗址的其他部分处于失修状态。1944年1月解放后，苏联政府下令将纪念碑恢复到原来的状态，并于1944年11月2日，即十月革命纪念日的前几天举行了落成典礼。这次修复工作极具特色，体现了斯大林政权对光荣的民族历史的新态度。从那时起，千年纪念碑就一直受到人们关注。

左岸街区：内雷沃区、外城堡区、平民区

新城由三个历史区组成，它们围绕着德蒂涅茨构成一个城市。每个区都保留了自己的特性，直到独立的诺夫哥罗德城邦被征服，就像威尼斯、锡耶纳或佛罗伦萨周边地区那样。这些诺夫哥罗德居民区的术语是"孔茨"（konets，意为"末端、边界"）。左岸有两个最古老的街区，即北边的内雷沃区和南边的平民区。德蒂涅茨偏远点的区域之前是一片荒地，后来被建设成外城堡区 [Zagorodski konets] [69]。

交通模式简单而古老，中世纪的街道布局仍然很容易识别。街道是木制的路面，每两年重铺一次 [70]，并且受到非常细致的呵护。这可以从一份被称为《雅罗斯拉夫大公关于道路和桥梁的条例》的文件中得到证明 [71]。以前它被认为是"智者"雅罗斯拉夫时期的文件，但一些事实表明，它是在13世纪写

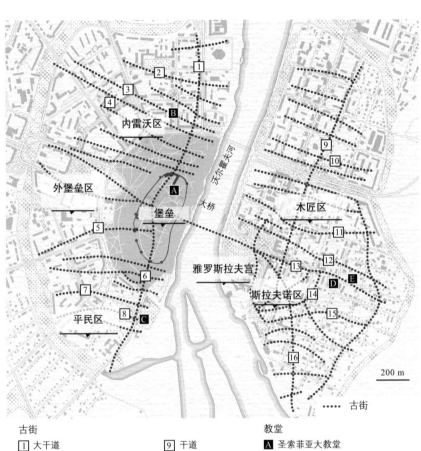

古街·····

古街

1 大干道
2 奴隶街
3 圣科莫和达米安街
4 罗兹瓦亚街
5 普鲁士街
6 干道
7 切尔尼茨纳街
8 利亚蒂雅提那街

9 干道
10 圣尼西塔斯街
11 老罗加提萨街
12 卢比亚尼察街
13 圣埃利亚街
14 多波支那街
15 诺特纳亚街
16 斯拉夫诺街

教堂

A 圣索菲亚大教堂
B 圣科莫和达米安教堂
C 三一教堂
D 童贞标志教堂
E 救世主圣埃利亚教堂

中世纪的诺夫哥罗德

成的。瓦伦丁·亚宁（Valentin Ianine）认为，作者是亚历山
大·涅夫斯基的弟弟雅罗斯拉夫·雅罗斯拉维奇，该条例是
在 1265—1267 年城市与大公的早期谈判中产生的 [72]。该文件
还包含了对 15 世纪现实情况的解释：市民们有义务维护交通
线路 [73]。

在左岸，这些道路中有 20 条（其中一些现在已经消失）垂直
于沃尔霍夫河；只有一条轴线与之平行。从北面到南面，一条
干道 [Proboïnaïa] [74] 从平民区一直延伸到德蒂涅茨大门；这
条最古老的木制道路建于 930 年。在德蒂涅茨的内部，贯穿其
中的道路被称为主教街 [Episkoplia 或 Piskuplia]。在德蒂涅
茨的另一侧，根据时代的不同，干道变成了大干道 [Bolchaïa
Proboïnaïa]，或者干脆叫大路 [Velikaïa]，并继续穿过内雷沃
区：在这一段路中，最早的可以追溯到 950 年。

内雷沃区

内雷沃区位于北部，最初是一座小山 [Nerevski kholm]，新
城最初的三个人口中心之一就是围绕这座小山形成的。据说这
个名字来自纳罗瓦（Narova），即一个纳尔瓦河盆地的部落，
现在这里是爱沙尼亚和俄罗斯的界河。《诺夫哥罗德第一编年
史》显示：提到整个内雷沃区的有 20 个条目，穿过它的道路
有 35 个条目，这还不包括那些跟教堂相关而没有标明街道名
称的条目。

从 14 世纪末开始，七座大教堂 [sobory] 相继建成，体现了各城区的特殊身份[75]。它们构成了圣索菲亚大教堂（诺夫哥罗德城市和国家的象征）与普通教区教堂之间的中间层次。仅内雷沃区就有两座大教堂。位于圣雅各街 [Iakovleva] 的圣雅各教堂可能是为了纪念诺夫哥罗德人在 1069 年 10 月 23 日的圣雅各日战胜波洛茨克的弗谢斯拉夫王公建造的。这场战斗似乎很激烈，胜利之后的次日，出现了"圣索菲亚的弗拉基米尔尊贵十字架"的奇迹[76]。教堂最初是用木头建造的，直到 1172 年才建起石头教堂，并于 1226 年完工[77]。1188 年，一篇相当长的讣告专门介绍了圣雅各教堂的教区牧师，一个名叫沃亚塔（Voïata）的日耳曼人。他陪同诺夫哥罗德主教去普斯科夫进行主教访问；就在这次访问中，他病死了。沃亚塔任职四十五年[78]。然而，在 1144 年的条目中，我们读到："那一年，尼丰（Niphôn）大主教任命我为牧师。"[79]根据古老的惯例，这个第一人称的作者没有透露自己是谁，但似乎可以顺理成章地推断出，他就是日耳曼人沃亚塔。研究罗斯编年史的专家们在 1130 年至 1188 年的几个年表条目中识别出这个人的语气，这些条目显示了对气象和其他事件的特别关注[80]。

内雷沃区的第二座大教堂是什切尔科娃（Ščerkova）街上的塞巴斯特四十殉道士教堂（Quarante Martyrs de Sébaste）。《诺夫哥罗德第一编年史》认真地指出了发起人一家中谁对这项工作的哪一部分负责。普罗克沙·马利切维奇（Prokcha Malychevitch）于 1199 年开始建造；十二年后，其子维亚切斯拉夫完成了工程，并于 1227 年监督了壁画的制作[81]。1218 年，当该市各区发生冲突时，内雷沃人民在钟声的召唤下聚集在四十殉道士教堂前[82]。在 1340 年的可怕火灾中，这座圣所激起了抢劫者的欲望：

> 他们冲入圣四十殉道士教堂，掠夺了摆放在教堂里的圣像、绘画、雕刻和圣像的覆盖物，以及那里的所有物品，连圣像和书籍也没留下；当他们逃离教堂时，将教堂付之一炬，还杀死了两名守卫[83]。

该教堂"因年久失修而坍塌"，后于 1356 年用石头重建[84]。

编年史中最常提到的其他道路是三条相邻的道路，即博尔科瓦街（Borkova）、奴隶街 [Kholopia] 和圣科莫和达米安街 [Kouzmodemianskaya]，再往南一点是圣约翰街 [Ianeva]。内雷沃现存最古老的两座教堂是始建于 1292—1294 年的圣狄奥多统帅教堂（Saint-Théodore-Stratilate）[85] 和建于 1554 年的圣潘特莱蒙（Saint-Panteleimon）[86]。

每个地区都有其印章，用于验证官方文件。内雷沃使用圣尼古拉斯修道院的印章，这是其在城墙外的修道院。这个模式一直保持不变，直到诺夫哥罗德自治的最后几十年。在 1450 年至 1468 年之间，为了更好地确认其身份，该地区采用了一种新的方式："内雷沃大区的圣尼古拉斯印章。"[87]

外城堡区和平民区

外城堡区比其他地区年代更近，作为一个街区，它在《第一编年史》中只留下六个条目；但另一方面，它的两条主要街道莱戈夏（Legochtcha，七个条目）和楚德钦采瓦（Tchoudintseva，十一个条目）比较受重视。楚德钦采瓦街从城堡到西门是一条直线。这里居住着一些富裕的家庭。1176 年，这些显赫人士之一莫伊兹·多曼尼奇（Moïse Domanejitch）建造了第一座教堂——施洗者圣约翰教堂（1402 年重建）[88]。1418 年，暴乱分子在醉酒后抢劫了楚德钦采瓦街上的波雅尔[1]伊凡·耶维奇（Ivan Ievlitch）的财产，并袭击了城墙外的圣尼古拉斯修道院，喊道："那里有波雅尔们的粮仓！"[89] 在政治上，外城堡区从未称霸，通常与南边的平民区结盟。此外，它的圣米迦勒大教堂位于普鲁士街，该街在历史上是平民区的一部分。这座教堂现在是盲人图书馆，是二战前诺夫哥罗德最后一座正常使用的教堂。

平民区，也叫陶工区 [Goncharsky 或 Gorontcharsky]，是内雷沃在左岸的竞争对手。它被多次提及（15 个条目），但同样经常被提及的是它的主干道——普鲁士街 [Pruskaia]（14 个条目）。这个区的大教堂是在沃洛索瓦街（Volossova）上的圣

---

[1]　10—17 世纪罗斯的世袭大土地占有者。9—10 世纪由斯拉夫部落王公亲兵首领演化而来。——编者注

布莱斯教堂 [Vlassia]。这两个名字恰巧反映了这个国家逐步的基督教化。斯拉夫异教徒崇拜沃洛斯（Volos），他是财富和牲畜之神，后来，在民众的崇拜中，他被近似的名字布莱斯 [Vlas] 所取代。虽然没有发现供奉沃洛斯的圣殿遗迹，但几乎可以肯定的是，这条街道的名字早于基督教时代 [90]。第一座圣布莱斯教堂是木制的，建于 1111 年；1184 年用同样的材料重建，然后在 1407 年用石头重建 [91]。它在现代得到改造，但在第二次世界大战期间遭到严重破坏，差一点被夷为平地。不过它找到了维护者，并最终在 1954 年至 1959 年间得到了修复，尽可能恢复到 15 世纪时的样子。

普鲁士街的居民在诺夫哥罗德的编年史上留有一个引人注目的记载：1215 年，由于雅罗斯拉夫王公（亚历山大·涅夫斯基的父亲）袭击了他们选中的人，抢劫了他的家，并把他的家人作为人质："普鲁士街的人杀死了奥夫斯特拉特（Ovstrat）和他的儿子卢戈塔（Lugota），还把他们的尸体扔进了沟里。王公向诺夫哥罗德人抱怨了这件事。" [92] 三年后，该区被城市其他区的人围攻，但在其帕萨德尼克 [1] [posadnik] 特维尔迪斯拉夫（Tverdislav）的带领下坚守阵地：

> 对岸的人，从大到小，都穿上盔甲，好像要开战一样；内雷沃区的人也是如此；外城堡区的人则哪一方都不偏袒，

---

[1] 诺夫哥罗德的民选市政官员。——编者注

而是等着看结果如何。特维尔迪斯拉夫转向圣索菲亚大教堂说:"如果我错了,就让我死在这里吧;如果我是对的,主啊,求你为我伸张正义!"他和平民区还有普鲁士街的人一起出发了[93]。

1219 年 1 月 21 日,这场战斗造成了数人死亡。第二年,随着特维尔迪斯拉夫的去世,战斗又开始了;他被抬到德蒂涅茨中的圣鲍里斯和格列布(Saints-Boris-et-Gleb)教堂。"普鲁士街、平民区和外城堡区的人聚集在一起,分成五个军团,用武力包围了它。"[94]而当实力减弱时,普鲁士街便遭到对手的报复,其中有三次被彻底摧毁:1290 年、1350 年和1418 年[95]。

大桥［Most Veliki］

沃尔霍夫河的两岸只有一座大木桥连接。当然,也可以用渡船。桥梁可能被烧毁,也可能因高水位或"来自湖面的冰"而部分或全部被冲毁[96]。这座桥经常重建,它第一次被提及是在1133 年的一次维修中;一般来说,新桥建在旧桥旁边[97]。大桥不依附民宅,因为它在公共道路和政治生活中发挥着重要作用。在诺夫哥罗德放弃服从王公意愿的那几年里,战败方的领头人正是从那里被扔进河里的,例如在 1134 年、1136 年、1186年[98]。到 1291 年轮到了两个"麻烦制造者"[koromolniki],他们犯了"掠夺"市场的罪行[99]。1442 年,那些被认定为纵火犯的人在多次火灾造成巨大损失后在这里遭受惩罚。编年史家对这种惩罚表现出某种怀疑态度：

> 遭受这场大火危害的民众抓住一些人，愤怒地说："你们偷偷地走来走去，不露面，还放火烧城，因为你们，人都死了。"他们把一些人扔进大火中，又把另一些人扔下桥。只有探究人心的上帝才知道他们说的是不是真的[100]。

但在 1570 年伊凡雷帝对诺夫哥罗德的惩罚性行动中，这种形式的即决裁判变成了真正的大屠杀[101]。

这座桥可以作为一个战略阵地，1157 年商业侧河岸的人就是这么做的；也可以像在 1218 年、1359 年或 1384 年那样被隔断，以便在它的一侧设防[102]。前一情况下，战败的对手会在战败后被勒索，据称是为了重建桥梁[103]。骚乱期间，冒险进行交易的走私者可能会被痛打[104]。只有大主教才能在大教堂的神职人员、城市的牧师和修士们的陪同下庄严干预。这就是谢苗在 1418 年所做的：他挥动着十字架，祝福着泪流满面的双方；他说服每个人回家，"城里一片平静"[105]。

商业侧河岸

在诺夫哥罗德的生活和身份地位中，贸易至少与圣索菲亚大教堂一样重要。这座城市跳动的心脏座落在商业侧河岸：雅罗斯拉夫宫 [Yaroslavl dvor] 和市场 [Torg 或 Torgovishche]，以及哥特公馆 [Gotsky dvor] 和日耳曼公馆 [Nemetski dvor]。这里的地形比左岸要复杂一些。在戈罗季谢的下游，小沃尔霍夫河（Volkhovets）脱离了主河道，绕过整个右岸，在库廷（Koutyn）的圣瓦拉姆修道院（Saint-Barlaam）外围又汇入沃尔霍夫河。因此，商业侧河岸形成了一个大岛，受到自然的保护。其他次要支流，如吉洛图格河，将其与戈罗季谢隔断。在戈罗季谢和商业侧河岸之间的一个高地上，是名为内雷迪萨（Nereditsa）的小村庄。吉洛图格桥和内雷迪萨桥连接着前往城市的通道。其内部最初的街道模式与沃尔霍夫河另一边的街道模式相同，但后来受 1778 年发展方案的影响更大，该方案旨在遵循启蒙时代的城市规划理念创建矩形地块[106]。

木匠区 [Plotnitski]

商业侧河岸的东北部形成了木匠区，被同名的木匠河 [Plotnitski routcheï] 一分为二，这条河也叫圣狄奥多河，以其周围的费多罗娃街 [Fedorova] 命名。后者是在 1954 年被填平，取而代之的是一条以费多罗夫斯基河 [Fedorovski routcheï] 为名的街道。在中世纪，它被用作防火带：许多火灾在这儿熄止[107]。它的平面图与河对岸的内雷沃大致对称，有一条与沃尔霍夫河平行的干道和六条垂直的街道。在河以南，木匠区与斯拉夫诺区在一个叫做市场的中间区域相接。顾名思义，该区最初是一个工匠集中的地方，这激发了外来者的某种蔑视。在 1471 年的战役中，莫斯科人没少取笑这个不会骑马的陶工和木匠之城。过了小河，干道继续延伸。三条垂直的街道仍然是木匠区的一部分：科尔耶娃 [Korjeva]、斯拉夫科娃 [Slavkova] 和罗加提萨 [Rogatitsa]，或称罗加提亚 [Rogataia]（意为"有角的人"，在苏联时期改名为布尔什维克街）[108]。

在 14 世纪中叶之前，很少有人提到这个地区。然而，在 1197 年，"**波利乌德·戈罗奇尼奇（Polioud Gorodchinitch）的妻子，吉罗什卡（Jirochka）的女儿**"记录了圣尤菲米娅（Sainte-Euphémie）修道院的建立[109]。她可能是吉罗斯拉夫（Jiroslav）的女儿，吉罗斯拉夫是平民区的强人，在 1169 年至 1175 年期间曾三次担任城市邑吏[110]。1199 年，亚历山大·涅夫斯基的父亲雅罗斯拉夫的妻子在莫洛特科夫斯卡亚街(Molotkovskaïa)米哈利察山（Mikhalitsa）上的修道院里建立了圣母诞生修道院。这个修道院的院长是扎维德·内里维尼奇（Zavid Nerevinitch）的遗孀，而扎维德在 1175 年至 1186 年间曾多次担任过帕萨德尼克的职务[111]。

圣狄奥多（同名小河沿岸）教堂，木匠区

圣尼西塔斯教堂，木匠区

在 13 世纪末，木匠区的人在诺夫哥罗德的市政官中有一个不可动摇的代表——米哈伊尔·帕夫钦内奇（Mikhail Pavchinitch）。他一直任职，直到 1316 年 2 月 10 日在战场上去世。与他共事的有普鲁士街的安德烈·克里莫维奇（Andreï Klimovitch）和内雷沃区的尤里·米西尼奇（Youri Missinitch）[112]。此后，该区似乎变得更加富裕。1361 年建造了一座献给圣狄奥多统帅的石制教堂，随后是圣尼西塔斯教堂（1406 年）、圣尤西米乌斯教堂（1414 年）和木制的复活教堂（1415 年）[113]。圣狄奥多教堂和圣尼西塔斯教堂仍然存在，后者在 1557 年重建；它为伊凡雷帝在 1571 年居住的宫殿服务。这位沙皇在诺夫哥罗德地区为自己建造了一座宅邸，这是他在特辖制[1]时期为自己保留的。最后，圣鲍里斯和格列布教堂于 1537 年 7 月重建，由诺夫哥罗德和莫斯科的商人出资。他们雇用了"十位大师"，规定了很短的工期：在两个月零三天内完成，工资为 12.5 诺夫哥罗德卢布[114]。

木匠区有几座修道院，由不同的赞助人建立，但本区的修道院是圣安东尼修道院（也献给圣母的诞生），位于城墙外，向

---

[1] opritchnina，又称特辖区制，是俄国沙皇伊凡四世（雷帝）为摧毁封建大贵族和领主的封建割据势力，巩固中央集权，在 1565 至 1572 年期间实行的非常制度。——译者注

北几公里处。该区的大教堂是马恩斯河畔施洗者圣约翰教堂
[Ioann Predtetcha na opokakh]，那已经在市场区的范围内。

市中心：雅罗斯拉夫宫、市场、外国人住宅区、圣埃利亚街

在罗加提萨街以南，干道通往市场的广场。它被三条垂直的轴
线切断：布亚纳（Bouïana）、卢比亚尼察（Loubianitsa），尤其
是圣埃利亚街（伊琳娜街 [Ilina]）。木匠区和斯拉夫诺区之间
的边界在卢比亚尼察和伊琳娜街间，但被称为市场的空间[Torg]
在某种程度上是城市的公共区域之一，与斯拉夫诺区不同[115]。
因此，在1152年的4月23日：

> 市场中央的圣米歇尔教堂被烧毁，造成了很大的破坏；整
> 个市场和房屋都被烧毁了，一直烧到了（木匠区）的小河，
> 另一边烧到了斯拉夫诺区；八座教堂被烧毁，第九座教堂
> 是瓦良格教堂[116]。

雅罗斯拉夫庭或雅罗斯拉夫宫，也叫大公宫 [Kniaji dvor]，
是诺夫哥罗德的公共生活所在地。可以想象一下，这里的市
场广场有点像佛罗伦萨的维奇奥宫（Palazzo Vecchio）和领
主广场（la place de la Seigneurie）：一个建筑群，经过多次翻
新，有一座或多座宫殿，包围着一个大广场。传统上来说，

马恩斯河畔圣约翰教堂

它是"智者"雅罗斯拉夫在担任诺夫哥罗德王公期间的住所（约 1014—1019 年）。伊凡三世和伊凡雷帝都声称这个地方是他们应得的，因为他们是雅罗斯拉夫的后代[117]。不过，诺夫哥罗德的第一代王公有可能曾在城堡逗留。无论如何，正如我们所看到的，姆斯季斯拉夫·弗拉基米罗维奇虽然深受诺夫哥罗德人的喜爱，但他早在 1103 年就开始撤到戈罗季谢，在那里建造了报喜教堂。然而，似乎也是他于 1113 年在雅罗斯拉夫宫内发起建造了圣尼古拉斯教堂[118]。在 1127 年至 1130 年间，他的儿子弗谢沃洛德在市场的佩特里亚塔公馆上（l'hôtel de Petriata）建造了施洗者圣约翰教堂，也被称为马恩斯河畔的施洗者圣约翰教堂。教堂供奉的是其子嗣的守护神，收益丰厚。教堂由蜡商行会管理，其章程是固定的[119]。弗谢沃洛德于 1135 年下令在市场广场上建造最后一座王室建筑，即市场上的圣母升天教堂 [Uspenie na Torgovichtche]（又称 Uspenie Bogoroditsy na Kozieï Borodke，即"羊群中的圣母升天教堂"）[120]。随后，在 1136 年至 1478 年的三个多世纪里，商业侧河岸的中心成为表达"诺夫哥罗德民主"特权的场所。位于马恩斯河畔的施洗者圣约翰教堂成为木匠区的主教堂，而多米尼克教堂成为斯拉夫诺区的主教堂；在尤西米乌斯二世的倡议下，它们于 1453 年和 1458 年重建，呈现出如今的面貌[121]。

正是在雅罗斯拉夫宫成立了被称为"谓彻"[vietché] 的市民大会，只不过它分裂成了两个派别[122]。这里也是进行公开处决的地方。1207 年 3 月 17 日，一个"弗谢沃洛德（弗拉基米尔大公）的人"特意来下令杀死奥列克萨·斯比斯拉维奇（Oleksa Sbyslavitch）。《第一编年史》中详细地叙述了处决程序的不规范性。该男子被杀时是"无罪"[bez viny] 的。编年史还指出了他死亡的确切日期，即圣徒的节日（la fete du saint），并补充说，第二天，是个星期天，内雷沃区的一座圣母像哭了[123]。另一方面，在 1227 年，四名巫师被依法烧死；编年史家只对这些人做法的真实性表示怀疑（"他们被指控制造幻觉，只有上帝知道"）[124]。这座宫殿还被用来安置那些代表主人前来争夺诺夫哥罗德王公之位的使者[125]。

宫殿里的圣尼古拉斯教堂 [Nikolo-Dvorichtchenski sobor]，正如我们刚刚看到的，是该建筑群中最古老的教堂。它始建于 1113 年。其平面和装饰使它成为代表性的基辅传统建筑，但它经历了多次改建，包括在 16 世纪增加了一个地下室，部分地牺牲了原来的立面[126]。正是在这里，1404 年 6 月 15 日，诺夫哥罗德人"非常高兴地"欢迎他们的大主教约翰在莫斯科逗留了三年零四个月后回家[127]。在圣尼古拉斯教堂的南边，有一座砖砌的米罗福尔[1]妇女教堂 [tserkov Jen Mironosits]。1445 年，"宫里的人"在"古老的基础上"重建了它。1510 年，商人伊凡·西尔科夫（Ivan Syrkov）出资再次重建，他来自一

---

[1]　此处用了音译"米罗福尔"，法语为 Myrophores，英文为 Myrrhophores，字面意思为"没药持守者""没药女祭司"，是指在古代埃及、亚述和中亚等地，用没药及乳香调制成圣油或浓稠的圣膏，涂在往生之人身上的圣女或女祭司。——译者注

圣母升天教堂、圣帕拉斯凯维教堂、圣尼古拉斯教堂（从左至右）

圣帕拉斯凯维教堂

个富有的莫斯科家庭[128]。最后一次重建恰逢莫斯科大公瓦西里三世解除普斯科夫的自治权；在这种情况下，他下令连续举行仪式，而急于取悦他的显赫人物则慷慨解囊。毗邻米罗福尔妇女教堂的是圣普罗科皮乌斯（Saint-Procope）教堂，这是一座较为简陋的建筑，于1529年由伊凡·西尔科夫的儿子德米特里（Dimitri）委托建造，在七个月内完成[129]。

雅罗斯拉夫宫和市场之间的边界是"**在圣尼古拉斯教堂北面和圣帕拉斯凯维教堂（Sainte-Parascève）南面之间的某个地方**"[130]。后者是在1156年由"海外商人"[zamorskie kouptsy] ——即与维斯比和其他波罗的海港口进行贸易的诺夫哥罗德人——出资建造的。1191年，一位名叫君士坦丁的人及其兄弟，可能是这个群体的成员，继续这项工作。1196年，还是这位君士坦丁在邻近街道 [Loubianaïa、Lioubianitsa 或 Loubiantsy] 一位工匠的指导下，在涅勒岑（Nelezen）村资助建造了另一座教堂。圣帕拉斯凯维教堂最终在1207年完工，仍然是由海外商人出资的[131]。斯拉夫传统取代了希腊传统，将帕拉斯凯维与星期五斋戒日联系在一起[132]。这位基督教圣徒似乎也继承了莫科赫（Mokoch）的某些属性，莫科赫是一个与水和水井有关的异教神。他也以保护牲畜尤其是奶牛而闻名。为了纪念他，星期五将禁食或停止某些手工艺活动，妇女也将避免梳头

显圣容教堂，圣埃利亚街

显圣容教堂的圆顶，由希腊人狄奥法尼斯（1378 年）制作

或洗头[133]。圣帕拉斯凯维教堂在"大火"（1340年?）中受到严重破坏，于1345年由瓦西里大主教根据两位显贵的指示重建，其中包括千夫长的儿子[134]。在16世纪，是莫斯科商人反过来承担了教堂的赞助。尽管进行了翻新，这座建筑仍然保留了1207年时的许多特色[135]。

在这附近，来自西方的外国人有权在这两组建筑中居住，作为他们的领事馆、住所和商业场所。哥特公馆位于雅罗斯拉夫宫以南，沃尔霍夫河畔。日耳曼公馆位于圣尼古拉斯教堂以东，在圣埃利亚街和斯拉夫诺之间。这两处建筑已经完全消失了，但我们知道它们都有自己的住宅区（以小屋或宿舍的形式）和教堂，教堂也被用作仓库。

西方资料提到"瓦良格教堂"是在1080年左右，《诺夫哥罗德第一编年史》中提到的是1152年，该教堂供奉的是圣奥拉夫（Olav）[136]。1217年，一场猛烈的大火毁了它，"所有瓦良格教堂的物品，不计其数，都被烧毁"[137]。日耳曼教堂是圣彼得教堂（经认证始于1184年），他们把自己的公馆称为彼得宫[Peterhof]，或圣彼得族区[Curia sancti Petri]。我们可能不应该从表面上理解施特拉尔松德的还愿画，它展示了一种坚固的城堡，人们在其中相安无事，但这仍然是个封闭的社区，晚上关大门，大家受自己的什拉[1][Schra]管理，罗斯商人根

---

[1]　波罗的海贸易城邦的贸易据点中的管理条例。见下文。——编者注

据生效的条约规定来这里进行买卖 [138]。

圣埃利亚街（伊琳娜街）相当于沃尔霍夫河对岸的普鲁士街，其居民几乎和"普鲁士街的人"一样活跃。它从市场和圣母升天教堂开始，向东延伸。它的主要建筑物是救世主显圣容教堂［Tserkov Spasa Preobrajenia na Iline］。它在 1169 年已经存在，可能是木制的，供奉的是神迹之圣母［Bogomater Znamenié］，她从苏兹达尔人领导的联盟手中拯救了诺夫哥罗德人 [139]。该教堂在 1329 年被火烧毁，可能在 1340 年再次被烧毁。在这些灾难之后，居民们开始重新调动人力和物力，在 1354 年或 1355 年，建造了一座新的石头教堂，献给神迹之母［Znamenski sobor］，在教堂里放置了神迹的圣像。1374 年，他们开始建造一座石制显圣容教堂 [140]，其特点是立面上丰富的雕刻装饰，特别是拟人化的十字架，但最重要的是当中的壁画。《诺夫哥罗德第三编年史》中有关的记载可追溯到 1378 年，这些壁画是由"高贵而虔诚的波雅尔瓦西里·达尼洛维奇（Vassili Danilovitch）和伊琳娜街的居民"委托，并由当时最杰出的画家——希腊人狄奥法尼斯完成的 [141]。人们会把这座建筑杰作与其他两座同时代建筑联系起来：位于诺夫哥罗德城墙外的圣狄奥多统帅教堂（1360—1361 年，位于木匠区附近 [142]）和沃洛托沃平原的圣母升天教堂［Ouspenie na Volotovom pole］（建于 1352 年，于 1363 年装饰 [143]）。另一方面，神迹之圣母教堂于 1682—1688 年完全重建，其目前的外观呈现出 17 世纪末建筑的特色 [144]。

南部的斯拉夫诺

在圣埃利亚街以南，在斯拉夫诺区的下三角地带，道路网变得更加密集和混乱。斯拉夫纳亚街（Slavnaïa）是条主轴，它是从大桥（西北方向）开始的一条曲线，一直延伸到三角区的尖端（东南方向）。街道或小巷以鱼骨的形式与其连接；最后，扎戈罗迪纳街［Zagorodnaïa］沿着堤岸的路线延伸，堤岸使城市周围的水道加倍。

这个街区动荡不安。1228 年，雅罗斯拉夫大公把他从佩雷亚斯拉夫尔（Pereïaslavl）带来的一些士兵安置在那里，其余的部队留在身边，驻扎在戈罗季谢 145。1236 年，这位准备登上基辅公位的王公带着一大群"伟大的诺夫哥罗德人"，其中以"斯拉夫诺区的苏迪米尔"（Sudimir de Slavno）为首 146。1360年，斯拉夫诺区试图发动一场真正的政变：

他们解除了安德烈·扎哈里尼奇（Andreïan Zakharinitch）斯拉夫诺区邑吏 [1]（不是管辖整个城市的官员）的职务，并将邑吏职务委托给了塞利维斯特尔·伦捷耶夫（Selivestr Lenteev）；雅罗斯拉夫庭发生了巨大的骚乱，人们相互打斗，斯拉夫诺区的人全副武装，击退了对岸那些手无寸铁

---

[1] prévôt，音译"普雷沃"，中世纪的地方行政管理官员，在王室领地上代王行使权力，从税收到司法都管。——译者注

的人；他们殴打和抢劫了很多波雅尔，并将伊凡·鲍里索夫·利基宁殴打致死。当时，双方武装起来互相对抗，圣索菲亚侧河岸想要报复对本区兄弟的侮辱，斯拉夫诺区则在为拯救本区的财产和生命而战。他们对峙了三天，斯拉夫诺区的人还切断了桥梁[147]。

通过大主教和城市所有的神职人员干预，局势才开始缓和。然而，周围的农村遭到了报复："塞利维斯特尔和斯拉夫诺的许多其他村庄遭到袭击；许多无辜的人因此而丧生。"这一事件表明斯拉夫诺人个人或集体地拥有城墙外的土地。最后，第三位候选人米基塔·马特菲耶维奇（Mikita Matfeevitch）赢得了邑吏职位。首席帕萨德尼克是安德烈安（Andreian），来自木匠区，但也与普鲁士街有联系。塞利维斯特尔来自斯拉夫诺区，米基塔来自暂时获得战斗的胜利的普鲁士街[148]。

1384年也爆发了类似的暴乱：边境要塞科雷尔斯基戈罗德（Korelski Gorod）和奥列霍维茨（Orekhovets）的居民对诺夫哥罗德在他们领土上安置的帕特里克王公有怨言，并要求将他赶下台。但后者不甘心自己被废黜：

帕特里克王公挑动斯拉夫诺区，在诺夫哥罗德制造了麻烦：斯拉夫诺区的人站在王公一边，在雅罗斯拉夫宫里召集了一个谓彻，但圣索菲亚那边又召集了一个谓彻，两拨人都带着武器，好像要开战似的，还切断了大桥[149]。

最终达成了妥协：科雷尔斯基戈罗德和奥雷霍维茨的人民得到了满足，但被废黜的王公并没有失去一切：他得到了鲁萨（Roussa）和拉多加（Ladoga）作为补偿。

"斯拉夫诺山"[Slavenski kholm] 是右岸的最高点，俯瞰着市场区。它的两座古老教堂仍然存在。圣埃利亚教堂在 1105 年首次被提及[150]。人们可以认为，它是在佩伦（Péroun）的偶像所在地建造的，佩伦是闪电之神，是斯堪的纳维亚—斯拉夫异教万神殿的主神，埃利亚教堂在斯拉夫东正教中继承了其属性[151]。它在 1144 年被烧毁，1146 年用木头重建，同时建造了附近的圣彼得和保罗教堂 [Tserkov Petra i Pavla Jivogloja, na Kholme][152]。后者在 1192 年被闪电击中，但在第二年用木头重建[153]。圣埃利亚在 1198 年至 1202 年间用石头重建。赞助者是雷夫查（Revcha）[154]。目前的建筑可以追溯到 1455 年。然而，在 1359 年至 1367 年间，一个名叫拉祖塔（Lazouta）的人在斯拉夫诺建了三座石头教堂：日耳曼公馆附近的圣约翰教堂、利亚特卡（Liatka）的圣尼古拉斯教堂以及重建的圣彼得和保罗教堂[155]。有人分析了雷夫查和拉祖塔的社会地位：一些人说他们是波雅尔出身，也有人根据他们名字的形式和没有姓氏来认定他们出身较低。

中世纪诺夫哥罗德的人口估计有多少？数据很难收集，而且根据内部面积计算居民人数并不可靠。无论如何，从 1000 年到 1240 年，诺夫哥罗德是仅次于基辅的罗斯第二大城市，在蒙古入侵后则占据了首位。据说在 11 世纪初，它有 10000 至 15000 名居民，在 13 世纪初有 20000 至 30000 名居民。莫斯科可能是在 15 世纪中叶超越了它，但诺夫哥罗德至少在动乱时期和瑞典占领（1611—1617 年）之前一直位居第二。16 世纪中期有 6000 户，当时估计有 32000 至 40000 居民。当圣彼得堡开始从涅瓦河的水面上出现时，这座美丽的城市陷入沉睡。1897 年沙皇俄国的第一次官方人口普查统计出诺夫哥罗德人口为 25736。目前的聚居区范围要大得多，人口为 222868 人。

这些资料通过列举诺夫哥罗德城墙内每年发生的建设和破坏事件以给人深刻印象，证明诺夫哥罗德在沦陷之前的非凡活力。就编年史中提到的街道数量而言，没有哪个城市能与诺夫哥罗德匹敌，直到莫斯科的出现使周围各处黯然失色。诺夫哥罗德在其城墙外也同样充满活力，无论是在邻近还是在更遥远的周边地区。

注释

1. 索林 1991，第 9—18 页。

2. PVL，第 8 页。

3. PVL，第 12 页。

4. PVL，第 74、78、85 页；NPL，第 177、189、197 页。

5. PVL，第 13 页。

6. 手稿可理解为："楚德人、斯洛文尼亚人、克里维奇人、维斯人与罗斯人说"（PSRL，第一卷，第19列；第二卷，第14列）或"楚德人、斯洛文尼亚人、克里维奇人、维斯人对罗斯人说"（第38卷，第16页）。区别在于标记格的字母：Rusi（与格）或 Rus'（主格）。

7. 戈诺和拉夫罗夫 2012，第 82—85 页。

8. PSRL，第 2 卷，第 14 列，第 38 卷，第 16 页。《劳伦编年史》（*La Chronique laurentienne*）将留里克选择的地方留空（PSRL，第一卷，第 20 列）。相比之下，《诺夫哥罗德第一编年史》将留里克安置在诺夫哥罗德。NPL，第 107 页。

9. 被联合国教科文组织列为世界遗产，详见：https://whc.unesco.org/en/list/1553。

10. 被联合国教科文组织列为世界遗产，详见：https://whc.unesco.org/en/list/1553，以在那里发现的斯堪的纳维亚船只残骸而闻名：https://haithabu.de/de/startseite。

11. 关于罗斯中世纪的格里夫纳和其他货币单位，请参阅第四章。

12. PVL，第 14 页。

13. 索林 1991；戈诺和拉夫罗夫 2012，第 85—87 页。

14. 来自斯堪的纳维亚语，holmr（岛屿、高过洪泛区的地方）和 garðr（围墙、庭院、财产），或者是斯拉夫语 xolm-gorod 的变体，意为"山上的堡垒"。斯特鲁明斯基 1996，第 101 页。

15. 这些如尼文的系统数字化收集由乌普萨拉大学监督，作为斯堪的纳维亚 Runic-Text 数据库项目的一部分，详见：https://www.nordiska.uu.se/forskn/samnord.htm/？languageid=1。也可从在线文章"Gardarike Runestones"获得丰富的信息，该文章描述了加达里基的石头，并附有英文译文，详见：https://en.wikipedia.org/

wiki/gardarike_runestones。

16. 伊本·鲁斯塔 1955，第 163 页。

17. PVL，第 12、14 页。

18. 《圣贝尔坦》(*Saint—Bertin*) 1964，第 30—31 页。

19. 韦尔纳茨基 1959，第一卷，第 128—135 页，以及第二卷，第 306—354 页；阿尔韦勒 1976，第七卷，第 59—70 页。

20. 居蒙 1894，第 33 页；芒戈 1958，第 74—110 页。

21. 芒戈 1958，第 82、88 页。

22. 《原始城市中心》，第 106—114、349—350 页。

23. 《原始城市中心》，第 165 页。

24. 《原始城市中心》，第 173—197 页。

25. 《原始城市中心》，第 199—214 页。

26. 见第 5 章。

27. 《卡罗利尼书信集》(*Epistolae Karolini*) 第 388 页；《萨勒诺编年史》(*Chronicon Salernitanum*)，第 111 页。

28. 《阿拉伯旅行者》，第 58—64 页。

29. NPL，第 19、203 页。

30. NPL，第 60 和 262 页，第 80 和 307 页。

31. NPL，第 82、311 页。

32. NPL，第 88—89、319—320 页，拜占庭纪年 6778（公元 1270）。吉洛图格是当地的溪流之一。

33. 拜占庭纪年 6736（公元 1228），在戈罗季谢找不到住所的人被分配到斯拉夫诺区。NPL，第 66、271 页。NPL，第 71、281 页，拜占庭纪年 6740。

34. NPL，第 71、281 页，拜占庭纪年 6740。

35. 布里斯班、莫尔特比、汉布尔顿和诺索夫 2005，第 74—81 页。

36. NPL，第 32、39、45、219、230、239 页。

37. NPL，第 44、96、238、339、457 页。

38. NPL，第 354、357 页，拜占庭纪年 6850—6851。

39. NPL，第 424 页，拜占庭纪年 6952。

40. 这里指亚里士多德·菲奥拉万蒂（Aristote Fioravanti），一个为伊凡三世服务的博洛尼亚人。特别要一提的是，他在 1475 年至 1479 年间重建了莫斯科克里姆林宫的圣母安息大教堂。编年史用"大师"一词来指建筑师，就像其他地方负责建筑工地的画家一样。

41. PSRL，第 25 卷，第 285、317 页。

42. 格拉哥里文，也被称为格拉哥里字母表，是由圣西里尔和梅多迪乌斯在 863 年发明的，用来记录斯拉夫语。它没有西里尔字母那么通用，但偶尔由罗斯神职人员所使用。关于这段铭文见：https://nauka.tass.ru/nauka/4451207。

43. NPL，第 20、204 页，拜占庭纪年 6624。

44. "在内雷沃区的大门上"，NPL，第 72—282 页；"在普鲁士街的（堡垒）大门上"，NPL，第 92 和 332 页。

45. NPL，第 396 页，拜占庭纪年 6908。

46. NPL，第 419 页，拜占庭纪年 6945。

47. PSRL，第四卷，第 370 页；卡尔格 1966，第 138—144 页。

48. 吉尔伯特·德·兰诺伊 1878，第 32 页。

49. NPL，第 416 页，拜占庭纪年 6938。

50. 卡尔格认为它可以追溯到 15 世纪末。（卡尔格 1966，第 146 页）。

51. 卡尔格 1966，第 139、144—146 页。

52. NPL，第 16、181 页，拜占庭纪年 6553。

53. NPL，第 181 页，拜占庭纪年 6557—6558。第三座圣索菲亚教堂
　　将在诺夫哥罗德的圣索菲亚教堂建成之后不久在波洛茨克（今天
　　的白罗斯）建造。

54. NPL，第 29 和 215 页；拜占庭纪年 6659，第 400 页，拜占庭纪年
　　6916。

55. 这个十字架在二战中被西班牙蓝色师（译者注：德苏战争中给德军
　　助战的一个西班牙志愿师）带到马德里，最近被送回给俄罗斯。

56. 它们的用途有待讨论确定："当墙的内侧有一个孔口时，就会产
　　生声学效果。当孔口被涂层覆盖时，容器不就起到膨胀封闭的作
　　用，防止涂层开裂吗？但是，在许多情况下，嵌入砖石中的陶器
　　可能只是为了减轻后者的重量"。布阿德 1957 年，第 358 页。

57. NPL，第 19、203 页，拜占庭纪年 6616。这里有一些全能基督的照
　　片，其中一张由约瑟夫·德·贝耶男爵出版。贝耶 1901，第 16 页。

58. 见本章。

59. 特里福诺娃 1995；雷卡特 2005；博古塞维奇 1939；安德烈·波普
　　1976。

60. NPL，第 347 页，拜占庭纪年 6844。

61. 雷卡特将 1478 年拆除城门的事件归咎于伊凡三世，这使他可以假
　　设诺夫哥罗德的根纳德下令建造马格德堡门是为了"堵住漏洞"，
　　但大多数其他作者将这些门的拆除追溯到 1570 年。雷卡特 2005。

62. NPL，第 420 页，亚宁 1988。

63. NPL，第 57 和 259 页，拜占庭纪年 6726（公元 1218）。

64. 见第 5 章。

65. 梅丁切娃 2012。

66. 这个问题是阿列克谢·吉皮乌斯某讲座的主题：https://www.hse.

ru/news/ 179115691.html.

67. NPL，第 418 页。

68. NPL，第 420 页。

69. 关于街区的划分，参见奥尔洛夫 1965。

70. 扎伊切夫和库什尼尔 1980。

71. （其中有的）发表于 NPL，第 507—509 页，保存 15 份。

72. 我们还想到了亚历山大·涅夫斯基的父亲雅罗斯拉夫·弗谢沃洛
     多维奇王公，他在 1236 年之前多次在诺夫哥罗德统治。雷巴科夫
     1938；马夫罗丁和奥尔洛夫 1975；亚宁 1976；亚宁 1977。

73. NPL，第 507—508 页。

74. 在中世纪，它被称为大渡口街 [Bolshaya Proboinaya] 或邮政渡口街
     [Iamskaya Proboinaya]，也被命名为特罗伊茨卡亚街 [Troitskaya]，
     以纪念它的一个主要教堂。在苏维埃政权统治下，它被改名为无产
     者大街。

75. 亚宁 1962，第 308—309 页。

76. NPL，第 17 页，拜占庭纪年 6577。它一定是弗拉基米尔·雅罗斯
     拉维奇的胸前十字架，他死于 1052 年，葬在诺夫哥罗德大教堂。
     该物品被认为是遗物。

77. NPL，第 34、222 页，拜占庭纪年 6680；NPL，第 65、270 页，拜
     占庭纪年 6734。

78. NPL，第 39 页，拜占庭纪年 6696。

79. NPL，第 27 页，拜占庭纪年 6652.。

80. NPL，第 25 页，拜占庭纪年 6646；利沙切夫 1947，第 212—214 页。

81. NPL，第 44 和 238 页，拜占庭纪年 6707；第 52 和 250 页，拜占庭
     纪年 6719；第 65、270 页，拜占庭纪年 6735。

82. NPL，第 58 和 259 页，拜占庭纪年 6726；亚宁 2003，第 254 页。

83. NPL，第 352 页，拜占庭纪年 6848。

84. NPL，第 364 页，拜占庭纪年 6864。

85. 在现在的斯特拉蒂拉托夫斯卡亚街（Stratilatovskaïa）9 号。

86. 在季赫文斯卡亚街（Tikhvinskaïa）12 号。

87. 亚宁 2003，第 398—400 页。

88. NPL，第 35 和 224 页，拜占庭纪年 6684；NPL，第 397，拜占庭纪年 6910。

89. NPL，第 409 页，拜占庭纪年 6926。

90. 卡尔格 1966，第 147—148 页；阿莱什科夫斯基 1974，第 102 页；瓦西里耶夫 2005，第 352—354 页。

91. NPL，第 37 页，拜占庭纪年 6692；NPL，第 400 页，拜占庭纪年 6915。

92. NPL，第 54、353、446 页，拜占庭纪年 6723。据推测，奥夫斯特拉特是雅罗斯拉夫大公的支持者。

93. NPL，第 58、259 页，拜占庭纪年 6726。

94. NPL，第 60、262，拜占庭纪年 6728。五个军团（先锋队和后卫队，左右两翼和大兵团）的布局是一支野战军的布局。

95. NPL，第 326 页，拜占庭纪年 6798；NPL，第 362，拜占庭纪年 6858；NPL，第 409 页，拜占庭纪年 6926。

96. NPL，第 399 页，拜占庭纪年 6914（公元 1406）。它是一种冰山，或者说是被水流冲走的冰层。

97. NPL，第 23、207 页，拜占庭纪年 6641；1144 年或 1188 年翻修，NPL 第 27、213 页（拜占庭纪年 6652），或第 39 页（拜占庭纪年 6696）。

98. NPL，第 23、207 页，拜占庭纪年 6642；NPL，第 24、209 页，拜占庭纪年 6644；NPL，第 38、228 页，拜占庭纪年 6694。

99. NPL，第 327 页，拜占庭纪年 6799。

100. NPL，第 423 页，拜占庭纪年 6950。

101. PSRL，第三卷（1841 年），第 260 页，拜占庭纪年 7078。

102. NPL，第 59、259、366、379 页，拜占庭纪年 6726、6867、6892。

103. NPL，第 68、274 页，拜占庭纪年 6737。

104. NPL，第 382 页，拜占庭纪年 6896。

105. NPL，第 410 页，拜占庭纪年 6926。

106. 卡尔格 1966，第 192 页，莫斯科的总体规划始于 1775 年。

107. NPL，第 19、203 页（拜占庭纪年 6613/ 公元 1105），第 23、208 页（6642/1134），第 29、215 页（6660/1152），第 37、227 页（6689/1181），第 351 页（6848/1340），第 393 页（6907/1399）和第 411 页（6927/1419）。

108. 卡尔格 1966，第 206 页。

109. NPL，第 43、237 页，拜占庭纪年 6705。

110. 亚宁 1962，第 102—107 页。在切尔尼琴纳街（Tchernitsyna）附近的平民区发现的两块桦树皮提到了吉罗斯拉夫，NG，第八卷，第 573 条，第 40 页；NG，第九卷，第 657 条，第 50—51 页。

111. NPL，第 44、238 页，拜占庭纪年 6707。关于"帕萨德尼克"一词的含义，见第三章。

112. NPL，第 94、336 页，拜占庭纪年 6823。

113. NPL，第 367 页（拜占庭纪年 6869）、第 399 页（拜占庭纪年 6914）、第 405 页（拜占庭纪年 6922 和 6923）。1368 年，第一座圣尼西塔斯教堂被烧毁，NPL，第 370 页（拜占庭纪年 6876）。

114. PSRL，第四卷，第 578 页（拜占庭纪年 7045）。

115. 奥尔洛夫 1965，第 93、96 页。

116. NPL，第 29、215 页，拜占庭纪年 6660。

117. 卡尔格 1966，第 172—173 页。

118. NPL，第 19、203 页（拜占庭纪年 6611）。NPL，第 20 页，204（拜占庭纪年 6621）。教堂位于"诺夫哥罗德"；PSRL，第四卷，第 142 页，教堂位于"大公宫殿"，其建造直接归功于姆斯季斯拉夫·姆斯季斯拉维奇。NPL，第 23、208 页（拜占庭纪年 6643）。

119. NPL，第 21—22、206 页（拜占庭纪年 6635、6638）。条例文本，NPL，第 508—509 和 558—560 页；埃克 1933，第一条，第 476—478 页。

120. 一座建于 1133 年的早期木制教堂，NPL，第 23、207—208 页，拜占庭纪年 6641 和 6643。

121. PSRL，第四卷，第 445 页，拜占庭纪年 6966；亚宁 1962，第 308—309 页。

122. 见第三章。

123. NPL，第 50、247 页，拜占庭纪年 6716。根据史学家亚宁的说法，来自内雷沃区的人是谋杀的肇事者，而不是受害者，亚宁 1962，第 117 页。

124. NPL，第 65、270 页，拜占庭纪年 6735。

125. NPL，第 90、321 页，拜占庭纪年 6780（公元 1272）。

126. 卡尔格 1966，第 173—176 页。

127. NPL，第 398 页，拜占庭纪年 6912。

128. NPL，第 425 页，PSRL，第 4 卷，第 44 页，拜占庭纪年 6953；

PSRL，第 4 卷，第 537 页，拜占庭纪年 7018。另有个版本，
PSRL，第四卷，第 612 页，把伊凡与他的儿子阿法纳西和德米特
里联系起来。

129. PSRL，第四卷，第 547 页。德米特里·西尔科夫还给出了其他几
种结构，PSRL，第四卷，第 540—541、550、573 页。

130. 卡尔格 1966，第 181 页。

131. NPL，第 30、217 页（拜占庭纪年 6664），第 39、230 页（拜占庭
纪年 6699），第 42、235 页（拜占庭纪年 6704），第 50、247 页（拜
占庭纪年 6715）。

132. 帕拉斯凯维的希腊语为 Παρασκευή，意为"准备"。埃德尔比
1990，第 916 页；罗蒂 1992，第 109 页。

133. 梅尼尔和波波娃 1993，第 743—762 页；列夫基耶夫斯卡娅和托
尔斯塔亚 2009，第 631—633 页。

134. NPL，第 357 页。拜占庭纪年 6853。

135. 卡尔格 1966，第 181—186 页。

136. 多林格 1988，第 21 页；NPL，第 29、215 页，拜占庭纪年
6660。

137. NPL，第 57、258 页，拜占庭纪年 6725。

138. 卡尔格 1966，第 189—190 页。

139. 见第 5 章。

140. NPL，第 99、342 页（拜占庭纪年 6837）、第 351 页（拜占庭纪
年 6848）、第 364 页（拜占庭纪年 6862）、第 372 页（拜占庭纪年
6882）。

141. PSRL，第 3 卷，第 231 页。

142. NPL，第 367 页，拜占庭纪年 6869。

143. NPL，第 362 页，拜占庭纪年 6860 和第 368 页，拜占庭纪年 6871。

144. 卡尔格 1966，第 203—204 页。

145. NPL，第 66、271 页，拜占庭纪年 6736。

146. NPL，第 74、285 页，拜占庭纪年 6744。

147. NPL，第 366 页，拜占庭纪年 6867。

148. 亚宁 1962，第 201—202 页。

149. NPL，第 379 页，拜占庭纪年 6892。

150. NPL，第 19、203 页（拜占庭纪年 6613）。

151. 贝洛瓦 1999。

152. NPL，第 27 页（拜占庭纪年 6652）、27 和 214（拜占庭纪年 6654）。

153. NPL，第 40—41 和 231 页，拜占庭纪年 6700 和 6701。

154. NPL，第 44—45 页（拜占庭纪年 6706 和 6710），PSRL，第四卷，第 178 和 591 页（拜占庭纪年 6706），名字叫雷夫查，第 592 页（拜占庭纪年 6710）。

155. NPL，第 364 页（拜占庭纪年 6867）、第 369 页（拜占庭纪年 6873）；PSRL，第四卷，第 287 页（拜占庭纪年 6867）、第 291 页（拜占庭纪年 6873）和第 294 页（拜占庭纪年 6875）。

第二章

诺夫哥罗德的领地

诺夫哥罗德附近有片沼泽地，不算肥沃，但有利于城市的防御。在这个圈的外围，有两个古老的城镇，拉多加和普斯科夫，它们仍然是诺夫哥罗德的属地，但具有一定的特殊性。再往东北方向，德维纳（Dvina）山谷提供了通往白海和乌拉尔山脉偏远地区的通道，诺夫哥罗德的主要出口商品——毛皮——就是从那里来的。

诺夫哥罗德的"五部"，与利沃尼亚、瑞典和挪威接壤的陆地边界

该市的五部（piatina，复数为 piatiny）结构形式无疑影响了城市行政区划的建立，在首府周围呈星形排列，每个区负责一部。流入伊尔门湖的三条河流——姆斯塔河、洛瓦季河和舍隆河，决定了"诺夫哥罗德国家"的组织轴心；1471 年，在一个非常干燥的夏天，诺夫哥罗德与莫斯科军队在舍隆河上进行

了决定性的战斗，预示着诺夫哥罗德自治的结束。

舍隆河部［Chelonskaya piatina］ 位于诺夫哥罗德的西南和西部，在伊尔门湖的西部。卢加河在东北部，将其与沃德斯部分开。在西部，普柳萨河和纳尔瓦河口先是标志着与楚德人（爱沙尼亚人）土地的古老边界，然后是和利沃尼亚的，由诺夫哥罗德、普斯科夫和利沃尼亚骑士团于 1421 年和 1448 年签订的条约所确认[1]。在西南部，普斯科夫不属于舍隆河部，位于它和利沃尼亚之间。诺夫哥罗德被莫斯科吞并后，伊凡三世在纳尔瓦河口的利沃尼亚对面建造了伊万哥罗德堡垒（Ivangorod，1492 年）。俄罗斯人和瑞典人于 1583 年在普柳萨河签订了停战协议。这一带的城市化程度不高：卢加河畔的伊马是一个小镇；唯一的大城市是伊尔门湖以南的旧鲁萨［Staraïa Roussa］。该区的南部边界相当宽阔，位于波热列维齐（Pojerevitsy，现在是普斯科夫州的一部分）以南；其东部边界是洛瓦季河。

德雷沃部［Derevskaya piatina］ 占据了洛瓦季河的右岸和伊尔门湖的东部，还包括塞利格湖。它是该国沼泽最多的地区之一，因此是防御入侵者的天然屏障。诺夫哥罗德在 1238 年 3 月躲过了蒙古人的攻击，很可能是因为土地解冻（著名的 raspoutitsa[1]）使道路无法通行。1316 年，相邻的特维尔人在

---

[1] 在乌克兰、俄罗斯和白俄罗斯，raspoutitsa 或 "糟糕道路的天气" 指春天发生的解冻，它把雨中的平地变成了名副其实的泥浆池。——译者注

同一季节遭遇了彻底的溃败。

> 他们在湖泊和沼泽地里迷路了，开始挨饿，他们甚至吃了马，还有人撕下盾牌皮甚至马具吃掉，他们烧了一切，历尽艰难走回了家[2]。

德雷沃部最有名的地方是雅热尔比奇（Iajelbitsy），1456年诺夫哥罗德人被迫在那里与莫斯科大公签订了不平等条约。在东北部，德雷沃与别热茨克部接壤，边界在塞格里诺（Seglino）（德雷沃一侧）和姆莱沃（别热茨克一侧）之间。在北部，德雷沃以姆斯塔河为界。它的南部边界略微向南延伸至卢甘斯克湖（Luchanskoe），将大卢基的领土排除在外，后者属于诺夫哥罗德国家的一部分，但有一些自治权。这个地方控制着通往波洛茨克、维捷布斯克和斯摩棱斯克等地区的通道。同样地，东部的托尔若克（Toryok）是进出诺夫哥罗德的门户，通往特维尔和伏尔加河。托尔若克有自己的帕萨德尼克；这座城市曾多次被"下国"[nizovie，尼佐维亚]也就是苏兹达尔过来的王公们占领，并与诺夫哥罗德发生多次冲突；他们在那里扣留人质，阻止货物的运送。位于苏兹达尔的飞地是叫沃洛克（Volok）或沃洛科拉姆斯克（Volokolamsk）的小国，从1479年起，由莫斯科时期最伟大的神职人员之一约瑟夫神父（Abbé Joseph）建立的圣母安息修道院使其闻名。这个由诺夫哥罗德人严密保卫的小国沃洛克，早在14世纪就与莫斯科王朝实行混合管理[3]。

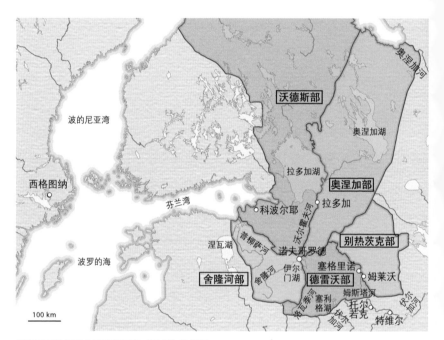

莫斯科吞并前诺夫哥罗德国家"五部"的地图

别热茨克部［Bejetsk piatina］的首府是别热茨（Bejitsy）或别
热茨克－韦尔赫（Bejetski-Verkh，今属特维尔州）。因此，诺
夫哥罗德人占据了莫洛加河的上游，从伏尔加河流入，并与别
洛奥泽罗地区接壤，后者是苏兹达尔市的突出部分，几乎将诺
夫哥罗德的"首府"属地与白海和乌拉尔殖民地一分为二。弗
拉基米尔（Vladimir）的大公们很快就别热茨克部的管辖权发
生了争议，于是该地区被联合管辖，成了对伏尔加河地区进行
突袭的基地。1332 年，伊凡·卡利塔（Ivan Kalita）占领了这
座城市，并在诺夫哥罗德要求延期纳税；1340 年，诺夫哥罗
德的"青年队"［molodtsy］乘船袭击了莫洛加河上的乌斯秋
日纳。他们被当地民众抓住，失去了战利品，但他们试图在更
靠北的别洛奥泽罗地区故伎重施[4]。1435 年，莫斯科大公瓦西
里二世承诺将他占领的别热茨克－韦尔赫和沃洛科拉姆斯克
地区归还给诺夫哥罗德，并答应划定边界。1436 年春天，诺
夫哥罗德人徒劳地等待莫斯科测量员的到来，因为瓦西里二世
正不得不处理内部政治危机。诺夫哥罗德仍然坚守其立场[5]。

南部的三部相当紧凑，但北部的两部却延伸得更远。在西部，
沃德斯部［Vodskaïa piatina］控制着经由涅瓦河口进入波罗的
海的通道。涅瓦河源头的奥列舍克（Orechek，又称奥列霍夫
［Orehhou］或奥列霍维茨［Orekhovets］）和位于涅瓦河西南、
靠近海岸的科波尔耶（Koporié）是主要的防御点。该部包括
拉多加湖的大部分，并向北延伸到波的尼亚湾。主要城市为拉
多加，它有自己的行政机构和行政官吏。当诺夫哥罗德人做

重大决定时，就会征求该市的意见，比如在 1138 年，第一次涉及罢免王公的决策时："诺夫哥罗德人召集了普斯科夫人和拉多加人，经过考虑和讨论，决定罢免他们的弗谢沃洛德王公（Vsevolod）。"[6] 还有必要指出，近两个世纪后特维尔的米哈伊尔王公也被一致反对："所有诺夫哥罗德人都聚集在一起：普斯科夫人、拉多加人、鲁萨人（Roussa）、卡累利阿人、伊若拉人（Ijora）和沃德斯人。"[7]

奥涅加部 [Obonejskaïa piatina] 从诺夫哥罗德斜向延伸到白海，包括拉多加湖东岸和奥涅加湖。虽然它的领土面积非常大，但严格地说，它没有城市。与沃德斯部一样，其人口主要由向诺夫哥罗德进贡的卡累利阿人和芬兰人组成，在 13 世纪，他们中的大多数人还没有被基督教化。诺夫哥罗德与瑞典和挪威王国之间的广阔边境地区包括了现在构成芬兰南部、列宁格勒州北部、卡累利阿共和国和摩尔曼斯克州西北部（也称为科拉半岛）的领土。

至少可以说，诺夫哥罗德与挪威和瑞典的关系确实动荡不安。专家们从几个角度探讨了这个问题：政治、商业或宗教，列举了瑞典人的"波罗的海十字军东征"，就像在圣地同时发生的十字军东征一样[8]。第一次十字军东征是在 1155—1157 年由瑞典国王埃里克九世（Éric IX）和乌普萨拉主教亨利领导的；其结果是将芬兰人的领土（索米 [Soum] 和海梅 [Em]）并入瑞典王国和教会。当地民众和诺夫哥罗德人对这个新政权感到不满。他们甚至能够发起局部或更大规模的反击。1186 年，一个名叫维查塔·瓦西利耶维奇（Vychata Vassilievitch）的人组建了一支"青年队"，并对海梅发起了一次远征，胜利抓回一群俘虏[9]。

1187 年，一次大规模的行动几乎完全摧毁了瑞典的第一个首都西格图纳（Sigtuna），它位于梅拉伦湖（Mälar）深处，被一连串的岛屿所包围[10]。当时的瑞典编年史只提到西格图纳在 8 月 12 日被烧毁，同一天，乌普萨拉的主教被谋杀。埃里克的《韵体编年史》（Chronique rimée d'Éric，14 世纪 20 年代）首次确定了该行动发起人：卡累利阿人。15 世纪中叶的文献又将他们与罗斯人联系在一起。17 世纪的资料补充了一个关键细节：据说是在 1187 年的突袭中，罗斯人攻占了从诺夫哥罗德到西格图纳的大门[11]，这仍然存有争议，但在当年秋天和第二年，诺夫哥罗德的商人被逮捕，他们的财产在哥特兰岛和西格图纳附近的两个瑞典港口被扣押[12]。诺夫哥罗德人的回应是在第二年春天中断与"海外"的一切贸易，并与"瓦良格人"断绝了外交关系。这一对策行之有效，因为不久后，即在 1191 年或 1192 年，便签署了一项条约，确认了"与……所有日耳曼人的子孙后代、哥特兰人和整个拉丁民族的持久和平"[13]。

由比尔杰·马格努松男爵（Birger Magnusson）领导的第二次波罗的海十字军东征发生在 1238—1239 年，目的是消灭否定基督教的塔瓦斯蒂亚人（Tavastiens）[14]。当时，瑞典人袭击涅瓦河，但于 1240 年 7 月 15 日被亚历山大·涅夫斯基击退。王公在 1242 年 4 月 5 日又一次取得了重大胜利，击败了不久前占领普斯科夫市的利沃尼亚骑士团。除了这两次防御战的胜利外，亚历山大的儿子德米特里在其叔叔雅罗斯拉夫和姐夫波洛茨克的立陶宛王公的支持下，对多尔帕特（现爱沙尼亚的塔尔图）还进行了一次"大远征"。他们带领 500 人和"**一支来自诺夫哥罗德的庞大军队，只有上帝知道他们有多少人**"。远征军突破了前两道防线，但未能攻占城堡，但他们仍然带回了大量的战利品[15]。很可能是在这次武力展示之后，缔结了一份新的条约，更新了 1191—1192 年签订的条约："**诺夫哥罗德人与日耳曼人、哥特兰人和整个拉丁民族之间发生的纠纷，我们都将其搁置一边。**"[16] 尽管在时间和地理上存在差异，但这与 10 世纪拜占庭人和罗斯人之间的关系有明显的相似之处：在罗斯人对君士坦丁堡实施毁灭性的进攻后，拜占庭与罗斯于 911 年和 944 年签署了条约，为罗斯提供了非常有利的贸易条件。

在第三次波罗的海十字军东征期间，瑞典人试图控制芬兰湾的河口。他们在沃克希河（Vuoksi）河口定居，建造了维堡（Vyborg，1293 年），占领了封锁拉多加湖和沃克希河之间通道的凯克斯霍尔姆（俄语为 Korelski Gorod；芬兰语为 Käkisalmi，1294 年），然后在涅瓦河河口附近建立了兰斯克鲁纳堡（Landskrone，1300 年）。然而，诺夫哥罗德人设法驱逐了他们，并夷平了防御工事[17]。反攻推迟到 1318 年，但力度很大：

> 诺夫哥罗德人从普莱纳河（Pleine）开始海外军事远征，他们多次艰苦作战，占领了属于索米王公和主教的柳德列夫堡垒（Liouderev），并安全返回了诺夫哥罗德[18]。

这次攻击的目标很可能是位于奥拉约基河（Aurajoki）河口的图尔库（埃博 [Åbo]）。他们占领的堡垒可能是附近的库西斯托（Kuusisto）主教城堡。斯堪的纳维亚的文献表明，1320 年在芬马克县和霍洛加兰（Hålogaland）展开了新一轮的进攻。1323 年，诺夫哥罗德在涅瓦河源头拉多加湖的"奥列舍克岛"上建造了一个要塞，再次标明了自己的领土[19]。瑞典人一直设法争夺这个要塞，直到彼得大帝时期。它被瑞典人称为诺特堡（Nöteborg），俄罗斯人夺回该要塞后，改名为施吕瑟尔堡（Šlisel'burg），它在 18—19 世纪作为政治监狱而闻名，用来关押失败的皇位觊觎者和革命党。

正是在这里，诺夫哥罗德凭借雄厚的实力，与瑞典人缔结了"永久和平协议"——《诺特堡和约》（1323 年 8 月 12 日），首次划分了两国边境。诺夫哥罗德人占据了拉多加湖和卡累利阿地峡的东部，直到谢斯特拉河（Sestra），而瑞典人保留了包括维堡的西部地区。边境线继续延伸，穿过森林和沼泽，到达流入波的尼亚湾的皮海约基（Pyhäjoki）河口：西边是瑞典领

土，东边则是诺夫哥罗德领土。三年后，诺夫哥罗德与挪威在
芬马克签订了《诺夫哥罗德条约》（1326 年 6 月 3 日），划定
了新的边境线[20]。这一重大外交进展并没有阻止暴力的发生，
在这个地区，罗马教徒、东正教徒和其他可能存在的异教徒一
起生活。1337 年的情况就是如此：

> 卡累利阿人欢迎日耳曼人（即瑞典人）的到来，并屠杀了许
> 多诺夫哥罗德和拉多加的商人以及生活在卡累利阿的基督
> 徒（东正教徒），随后他们在日耳曼堡垒（维堡）避难，痛
> 打了在维堡里的许多基督徒[21]。

作为报复，诺夫哥罗德的"青年队"于第二年劫掠了卡累利阿[22]。

瑞典国王马格努斯四世还未成年时就以他的名义签署了和平
协议，但后来他再次打破协议。圣布里吉特（sainte Brigitte）
的观点促使他自愿或用武力改变"异教徒"的信仰，他在
1347 年召集诺夫哥罗德人参加一场关于信仰的辩论，以结束
东正教和天主教的分裂局面。在遭到拒绝后，他于 1348 年开
始进攻，发动了第四次十字军东征。他攻占了奥列舍克，但第
二年就被驱逐了。1349 年，诺夫哥罗德人在一次对霍洛加兰
的报复性突袭中，占领了比雅尔凯（Bjarkøy）堡垒。1350 年
春天，马格努斯发动的一次新袭击引发了罗斯人对维堡的进
攻。此后不久，双方在多尔帕特组织了一次交换俘虏行动[23]。
这些袭击是一个多世纪以来瑞典人和诺夫哥罗德人之间最后的

重大军事冲突。

马格努斯受到自己臣民的强烈质疑，并因独占了王国的部分什一税而与教皇发生冲突，于1356年第一次被废黜，后复辟，又被囚禁，最后于1374年溺水身亡。诺夫哥罗德以自己的方式诠释了这一系列事件。在15世纪上半叶，可能是1411—1413年左右，一份可疑的罗斯文文件《马格努斯的遗言》（*Roukopisanie Magnoucha*）问世，瑞典国王在其中悔恨自己无视所缔结的条约而妄图征服诺夫哥罗德人的领土。他受到了上天的惩罚，他的国家遭受了许多灾祸。他本人在两次海上遇险后，成了一座东正教修道院的修士。在他生命的最后时刻，他劝告他的继任者不要再进攻罗斯[24]。

为了安全起见，诺夫哥罗德人通常将敏感的边境地区的守卫工作交给他们"雇佣"的王公们。这是不同于诺夫哥罗德与该地宗王（prince-suzerain）之间关系的一种封爵形式——前者或多或少是由城市选择的，而后者则越来越少居于城墙之内。这种地方王公制度（可以说是行军伯爵）大约在1299—1300年就建立了。当时有个叫鲍里斯·康斯坦丁诺维奇（Boris Konstantinovitch）的人被分配到卡累利阿担任守卫工作，他没有很好地履行职责，1305—1307年左右，诺夫哥罗德人要求他们的王公——特维尔的米哈伊尔·雅罗斯拉维奇（Michel Iaroslavitch）罢免他[25]。这位不起眼的人物可能是别洛奥泽罗公国的不知名王族后代。诺夫哥罗德人也征召了斯摩棱斯克家族成员，特别是在这个公国衰落伊始（1396 年至 1407 年）。他们还求助于信仰东正教的立陶宛人。第一位是格迪米纳斯大公的儿子纳里曼塔斯（受洗名为格列布），1332 年至 1334 年间，诺夫哥罗德将拉多加湖、奥列舍克岛、卡累利阿和一半科波尔耶领土作为财产分配给他 [26]。另一个单独的边境地区被分配给了另一位王公，包括科波尔耶的另一半领土以及伊玛（Iama）和波尔霍夫（Porkhov）地区。结果是好坏参半。在 1338 年，纳里曼塔斯－格列布（Narimantas-Gleb）由于太过专注于立陶宛事务，无法去保卫科波尔耶，诺夫哥罗德人不得不委任一位"摄政官"来应付 [27]。然而，他们仍然在 1384—1386 年和 1396 年将纳里曼塔斯的儿子帕特里克（Patrikeï）委派到同一地区。其他立陶宛王公也在 1389 年至 1444 年间被"任用"。

姐妹城市：普斯科夫

考古学家已经发现了普斯科夫的库尔干文明和卡姆诺－留格文明（Kamno-Ryuge），他们将这两个文明与来自南方的斯拉夫部落在今天的普斯科夫地区定居联系起来。卡姆诺－留格文明在公元 7 世纪至 9 世纪间蓬勃发展，然而像诺夫哥罗德一样，在大约 860—865 年遭受了破坏 [28]。在书面文献中，普斯科夫第一次出现在 903 年。它被称为圣奥尔加的出生地，后者是基辅大公伊戈尔的妻子，也是罗斯的第一位基督教智者公主，据说她的雪橇被作为一种圣物保存在普斯科夫[29]。位于普斯科夫市中心的最古老的城堡，被称为克罗姆城堡（Krom），可以追溯到10—12世纪。1036年，"智者"雅罗斯拉夫将他的弟弟苏迪斯拉夫（Soudislav）关进了普斯科夫的一个地牢里，这位不幸的王公直到1059年才被他的侄子们释放，条件是他要成为一名修士，他于1063年去世[30]。有些人从这一简短的记载中推断，苏迪斯拉夫曾经是或应该是普斯科夫王公，但将一位被废黜的王公囚禁在他所统治的城市中似乎很冒险。此外，没有证据表明普斯科夫在当时设有公位。后来，该市成为诺夫哥罗德公国的一部分，才逐渐获得一定的自治权。尽管如此，诺夫哥罗德在关键时刻还是会征求普斯科夫人的意见。

在1132年和1136年，出现留用或罢免弗谢沃洛德·姆斯季斯拉维奇（Vsevolod Mstislavitch）王公的问题时，拉多加和普斯科夫的民众参与了决策：弗谢沃洛德在1132年勉强留任，然后在1136年被驱逐。然而，这种共识是脆弱的。当弗谢沃洛德在1137年底和1138年初试图复辟时，诺夫哥罗德的大门仍然对他关闭，但普斯科夫的大门却打开了。他在普斯科夫筑垒固守，并支持攻城。弗谢沃洛德的意外死亡并没有削弱普斯科夫人的决心，他们随后扶持他的弟弟斯维亚托波尔克（Sviatopolk）上台，成为他们的王公，直到1139年春天才与诺夫哥罗德达成和解[31]。尽管时间很短，但这一事件在普斯科夫人身份形成的过程中发挥了重要作用。弗谢沃洛德·姆斯季斯拉维奇（受洗名为加布里埃尔）成为当地第一位圣人。他

普斯科夫的城堡

的遗体被转移到当地的三一教堂，这座教堂于 1192 年用石头
重建，这突出了对他的崇敬之情。传说主持仪式的诺夫哥罗
德王公本想把遗体带回自己的城市，但仅被限于一块指甲 [32]。
1581 年，当波兰国王斯特凡·巴托里（Étienne Bathory）的军
队对普斯科夫进行极其残酷的围困时，伊凡雷帝和该城的守卫
者多次祈求圣弗谢沃洛德·加布里埃尔的庇佑 [33]。

因此，诺夫哥罗德王公和大主教不定期访问普斯科夫，并取得
了不同程度的成功。在 13 世纪上半叶，诺夫哥罗德王公有时
会在普斯科夫安置一个年轻的儿子或近亲。然而，双方的关系
似乎变得紧张起来：1242 年，亚历山大·涅夫斯基在战胜利
沃尼亚骑士团凯旋而归时，严厉地斥责"一些愚蠢的普斯科夫

人"与敌人勾结[34]。

亚历山大死后不久，普斯科夫接收了一位来自立陶宛的王公，成功地从诺夫哥罗德手中解放出来，时间长达 30 年。多夫蒙特（Dovmont，道曼塔斯［Daumontas］）最初只是一个普通难民，由于立陶宛部落的第一位统一者明道加斯（Mindaugas，1238—1263）被暗杀后爆发了继位战争，他被赶出了自己的国家。多夫蒙特于 1265 年抵达普斯科夫，很快就接受了洗礼，成了蒂莫西（Timothée）王公。他的权威和作为战争领袖的品质确保了他的长期统治（1266—1299）。雅罗斯拉夫·雅罗斯拉维奇未能将他赶下台，早在 1268 年，多夫蒙特就参加了利沃尼亚的诺夫哥罗德战役。后来，他娶了德米特里·亚历山德罗维奇（亚历山大·涅夫斯基的儿子）的女儿，并参与了罗斯王公之间的内讧。像弗谢沃洛德－加布里埃尔一样，多夫蒙特－蒂莫西被埋葬在三一教堂里，成了当地的一位圣人，他的衣服和宝剑被保存了下来。13 世纪普斯科夫的新防御工事被称为"多夫蒙特堡垒"。从 14 至 17 世纪的三个多世纪里，一部弘扬普斯科夫人爱国主义精神的《多夫蒙特的历史》（*Histoire de Dovmont*）被大量复制充实[35]。

在多夫蒙特之后，普斯科夫的王公们似乎都是不太重要的人物。他们可能是由诺夫哥罗德人委派的王公。普斯科夫选出了一位帕萨德尼克，有时则是两个人同时行使这一职能，但是，编年史中对这些邑吏只是零星提及，不像诺夫哥罗德那样，有列出这些民选官员的名单 36。仅有两份普斯科夫官方颁布的文献流传至今。第一份文献于 14 世纪初颁布，是"*代表邑吏西多尔（Sidor）和拉吉尔（Raguil）、所有百夫长、在里加的普斯科夫人以及所有里加城民*"，它不是一份具有规定格式的文献，而只是一份引渡逃亡债务人的请求书。文献上有一个无铭文印章，与诺夫哥罗德授权书的印章很相似，但也可能是本地篡改了印章 37。第二份文献于 1308—1312 年颁布，但只留下一个后期的副本，内容是把普斯科夫地区大湖旁的一个小村庄和渔场授予一个家庭。该文件以"*这是普斯科夫大主教阁下在圣三一教堂举行的市民大会（谓彻）上的意愿*"结束 38。这句暴露了他想让自己享有与诺夫哥罗德大主教同等地位的愿望。在随后的几十年里，普斯科夫邀请了立陶宛王公们，一般都是信仰东正教的，并在城内欢迎特维尔的亚历山大·米哈伊洛维奇（Alexandre Mikhaïlovitch，1328 年和 1331—1337年），尽管后者是个流亡者，被鞑靼可汗剥夺了弗拉基米尔大公的头衔，并被他在莫斯科的对手伊凡一世·卡利塔（Ivan Ier Kalita）追捕。

这种摆脱束缚的愿望引发了与诺夫哥罗德的冲突。普斯科夫人试图建立自己的主教区，不再承认诺夫哥罗德大主教的裁判权。他们的请求在 1331 年首次被驳回，但这并没有阻止他们在 1337 年拒绝瓦西里·卡利卡主教的访问：主教"诅咒普斯科夫人"，离开了这座城市 39。《博洛托沃条约》（*Bolotovo*）达成了历史性的妥协，该条约可能在 1342—1343 年冬季缔结，并于 1348 年生效[40]。普斯科夫从此可以在俗权上自我管理，同时实际上仍处于诺夫哥罗德的国际条约的监护之下。在精神领域，诺夫哥罗德大主教保留他的权利，但由一名特别任命的代理主教全权代表。1390 年爆发了新的危机，诺夫哥罗德人在 1394 年围攻普斯科夫未果，和平直到 1397 年才恢复[41]。这种被约束自由的情况促使普斯科夫寻找新的保护者，即使这意味着玩一场危险的游戏。

吉尔伯特·德·兰诺伊（Gilbert de Lannoy）在 1413 年指出：普莱斯科（Plesco）[1] 是归属于莫斯科之王的领地。"四年后，他写道："普莱斯科和整个普莱斯科地区的市长们"与利沃尼亚骑士团签署了一项条约，承认自己是罗斯皇帝瓦西里·德米特里乌斯 [Rusche Keiser Wassile Dymittrius] 即莫斯科的瓦西里一世的附庸[42]。然而，诺夫哥罗德没有完全放弃，并设法在 1448 年与利沃尼亚骑士团缔结的条约中也提到了普斯科夫人，但将其称为"小兄弟"[43]。相关文献表明，普斯科夫有一个由现任邑吏、前邑吏和"邑吏子孙"（指较低级别的官员）组成的市议会。波雅尔、商人、显贵和平民在其中也各有代表。

1471 年夏天，当伊凡三世决定让诺夫哥罗德人屈服时，普斯科夫的军队跟在莫斯科大公身后，他们的在场有助于莫斯科

---

[1]　即普斯科夫最初的名称。——译者注

赫伯斯坦（Herberstein）地图的局部（1549 年版）：佩尔米亚（Permie）、尤格拉、金色夫人

实施合法干预，以结束一小撮狂热分子的疯狂行为，这些人想打破罗斯的固有秩序。普斯科夫人没有抗议 1478 年清算诺夫哥罗德自治残余的措施。但轮到他们时，没有人为普斯科夫的"共和国"辩护了。1510 年 1 月 24 日，瓦西里三世亲自进入该市，着手解散地方团体，驱逐其"最优秀的人"[44]。

德维纳河、乌拉尔河、伏尔加河和维亚特卡河

从一条河到另一条河，从一个运输港口［volok］到另一个港口，诺夫哥罗德人一直航行到乌拉尔河。可以毫不夸张地说，白海曾经是诺夫哥罗德的一个湖。沃尔霍夫市事实上控制了梅津河、伯朝拉河，特别是北德维纳河的河口，这些是流入白海

的主要河流。北德维纳河流域是诺夫哥罗德的一条重要轴线，因为它控制着通往东北和东部广阔地区的通道，这些地区盛产毛皮，居住着芬兰人的部落。早在 1169 年，弗拉基米尔－苏兹达尔大公就试图派人去那里代替诺夫哥罗德人收取贡品。尽管他们在人数上占优势（根据《诺夫哥罗德第一编年史》，7000 人对抗 400 人），但还是遭受了惨败。诺夫哥罗德人收回了应得的贡品，并向"苏兹达尔的维兰"[1]征税[45]。

德维纳河流域仍然存在争议。在其左侧主要支流苏霍纳河的河道上，有两个特别令人觊觎的城市。沃洛格达在 1264 年被提及是诺夫哥罗德的属地，但多次被特维尔和莫斯科的王公们垂涎。从 1368 年起，这块属地由诺夫哥罗德人和莫斯科人共同管辖。当时，它是莫斯科公位继承战争（1425—1453 年）中的问题之一，瓦西里二世通过遗嘱将它留给了他的小儿子安德烈（1462 年）[46]。大乌斯秋格创建于 13 世纪初，最初有自己的小王朝，归属于罗斯托夫王公，后来落入莫斯科的手中，而诺夫哥罗德人在 14 世纪曾多次试图夺取它。德维纳河右侧的主要支流维切格达河及其支流维姆河（Vym）是诺夫哥罗德国家的一部分。这些地区居住着芬兰－乌戈尔人，他们是马里人和科米人的祖先，以狩猎和捕鱼为生，并提供珍贵的毛皮。他们的基督教化始于彼尔姆的斯特凡（Étienne de Perm），他

---

[1] 欧洲中世纪的一种社会阶层，和领主有不完全依附关系、形式上有一定的人身自由的村民，地位略高于农奴。——编者注

从莫斯科被派来传教，被诺夫哥罗德人视为入侵者。1383 年，
罗斯教会为他建立了彼尔姆教区。

1397—1398 年，德维纳是一场真正战争的发生地。莫斯科的
瓦西里一世在此定居，并强迫当地的波雅尔向他宣誓臣服。为
了更好地建立自己的权威，他在这个国度颁布了一部司法宪
章，这是当时罗斯法律中最完整的文本之一[47]。但诺夫哥罗德
人进行了反击，劫掠了别洛奥泽罗、沃洛格达和大乌斯秋格地
区。最后，德维纳的民众投降了，回到诺夫哥罗德的怀抱。
"由于他们的罪行"，他们不得不缴纳 2000 卢布和上贡 3000 匹

诺夫哥罗德扩展区域地图（河网和毛皮贸易路线）

马，而王公的商人们则以每匹 300 卢布的价格买下这些马 [48]。1401 年，瓦西里一世在天下太平时再次试图入侵德维纳河流域。他抓住了一些人质，包括两个帕萨德尼克——我们由此得知他们的存在。但进攻很快被击退。大多数俘虏很快获释，最后一批人质于 1402 年被归还 [49]。诺夫哥罗德必须在 1456 年将德维纳的部分地区割让给瓦西里二世，在 1471 年 8 月之后，一系列文件正式将其余领土移交给莫斯科管辖 [50]。

诺夫哥罗德的领地延伸到乌拉尔山脉北部和北冰洋沿岸，有一块名为尤格拉（Iougra）的土地，从尤戈尔（Iougor）海峡一直到塔兹河口。尤格拉和尤格里（Iougry）这两个名字源于乌戈尔人，居住在尤格拉的是汉特人（Khantis）和曼西人（Mansis）[51]。1193 年，诺夫哥罗德人开始用武力征服这个国度，尤格拉人在向诺夫哥罗德人承诺"*金钱、貂皮和其他贵重物品*"之后，成功地消弭了他们的远征军 [52]。但入侵者很快就回来了，并征收毛皮、海象牙和鱼的贡品。尤格拉仍时常会爆发起义，如 1445 年，80 多人因起义被杀害 [53]。

诺夫哥罗德的扩张主义在卡马河和维亚特卡河这两条河流的河道上找到了最后的出路，这两条河流与之前提及的河流不同，流向都是向南的，并属于伏尔加河流域。这就是乌什库尼基 [ouchkouïniki] 的平底船 [ouchkouï] 横行的地方 [54]。这个词主要在非诺夫哥罗德的文献中以贬义的方式使用。《诺夫哥罗德第四编年史》（15 世纪）关于 1371 年写道："**诺夫哥罗德**

人占领了雅罗斯拉夫尔和科斯特罗马的城市",《尼康编年史》（*Chronique de Nikon*，16 世纪在莫斯科编纂）更正为："大诺夫哥罗德的诺夫哥罗德水手和强盗（乌什库尼基）占领了科斯特罗马。"[55] 这些平底船显然是用与在芬兰海上突袭中名声大振的"青年队"驾驶的船只相同的木材制成。人们可能会把它们称为诺夫哥罗德私掠船。平底船又继续横行了几年，靠突袭为生，并最大限度地利用出其不意的效果。

1374 年，90 艘船横渡维亚特卡（Viatka）和博尔加尔（Bolgar）的土地。这些城市靠近如今的喀山，为避免战火支付了 300 卢布的勒索金。随后，海盗们分成两组，一组向金帐汗国的首都萨莱进发，另一组沿着伏尔加河逆流而上，骑马沿岸劫掠[56]。1375 年，他们无耻地利用了莫斯科和弗拉基米尔大公德米特里·伊万诺维奇（Dimitri Ivanovitch）正忙着围攻特维尔的时机，在诺夫哥罗德一支正规军的帮助下，由普罗科普（Prokop）和斯摩棱斯克人（Smolnianine）指挥 70 艘船共 1500 至 2000 人，进攻了富裕和交通便利的科斯特罗马。该城民众奋起反抗，人数更多，有 5000 人。但乌什库尼基更狡猾，他们把自己的部队一分为二，一支部队谨慎地穿过森林，从后面包抄逃跑的科斯特罗马人。诺夫哥罗德的私掠船占领了这座城市整整一周。在数量惊人的战利品中，他们只带走了最珍贵和最轻的，其余的都扔进了伏尔加河。随后他们劫掠了下诺夫哥罗德（Nijni-Novgorod），越过卡马河，把他们的囚犯——像他们一样的罗斯人和基督徒，卖给了伏尔加河畔的保加尔穆斯林。乌什库尼基顺着伏尔加河而下，途经金帐汗国的首都萨莱，前往里海。他们最终在阿斯特拉罕被城中居民的诡计所欺骗而被屠杀。这一历史事件的结局看起来像是一则道德故事：侵略者得到了应有的报应，无人幸存[57]。但这一疯狂的劫掠行动与斯捷潘·拉辛（Stenka Razine）及其顿河哥萨克在伏尔加河和里海上的所作所为有着惊人的相似之处（1667—1671 年）。

1386 年诺夫哥罗德和莫斯科之间的冲突，以前者支付赔款而告终，这一冲突可能是由乌什库尼基远征维切格达河地区（北德维纳河的支流）引起的，直接从莫斯科派来的彼尔姆的斯特凡主教正在对该地区施行基督教化。诺夫哥罗德声称拥有这片盛产毛皮的领土。撰写于 1396 年至 1418 年间的《彼尔姆的斯特凡的生平》一书中，通过彼尔姆人之口写下了对他们主教的悼词："甚至诺夫哥罗德的强盗水手也被他说服了，不再攻击我们。"而我们从后来关于彼尔姆的斯特凡一生的记载中得知，维切格达河地区确切地说是在 1386 年遭受诺夫哥罗德袭击的[58]。

正是在 14 世纪的最后 25 年，一个遥远的诺夫哥罗德殖民地维亚特卡市（今基洛夫市）按照都市的模式运作：它通过谓彻自治，但也收容叛逃的王公。维亚特卡以自己的方式参与了 15 世纪初的莫斯科王朝战争，直到 1489 年才最终归属于伊凡三世的大公国[59]。

注释

1. GVNP，第 60、73 条，1991 年 1 月，第 107、114 页。

2. NPL，第 95、337 页，拜占庭纪年 6824。

3. 在 1264 年以来诺夫哥罗德与其王公签订的条约中，沃洛克被提到是诺夫哥罗德的属地。诺夫哥罗德人于拜占庭纪年 6801（公元 1293）从亚历山大·涅夫斯基的儿子安德烈王公手中夺回该地区，NPL，第 328 页。

4. NPL，第 99 页，拜占庭纪年 6840；第 351 页，拜占庭纪年 6848。

5. NPL，第 418 页，拜占庭纪年 6943—6944。

6. NPL，第 24、209 页，拜占庭纪年 6644。

7. NPL，第 95、337 页，拜占庭纪年 6824。

8. 参见第三章。

9. NPL，第 38、228 页（此处"青年队"被称为"novgorodtsi"），拜占庭纪年 6694。

10. 考古学家指出，西格图纳遗址没有显示出 12 世纪末遭受重大破坏的迹象，而且随着通往该城市的航道变得不那么通畅，西格图纳才从 13 世纪开始衰落，塔韦尔 2007，第 38—41 页。斯德哥尔摩，位于再往南约 50 公里的湖的入口处，濒波罗的海，将在 13 世纪下半叶成为新的首都。

11. 沙斯科尔斯基 1978。人们仍然铭记 1616 年的历史。当瑞典人占领诺夫哥罗德时，国王古斯塔夫二世阿道夫打算将西格图纳的情况"奉还"给这个国家。他在该城的代表雅各布·德拉加尔迪将军劝他不要这样做，以维护城市的和平。

12. NPL，第 39、229—230 页，拜占庭纪年 6696（公元 1188）。这两

个港口要么是尼雪平（斯德哥尔摩西南部的南曼兰省）和斯德哥尔摩西部梅拉伦湖上的索什拉，要么是新老埃博港（图尔库港）。

13. GVNP，第 28 条；伊凡诺夫和库兹涅佐夫 2016，第 376—396 页。

14. 来自塔瓦斯蒂亚省（海梅），在今芬兰。

15. NPL，第 83、311—312 页，拜占庭纪年 6770。

16. GVNP，第 29 条。大致推定年代：1259—1263，较精确年代：1262—1263。

17. NPL，第 327—328 页，拜占庭纪年 6801—6803，第 91、330—331 页，拜占庭纪年 6808—6809。

18. NPL，第 337 页，拜占庭纪年 6826。

19. NPL，第 339 页，拜占庭纪年 6831。

20. GVNP，第 39 条。

21. NPL，第 348 页，拜占庭纪年 6845。

22. NPL，第 348 页，拜占庭纪年 6846。

23. NPL，第 359—362 页，拜占庭纪年 6856—6858。

24. PSRL，第四卷，第 281—282 页，拜占庭纪年 6860（公元 1352）；SKKDR，第 2.2 卷，第 313—315。

25. GVNP，第 8 条；亚宁 1998，第 90 页。

26. NP，第 345—346 页，拜占庭纪年 6841。

27. NPL，第 349 页，拜占庭纪年 6846。

28. 《原始城市中心》，第 29—32、37、75—76 页。

29. PVL，第 16 页，拜占庭纪年 6411（公元 903）；第 29 页，拜占庭纪年 6455（公元 947）。

30. PVL，第 66 页，拜占庭纪年 6544；第 71 页，拜占庭纪年 6567 和 6571。

31. NPL，第 22—25、207—211 页，拜占庭纪年 6640—6646。

32. NPL，第 40、231 页，拜占庭纪年 6700；PSRL，第 21.1 卷，第 199 页。

33. 《斯蒂芬·巴托里》，第 37、39、47 页。

34. PLDR，第三卷，第 434 页。

35. SKKDR，第 2.2 卷，第 239—243 页。

36. 亚宁 1992，第 3—14 页；瓦列罗夫 2004，第 223 页。

37. GVNP，第 332 条。

38. GVNP，第 333 条。

39. NPL，第 343—344 页，拜占庭纪年 6839；第 348 页，拜占庭纪年 6845。

40. 亚宁 1992；瓦列罗夫 2004，第 262—270 页。

41. NPL，第 383、386、38 页，拜占庭纪年 6898、6902、6905。

42. GVNP，第 334 条。

43. GVNP，第 73 条。

44. PSRL，第 13 卷，第 12—13 页，拜占庭纪年 7018。

45. NPL，第 33、221 页，拜占庭纪年 6677。

46. GVNP，第 1 条（1264）；DDG，第 61 条，第 195 页（1461—1462）。

47. PRP，第 3 卷，第 162—164 页，GVNP，第 88 条。

48. NPL，第 389—393 页，拜占庭纪年 6905—6906。

49. NPL，第 396—397 页，拜占庭纪年 6909—6910。

50. GVNP，第 98 条；ASEI，第 3 卷，第 14—16 条。

51. 在西格蒙德·赫伯斯坦（1517 年和 1525—1526 年驻罗斯宫廷大使）的《评论》中出版的地图（第 98 页）上，被命名为"尤格拉"的地区被认为是与乌戈尔人有关的匈牙利人的原始居住地。我们还可以在地图上看到"金色夫人"（Aurea anus/Slata Baba），这是一个让西方人梦寐以求的神话般的异教偶像，赫伯斯坦 2008，第一卷，第 713 页。

52. NPL，第 41、234 页，拜占庭纪年 6701。

53. NPL，第 425 页，拜占庭纪年 6953。

54. 据说这个词来源于白海沿岸的芬兰 – 乌戈尔语，意思是"白熊"。

55. PSRL，第 4 卷，第 296 页；PSRL，第 11 页，第 15 页，拜占庭纪年 6879。

56. PSRL，第 11 条，第 20 页，拜占庭纪年 6882（《诺夫哥罗德第四编年史》中没有提及）。

57. PSRL，第 4 卷，第 303—305 页（他们是乌什库尼基）；PSRL，第 11 卷，第 23—24 页（他们被称为 novgorodtskïa razboïnitsy，他们的失败是由醉酒造成的，这是该编年史中反复出现的主题）。拜占庭纪年 6883。

58. 《彼尔姆的斯特凡的生平》，第 87 页；NPL，第 380 页，拜占庭纪年 6894。在《诺夫哥罗德编年史》中，我们读到，德米特里对诺夫哥罗德非常愤怒，"因为伏尔加河地区的人"。《维切格达河—维姆河地区纪事》补充道："拜占庭纪年 6894 年，诺夫哥罗德人和德维纳人劫掠了伏尔加河地区，从那里起摧毁了属于大公的各州，以及维切格达和大乌斯秋格，但大公德米特里镇压了叛军，收复了他的各州，并向诺夫哥罗德人和德维纳人收取了勒索金。"多罗宁 1958，第 258—259 页。

59. PSRL，第 12 卷，第 221 页，拜占庭纪年 6997。

第三章

诺夫哥罗德的王公、市政官和暴乱

谁管理新城？它的政治制度是如何形成的？和其他城市一样，诺夫哥罗德也有一位罗斯王公，据说是留里克的后裔。最初，从970年开始，基辅大公将一个儿子"赠给"了诺夫哥罗德，但当他要继承父亲的公位时，他便渴望离开这座城市。基辅的吸引力和各种剧烈的变化意味着没有哪个世系能够设法在诺夫哥罗德建立一个在地王朝。

诺夫哥罗德：一个没有王朝的国度（970—1136年）

《往年纪事》集中讲述了奥列格和伊戈尔的行动，他们从882年开始对斯摩棱斯克和基辅附近的斯拉夫人建立了牢固的统治，并对君士坦丁堡发动了远征。伊戈尔死后（945年），其遗孀奥尔加（945—964年）摄政之事，以及她的君士坦丁堡之行和她皈依基督教的故事（编年史上的日期是955年）占据了大部分篇幅。因此，诺夫哥罗德和这里的斯洛文尼亚人在近

100 年的时间里没有出现在编年史上，他们在 882 年被遗忘，在 970 年再次出现：

> 拜占庭纪年 6478 年（公元 970 年），斯维亚托斯拉夫（Sviatoslav）把雅罗波尔克（Iaropolk）安置在基辅，让奥列格守在德雷夫利安。当时，诺夫哥罗德人来请求为他们找一个王公："如果您不来我们这，就给我们找一个王公。"斯维亚托斯拉夫问："谁想去他们那？"雅罗波尔克和奥列格都拒绝了。多布雷尼亚（Dobrynia）对他们说："去找弗拉基米尔。"因为弗拉基米尔是多布雷尼亚的妹妹马卢沙（Maloucha）——当时奥尔加的女管家——之子。兄妹俩的父亲是柳别奇的马尔克（Malk de Lioubetch）；因此，多布雷尼亚是弗拉基米尔的舅舅。诺夫哥罗德人对斯维亚托斯拉夫说："把弗拉基米尔给我们"，斯维亚托斯拉夫回答说："给你们吧。"于是诺夫哥罗德人就把弗拉基米尔带走，他的舅舅多布雷尼亚一起跟着去了诺夫哥罗德[1]。

在这里，我们看到了诺夫哥罗德政治生活的一个重要特点。人民想要"自己的"王公。如果他仍然坚守留里克的血统，他就要准备好断绝关系以防止诺夫哥罗德人不考虑他的意愿。弗拉基米尔是斯维亚托斯拉夫的一个儿子，也是伊戈尔的继承人，因此有王公血统，但与他的同父异母兄弟雅罗波尔克和奥列格不同，他的母亲出身低微。这就是为什么他的父亲不让他在基辅统治。然而，正是他，在斯维亚托斯拉夫死后，将成为继承斗争的胜利者，在这场斗争中，他的对手将会灭亡：

> 6485 年（公元 977 年），当弗拉基米尔在诺夫哥罗德听到雅罗波尔克杀死奥列格的消息时，他吓坏了，逃到了海的另一边。雅罗波尔克在诺夫哥罗德设了他的邑吏，他成为罗斯唯一的主人。6488 年（980 年），弗拉基米尔带着瓦良格人回到诺夫哥罗德，对雅罗波尔克的随从们说："去找我的兄长，告诉他'弗拉基米尔向你进军，准备战斗。'"弗拉基米尔在诺夫哥罗德安顿下来[2]。

弗拉基米尔并不满足于待在新城。他哥哥拔刀相向后，他要在自己的土地上正面挑战。在一场血腥的战役之后，他击杀了雅罗波尔克，于 980 年开始了他作为"基辅唯一大公"的统治。然而，他并没有完全忘记诺夫哥罗德。

> 弗拉基米尔把舅舅多布雷尼亚安置在诺夫哥罗德。到了那里后，多布雷尼亚在沃尔霍夫河畔竖立了一个偶像，要诺夫哥罗德人给这个偶像献祭，就像给神献祭一样[3]。

多布雷尼亚是诺夫哥罗德的新帕萨德尼克 [posadnik]。这个术语（源自动词 posaditi，意为"安置，建立"）可以根据时代以不同的方式翻译，因为它的政治含义在不断变化。从词源上讲，它指的是邑吏（prévôt），即上级权威任命来管理城市的人（无论是否王公出身）。在 13—14 世纪的汉萨文献中，帕萨德尼克在德语中被翻译为 Borchgrave，在拉丁语中被翻译为 Borgravius，但与此同时，帕萨德尼克成了城市的民选代表[4]。当弗拉基米尔的孩子们到了可以统治的年龄时，他让维切斯拉夫（Vycheslav，可能是他的长子）掌管诺夫哥罗德。维切斯拉夫死后，接替者是他的一个弟弟雅罗斯拉夫，此人后来以"智者"雅罗斯拉夫的名字而闻名。

我们所知道的雅罗斯拉夫在诺夫哥罗德的统治是 1015 年 7 月 15 日弗拉基米尔去世后基辅公位继承动荡历史的一部分。我们所了解的这些事件一方面为基辅和诺夫哥罗德之间的关系，另一方面为瓦良格王朝的王公和诺夫哥罗德人之间的关系提供了基本资料。作为诺夫哥罗德的王公，雅罗斯拉夫有义务将他从国家征收的三分之二的贡品归还给他的父亲（或基辅），但他在 1014 年反对这种做法。弗拉基米尔即将对这个叛逆的儿子组织一次惩罚性的远征，但还没行动就死了。然而，雅罗斯拉夫也与自己的臣民发生了冲突：他的义勇卫队曾犯下许多暴行，在一次伏击中被大量屠杀。就在这时，他的一个姐姐从基辅传信告诉他，他同父异母的哥哥斯维亚托波尔克(Sviatopolk)杀死了弗拉基米尔的另外两个儿子鲍里斯和格列布（Boris et Gleb），并试图肃清所有兄弟姐妹以独自统治。

雅罗斯拉夫和诺夫哥罗德人达成了历史性的妥协。在他们的支持下，他组建了一支由 1000 名瓦良格人（他剩下的义勇卫队）和 4 万名"其他人"组成的军队。这些数字可能是虚构的，但在 1471 年，面对伊凡三世的诺夫哥罗德特遣队估计仍有 4 万人。雅罗斯拉夫取得了第一次胜利，并于 1016 年至 1018 年占领了基辅的公位，后又被斯维亚托波尔克在其姐夫波兰国王波列斯瓦夫一世（Boleslas Ier）的支持下赶走。在疯狂的逃亡中，雅罗斯拉夫想去海外，去斯堪的纳维亚半岛。但诺夫哥罗德的居民烧毁了他的船只，使他不能前行。最后，占领基辅的波兰人带着战利品撤退。雅罗斯拉夫折回去，赢得了一场决定性的战斗，并在 1019 年最终驱逐了斯维亚托波尔克[5]。

雅罗斯拉夫现在统治着基辅，但仍在密切监视着这座靠近沃尔霍夫河的城市。1021 年，他不得不驱逐刚刚占领波洛茨克的堂兄布里亚奇斯拉夫（Briatcheslav）[6]。到 1024 年，雅罗斯拉夫还在那里，他的弟弟姆斯季斯拉夫试图从他手中夺取基辅。他与其对决，遭受了惨败，撤退到诺夫哥罗德；只是在与姆斯季斯拉夫达成和平协议后，他才返回基辅，姆斯季斯拉夫同意在第聂伯河左岸安顿下来[7]。1030 年，雅罗斯拉夫领导了一次对楚德人的胜利远征，显然是为巩固诺夫哥罗德国家的西部而进军。他建立了一座城堡，并将其命名为尤里耶夫[8]。事实上，在那个时候，罗斯的王公们都有一个源于斯拉夫语或斯堪的纳维亚语的王朝名字和一个洗礼名；后来，一些王朝名字，如鲍里斯、格列布、弗拉基米尔，也变成了教名，而教名变成了王朝的名字，如亚历山大、丹尼尔、约翰（伊凡）、米哈伊尔。尤里耶夫堡在 1061 年脱离了罗斯的统治，并在 1224 年落入了利沃尼亚骑士团的手中。从那时起，它被称为多尔帕特，后来加入了汉萨同盟，但仍然保留了斯拉夫人口[9]。

《诺夫哥罗德第一编年史》第一次提到诺夫哥罗德的新王公是在
1039 年或 1042 年，他是"智者"雅罗斯拉夫的儿子弗拉基米
尔，他一直统治着这座城市，直到 1052 年 10 月 4 日去世[10]。
然而，附在编年史上的城市王公名单表明，他有前任。目前尚
不清楚这些信息是否可靠，也不清楚这些信息是否为了填补空
白，巩固王公和帕萨德尼克之间的传统联系。据资料所示，雅
罗斯拉夫首先任命他的儿子伊利亚为王公，任命多布里尼亚的
儿子康斯坦丁为帕萨德尼克。这两个人在其他方面都不为人所
知。然后伊利亚死了，康斯坦丁受到了羞辱的打击[11]。

在 1052 年至 1136 年的诺夫哥罗德公位继承中，有两股力量在
起作用。第一是王朝原则：诺夫哥罗德，就像其他开始在基辅
周围的广大地区中站稳脚跟的"国家"或"地区"[zemli] 一
样，注定要成为雅罗斯拉夫某一特定后代分支的所在地。第二
股力量是中央集权：基辅大公或由"智者"雅罗斯拉夫幸存的
三个年长的儿子(伊贾斯拉夫、斯维亚托斯拉夫和弗谢沃洛德)
组成的三巨头打算通过将他们的儿子或一个值得信赖的人安置
在诺夫哥罗德来保持对该地的控制。正如我们所知，弗拉基米
尔·雅罗斯拉维奇[12]于 1052 年在他父亲之前去世，留下一个
儿子罗斯季斯拉夫（Rostislav）。这是诺夫哥罗德公位的合法
继承人，但他未成年。因此，在 1056 年或 1057 年，是由从基
辅派来的帕萨德尼克统治着诺夫哥罗德，他的名字叫奥斯特罗

米尔（Ostromir），并委托出版了一本珍贵而著名的福音书[13]，这本福音书的扉页上把他描绘成基辅大公伊贾斯拉夫·雅罗斯拉维奇的"密友"。奥斯特罗米尔死得相当快，似乎是在一场对抗楚德人的新战役中。罗斯季斯拉夫对诺夫哥罗德的统治感到绝望，于是在 1064 年开始了短暂的游荡生涯。他试图夺取亚速海上的特穆托罗坎公国（Tmutorokan）的公位，但于 1067 年在那里中毒。与此同时，由于基辅的政治命运，沃尔霍夫之城几经易主。事实上，分别居住在图罗夫（Tourov）、切尔尼戈夫（Tchernigov）和佩列亚斯拉夫尔（Pereïaslavl）的雅罗斯拉夫三个年长的儿子正在争夺长子宝座，他们也想让自己的一个后代继承诺夫哥罗德的公位。

	图罗夫世系	切尔尼戈夫世系	佩列亚斯拉夫尔世系
基辅大公	伊贾斯拉夫·雅罗斯拉维奇 1054—1068 1069—1073 1076—1078 斯维亚托波尔克·伊贾斯拉维奇 1093—1113	斯维亚托斯拉夫·雅罗斯拉维奇 1073—1076 弗谢沃洛德·奥尔戈维奇 1139—1146	弗谢沃洛德·雅罗斯拉维奇 1078—1093 弗拉基米尔·弗谢沃洛多维奇·莫诺马克 1113—1125 姆斯季斯拉夫·弗拉基米罗维奇 1125—1132 雅罗波尔克·弗拉基米罗维奇 1132—1139

（续表）

	图罗夫世系	切尔尼戈夫世系	佩列亚斯拉夫尔世系
诺夫哥罗德王公	姆斯季斯拉夫·伊贾斯拉维奇 1057 或 1064—1068 斯维亚托波尔克·伊贾斯拉维奇 1078—1087	格列布·斯维亚托斯拉维奇 1068 或 1069—1078 达维德·斯维亚托斯拉维奇 1094—1095 或 1096 斯维亚托斯拉夫·奥尔戈维奇 1136—1138 1139—1141	姆斯季斯拉夫·弗拉基米罗维奇 1088—1094 1095 或 1096—1117 弗谢沃洛德·姆斯季斯拉维奇 1117—1136

伊贾斯拉夫把自己的儿子姆斯季斯拉夫安置在诺夫哥罗德
（1057 年或 1064—1068 年）。当伊贾斯拉夫被斯维亚托斯拉
夫暂时推翻时，姆斯季斯拉夫被格列布·斯维亚托斯拉维奇
（1068 年或 1069—1078 年）取代，但后者被楚德人杀死。然
后伊贾斯拉夫接管了基辅的权力，在诺夫哥罗德安置他的另
一个儿子斯维亚托波尔克，后者在那里统治了近十年（1078—
1087 年）。但为了在基辅的公位空缺时做好准备，他离开了诺
夫哥罗德前往图罗夫，即其王朝分支的主要所在地。当时的基
辅大公是弗谢沃洛德，他是"智者"雅罗斯拉夫三个儿子中
的最后一位幸存者。由于他和他的儿子们已经分别占领了几个

战略地位重要的公国，他把他十几岁的孙子姆斯季斯拉夫·弗拉基米罗维奇（1088—1094 年）送到了诺夫哥罗德。在祖父去世后不久，姆斯季斯拉夫被斯维亚托斯拉夫的一个儿子达维德（1094—1096 年）赶下了宝座。然而，达维德未能取得成功，姆斯季斯拉夫很快就回来了（1095 年或 1096—1117 年）。

姆斯季斯拉夫（被称为大帝）被诺夫哥罗德视为"自己的"王公，但他将于 1117 年与父亲弗拉基米尔·莫诺马克（Vladimir Monomaque）会合，为继承基辅公位做准备。然而，他试图通过把他的儿子弗谢沃洛德留在诺夫哥罗德来确保平稳过渡。后者极不情愿地接受了，其在位时间是从 1117 年到 1132 年，但在 1126 年还是前往基辅接受他的命令。保存下来的最古老的诺夫哥罗德文献是关于对圣乔治修道院的捐赠，其历史可追溯到 1128 年至 1130 年，是姆斯季斯拉夫对弗谢沃洛德的命令，附加规定由弗谢沃洛德单独作出 [14]。1132 年，姆斯季斯拉夫去世后，雅罗波尔克登上基辅公位，并怂恿弗谢沃洛德夺取基辅附近佩列亚斯拉夫尔的公位。这一行动失败了，因为弗谢沃洛德的另一位叔叔，苏兹达尔王公尤里·多尔戈鲁基（Youri Dolgorouki），打算维护自己的权益。弗谢沃洛德艰难地回到了诺夫哥罗德，在那里他险些被抓起来，但最后被赎出。如果姆斯季斯拉夫大帝在诺夫哥罗德统治到生命的尽头，他就会建立一个本地王朝，这个王朝很有可能会延续下去。然而他的儿子弗谢沃洛德在刚来的时候就已经颇为脆弱，他在 1132 年的错误离开更使他几乎失去了所有的信誉。

同时，帕萨德尼克的功能也在演化。邑吏扎维德（1088—1094 年）显然是年轻王公姆斯季斯拉夫·弗拉基米罗维奇的监护人。不久之后，扎维德的儿子德米特尔·扎维多维奇（Dmitr Zavidovitch）也成了帕萨德尼克（1117 年 12 月至 1118 年 6 月）[15]。姆斯季斯拉夫于 1122 年再婚，娶了德米特尔的女儿，于是双方关系变得更加密切。然而，在德米特尔死后，弗拉基米尔·莫诺马克和姆斯季斯拉夫召集了"**从诺夫哥罗德到基辅的所有波雅尔，带领他们宣誓**"；顺从的人被送回家，其他人被强行拘留。弗拉基米尔·莫诺马克从基辅任命了下一任邑吏鲍里斯（1120 年）[16]。后来成为基辅大公的姆斯季斯拉夫大帝也这么做，派了一个叫达尼埃尔的人（1129 年）。但是，诺夫哥罗德人想安排自己的候选人，并多次成功地做到这一点：例如米罗斯拉夫·乔里亚蒂尼奇（Miroslav Giouriatinitch，1126 年？和 1135 年）、彼得里拉·米库尔奇奇（Petrila Mikoultchitch，1131 年初—1134 年秋季）和他的弟弟康斯坦丁（1136 年 1 月—1137 年 3 月）。

岌岌可危的王公和对谓彻的肯定

1136 年，诺夫哥罗德人决定废黜弗谢沃洛德·弗拉基米罗维奇[1]。这是史无前例的行为。当然，基辅人曾经在 1024 年

---

[1]　原文如此。此处应为弗谢沃洛德·姆斯季斯拉维奇。——编者注

拒绝了姆斯季斯拉夫·弗拉基米罗维奇[1]，并在 1068 年推翻了伊贾斯拉夫·雅罗斯拉夫维奇（Iziaslav Iaroslavitch）。但诺夫哥罗德人在 1015 年和 1018 年（有条件地）表现出了对"智者"雅罗斯拉夫的忠诚，并在 1095 年或 1096 年倒向了姆斯季斯拉夫大帝而非达维德·斯维亚托斯拉维奇（David Sviatoslavitch）。然而，这一次，他们不去仲裁两个几乎同等权利的竞争者之间的公开冲突，而是废黜了他们的合法王公，抓捕了他及其妻小，并主动邀请了一个替代者[17]。这是切尔尼戈夫世系的斯维亚托斯拉夫·奥尔戈维奇（Sviatoslav Olgovitch），该世系已经给诺夫哥罗德提供了两个王公，但奥尔戈维奇不是他们中任何一个的儿子。仅仅从遗传角度来看，他是一个篡位者，这就导致了接下来几个月的动乱和暴力。

弗谢沃洛德于 1136 年 5 月 28 日被废黜，被囚禁了大约两个月，然后于 7 月 15 日获释，离开诺夫哥罗德。7 月 19 日，人们似乎同意用他的儿子弗拉基米尔来代替他，但此时斯维亚托斯拉夫·奥尔戈维奇由其兄长即切尔尼戈夫家族的首领弗谢沃洛德派来。9 月 1 日，一个名叫格奥尔基·吉罗斯拉维奇的人——显然是弗谢沃洛德的支持者——被杀并从大桥扔进了沃尔霍夫河。斯维亚托斯拉夫·奥尔戈维奇试图通过在诺夫哥罗德举行婚礼来获得民众的认可，但他必须由"自己的牧师"

---

[1]　"智者"雅罗斯拉夫的兄弟，切尔尼戈夫王公，通常被称为"勇敢的"姆斯季斯拉夫。与姆斯季斯拉夫大帝同名但并非一人。曾试图夺取基辅未果，详见前文。——编者注

（来自切尔尼戈夫）在圣尼古拉斯教堂而非圣索菲亚教堂举行婚礼，因为大主教尼丰（Niphôn）禁止当地神职人员这样做。冬末，斯维亚托斯拉夫成为弗谢沃洛德忠实支持者的目标，但"活了下来"[18]。1137年春，"好人"逃离了这座城市，弗谢沃洛德试图闯入，重新掌权。他未能攻占诺夫哥罗德，但受到了普斯科夫的欢迎，普斯科夫收容了他，直到他于1138年突然去世。然而，这件事并没有给斯维亚托斯拉夫·奥尔戈维奇带来好运：他在同一年被驱逐，此后只回来过一小段时间（1139—1141年）。

王公该做什么？不该做什么？早在1136年，诺夫哥罗德人就用间接和直接的话语表达了他们对弗谢沃洛德·姆斯季斯拉维奇的不满：

（1）他不保护维兰，（2）你为什么要统治佩列亚斯拉夫尔？（3）你比其他人和很多人都早离开队伍；他一开始命令我们向弗谢沃洛德（奥尔戈维奇）进军，然后命令我们撤退[19]。

从这一系列的不满中可以看出，王公必须照顾人民，在小人物和位高者、波雅尔和维兰之间保持恰当的平衡。他还必须忠于他对诺夫哥罗德的承诺，但弗谢沃洛德·姆斯季斯拉维奇在1132年就因为试图夺取佩列亚斯拉夫尔的公位而离开了，尽管他向诺夫哥罗德人发誓："我想死在你们中间。"[20]最后，王公必须是一位称职的军队领袖，负责保卫城市和指挥战役。

1136年革命的第一个后果是诺夫哥罗德长时间统治的结束。从1136年到1199年，有不少于33次王公更迭和23位不同的统治者。

切尔尼戈夫（斯维亚托斯拉夫·雅罗斯拉维奇世系）	斯摩棱斯克（姆斯季斯拉夫大帝之子罗斯季斯拉夫世系）	苏兹达尔（尤里·多尔戈鲁基世系）	沃吕尼（以及姆斯季斯拉夫大帝的其他后裔）
斯维亚托斯拉夫·奥尔戈维奇1136—1138，1139—1141 弗拉基米尔·斯维亚托斯拉维奇1180—1181，1181—1182 斯维亚托斯拉夫·弗谢沃洛多维奇1181 雅罗波尔克·雅罗斯拉维奇1197	罗斯季斯拉夫·姆斯季斯拉维奇1154，1157—1159 达维德·罗斯季斯拉维奇1154—1155 斯维亚托斯拉夫·罗斯季斯拉维奇1158—1159，1161—1168 留里克·罗斯季斯拉维奇1170—1171 鲍里斯（姆斯季斯拉夫）·罗曼诺维奇1178 罗曼·罗斯季斯拉维奇1179 "勇者"姆斯季斯拉夫·罗斯季斯拉维奇1179–1180	罗斯季斯拉夫·尤里耶维奇1138—1139，1141—1142 姆斯季斯拉夫·尤里耶维奇1155—1157 姆斯季斯拉夫·罗斯季斯拉维奇·贝佐基1160—1161，1175—1176，1177—1178 尤里·安德烈耶维奇1172–1174 斯维亚托斯拉夫·姆斯季斯拉维奇1174 1175，1176	斯维亚托波尔克·姆斯季斯拉维奇1142—1148 雅罗斯拉夫·伊贾斯拉维奇（沃吕尼）1148—1154 罗曼·姆斯季斯拉维奇（沃吕尼）1168—1170 雅罗斯拉夫·弗拉基米罗维奇1182—1184，1187—1196，1197—1199

121

（续表）

切尔尼戈夫（斯维亚托斯拉夫·雅罗斯拉维奇世系）	斯摩棱斯克（姆斯季斯拉夫大帝之子罗斯季斯拉夫世系）	苏兹达尔（尤里·多尔戈鲁基世系）	沃吕尼（以及姆斯季斯拉夫大帝的其他后裔）
	姆斯季斯拉夫·达维德维奇 1184–1187	雅罗斯拉夫·姆斯季斯拉维奇 1176 雅罗波尔克·罗斯季斯拉维奇 1178	

所有人无一例外都是"智者"雅罗斯拉夫的后裔，但他们来自三个不同的世系，这三个世系也是争夺基辅公位的竞争对手。切尔尼戈夫在基辅不受欢迎，但在诺夫哥罗德派了四个人。其他王公都是弗拉基米尔·莫诺马克的后裔，但是是相互竞争的分支。沃利尼亚在诺夫哥罗德安置了两个自己的人，斯摩棱斯克有八个，苏兹达尔有七个。然而，有时更重要的是要知道谁是现任王公的保护者。因此，在1169年至1174年间，试图维护自治的诺夫哥罗德人与想要将监护权强加给他们的弗拉基米尔－苏兹达尔王公安德烈·尤里耶维奇·博戈柳布斯基之间发生了一场远程权力斗争。在不离开领地的情况下，他建立了可怕的联盟。起初是在1169年，安德烈占领了基辅，洗劫一番，然后让自己的一个弟弟格列布登上公位；第二年，他派出另一支大军威胁诺夫哥罗德，但遭遇惨败[21]。然而，安德烈对

这座城市实施了代价高昂的封锁，这座城市最终不得不接受他的一个儿子尤里（1172 年）。但当安德烈被谋杀时，尤里·安德烈耶维奇立即被废黜（1174 年）。在受欢迎的王公中，"勇者"姆斯季斯拉夫·罗斯季斯拉维奇（Mstislav Rostislavitch the Brave，来自斯摩棱斯克家族）脱颖而出，他体面地死在诺夫哥罗德，葬在圣索菲亚大教堂（1180 年）[22]。邑吏的职位也经常换人，通常是在暴力事件之后，因为其任期和王公的任期一样，原则上不受时间限制。

与此同时，从 1191 年开始，我们看到另一位民选的梯斯亚茨基（tysiatski）或千夫长（chiliarque）出现在邑吏身边[23]。他的头衔（翻译成中古德语为 Hertog[24]，拉丁语为 dux[25]）与他指挥城市自卫队的军事角色相呼应，但他还掌管商事法庭。

从 1200 年到 1264 年，有 24 次权力更迭和 15 位王公，来自三个世系：

切尔尼戈夫	斯摩棱斯克	苏兹达尔
米哈伊尔·弗谢沃洛多维奇 1225，1229—1230	"胆大者"姆斯季斯拉夫·姆斯季斯拉维奇 1209—1215，1216—1218	斯维亚托斯拉夫·弗谢沃洛多维奇 1200—1205，1208
罗斯季斯拉夫·米哈伊洛维奇 1230		康斯坦丁·弗谢沃洛多维奇 1205—1208

（续表）

切尔尼戈夫	斯摩棱斯克	苏兹达尔
	斯维亚托斯拉夫·姆斯季斯拉维奇 1218 弗谢沃洛德·姆斯季斯拉维奇（鲍里斯／姆斯季斯拉夫·罗曼诺维奇之子）1219—1221	雅罗斯拉夫·弗谢沃洛多维奇 1215—1216，1223—1224，1226—1228，1230—1236 弗谢沃洛德·尤里耶维奇 1222 费多尔·雅罗斯拉维奇 1228 亚历山大·雅罗斯拉维奇·涅夫斯基 1228，1236—1240，1241—1248 或 1253 安德烈·雅罗斯拉维奇 1240 瓦西里·亚历山德罗维奇 1253—1255，1256—1259 雅罗斯拉夫·雅罗斯拉维奇 1255 德米特里·亚历山德罗维奇 1259—1264

天平越来越倾向于苏兹达尔分支。安德烈·博戈柳布斯基的弟弟"大窝"弗谢沃洛德（Vsevolod-la-Grande-Nichée）为了继

承公位不得不发动一场战争，但从 1176 年开始，他对自己所统治的国家施加了强大的权威，使得他成为第一个自称为弗拉基米尔大公［veliki kniaz］的人。来自苏兹达尔的他试图通过在诺夫哥罗德安置他的儿子或仆从来实现征服。诺夫哥罗德试图抵抗，并依靠"勇者"姆斯季斯拉夫之子"胆大者"姆斯季斯拉夫。后者在 1209 年成功地占领并保住了诺夫哥罗德，而弗谢沃洛德忿忿不平，于 1212 年去世。

"大窝"弗谢沃洛德的两个儿子康斯坦丁和尤里相互争夺继承权，这加强了"胆大者"姆斯季斯拉夫的地位。但是，在 1215 年，他被统治加利奇的前景所吸引，后者是罗斯西南部的一个公国，当时正被遗弃。他没有完全切断同诺夫哥罗德的联系，而只是暂时离开。就在那时，诺夫哥罗德遭受了弗谢沃洛德的第四个儿子雅罗斯拉夫的严厉打击。然而，后者没能在城里待很久便带着几个显贵向托尔若克撤退，相当于人质。他最终释放了他们，但采用了其他强制手段：

> 他们在托尔若克抢小麦，不让任何一辆马车通过……在诺夫哥罗德的情况非常糟糕：他们用 10 磅买了一蒲式耳黑麦，用 3 磅买了一蒲式耳燕麦，用 2 磅买了一车萝卜；大家吃松树皮和椴树叶，也有吃苔藓的[26]。

雅罗斯拉夫还支持他的兄弟尤里争夺弗拉基米尔的公位。就在那时，"胆大者"姆斯季斯拉夫带着诺夫哥罗德的军队卷土重

来，并让康斯坦丁·弗谢沃洛多维奇在利皮察战役（1216 年
4 月 21 日）中击败了他在苏兹达尔的兄弟。对于联盟来说，
这是一场胜利，然而是短暂的。事实上，康斯坦丁于 1218 年
2 月 2 日去世，同年，姆斯季斯拉夫再次动了统治加利奇的念
头。他确实试图在诺夫哥罗德安置他的儿子斯维亚托斯拉夫，
但只持续了几个月。在他之后是斯摩棱斯克世系的最后一位王
公，但被暴力驱逐（1221 年）。从此，只有切尔尼戈夫王公米
哈伊尔·弗谢沃洛多维奇及其子罗斯季斯拉夫短暂中断了苏兹
达尔王公对诺夫哥罗德公位的继承。

从 1209 年起，所谓的谓彻 [vietché] 越来越频繁地举行。这
种做法的强化与我们刚刚发现的一系列武力政变同时发生。
这个词是古代罗斯政治词典中最具意识形态色彩的词之一。的
确，在从 19 世纪至今一直主张回归罗斯民族价值观和摒弃模
仿西方的斯拉夫主义者眼中，这个大会是斯拉夫传统中民主精
神的体现[27]：自古以来就是自由人的集会共同做出决定。在农
村公社米尔 [mir][28] 中可以找到一种形式，即一家之主组成
的会议，称为公社大会 [skhod]。公社大会主持家庭之间的土
地分配，并做出所有其他符合集体利益的决定。中世纪的罗斯
城市也有这样的大会，但它们的特权逐渐被剥夺，除了诺夫哥
罗德——在被莫斯科吞并之前，诺夫哥罗德的谓彻一直保持着
活力。

从苏联时期直到最近，有许多研究谓彻的著作。所有人都同意

伊凡·比利宾（Ivan Bilibine）画作，《罗斯法典》时代的判决（1909 年）。

将其定义为在发生危机时召开的临时大会，以审议军事、政
治、经济、卫生措施，或应对自然灾害。大会在城市里，在雅
罗斯拉夫庭里，或者在出征的诺夫哥罗德军队中，由敲警钟召
集 [29]。《诺夫哥罗德第一编年史》的最新版本将第一次谓彻记
载于 1016 年，当时"智者"雅罗斯拉夫得知了他父亲的死讯
和"恶棍"斯维亚托波尔克（Sviatopolk le Maudit）的战争意
图；然后，诺夫哥罗德人抗议他们对他的忠诚 [30]。这可能是一
个时代错误。无论如何，下一次提及这个大会必须等到 1209
年 [31]。从那时起，它们以稳定的速度相继出现。时局形势越危
急，谓彻越动荡。1214 年，"胆大者"姆斯季斯拉夫召集了一
次大会，但诺夫哥罗德人拒绝参加。他撤退了（可能去了戈

罗季谢），然后城市居民在"他们之间"举行大会。还有种情况，例如在 1384 年，对立的派系有两个互相竞争的谓彻[32]。编年史家经常讲述争吵、起义、暴动或古法语文本中所说的"骚乱"，他们会用大量的同义词：miatej、protorj 或 potorj、kotora、golka、vstan、raspria，甚至 setcha（战斗），来表示血气上涌的争斗……[33]

如果说暴力是政治生活的神经，那么法律就是其主要的道德价值。根据《诺夫哥罗德第一编年史》，"智者"雅罗斯拉夫在击败"恶棍"斯维亚托波尔克后不久就在这座城市建立了法治。在分配奖励时，他给所有的诺夫哥罗德人 10 镑（格里夫纳），这是军队中发给军官 [starosty] 的份额，而普通的维兰（斯美尔德 [smerdy]）只得到 1 镑。但最重要的是，雅罗斯拉夫将他们送回家园，并授予他们一份宪章 [gramota]，即所谓的《罗斯法典》[*Pravda Rousskaïa*][34]。编年史中转载的文本内容本身就证明了它是在 1016 年之后编纂。事实上，前几条之后写的是一些重要人物和雅罗斯拉夫的长子在 1054 年雅罗斯拉夫去世后举行的一次会议上做出的决定。事实上，《罗斯法典》是 11—13 世纪的法律汇编，不仅适用于诺夫哥罗德的领土。但重要的是，在这座城市的集体记忆中，像"智者"雅罗斯拉夫这样重要的王公建立了他的法律传统。从此以后，它受到基本法则的支配，这些基本法则对任何统治它的王公都具有隐含的约束力。例如，在 1228 年，诺夫哥罗德人直截了当地向雅罗斯拉夫·弗谢沃洛多维奇宣布：

> 来我们这，废除税收，不要派法官到各区，（如果你尊重）
> 我们大家的自由和雅罗斯拉夫的所有宪章，你就是我们的
> 王公，否则你走你的道，我们过我们的桥[35]。

诺夫哥罗德的正义或良法〔pravda novgorodskaya〕、诺夫哥罗
德的自由〔volia novgorodskaïa 或 svoboda〕、宪章〔gramota〕
是当地政治词汇中的三个基本概念，还可以加上习俗或传
统〔starina〕[36]。《第一编年史》1196 年的条目描述了一个情
节，即象征性地废除了对任何王公或王朝的无条件和决定
性服从的概念："他们达成了和平，所有的王公都给予诺夫
哥罗德自由：它想去哪儿就去哪儿。"[37]"胆大者"姆斯季
斯拉夫在 1215 年采用了这一做法，而邑吏特维尔迪斯拉夫
（Tverdislav）在 1218 年将此做法扩大："我的兄弟们，（你们
可以自由选择）担任邑吏和王公。"[38]与自由和正义密不可分
的是反抗专横的思想。诺夫哥罗德人拒绝将特维尔迪斯拉夫
交给斯维亚托斯拉夫·姆斯季斯拉维奇报仇，因为前者的罪
行尚未被证实："你向我们发过誓不会废黜一个没有任何过
错的人。"1230 年，他们强硬地表明："我们会自己找到一个
王公。"[39]

渐渐地，除了传统的宪章之外，还有了城市与王公之间的协议
〔riad 或 nariad〕的想法，其形式良好且恰当。早在 1154 年，

当罗斯季斯拉夫·姆斯季斯拉维奇决定离开诺夫哥罗德去基辅统治，并声称要将他的儿子达维德强加给他们时，诺夫哥罗德人就不高兴了，因为他没有与他们达成协议，而是撕毁了协议。后果很快就来了："他们给他的儿子指明了跟随他的道路。"[40] 它可以伴随着更明确的命令："走开"，或"走开，我们不想要你。"[41] "诺夫哥罗德人不接受他"这句话也经常听到，表明只有民众接受的王公才能登上公位[42]。

其他强调性的表达方式也加强了自由的话语。当危机来临，诺夫哥罗德人准备"为圣索菲亚而死"，这是他们城市和王国的象征[43]。这种对大教堂的依恋是真实的，因为《诺夫哥罗德第一编年史》的最古老版本痛苦地指出，波洛茨克的弗谢斯拉夫在1067年将圣索菲亚教堂的大钟和大吊灯作为战利品移走[44]。"胆大者"姆斯季斯拉夫受到臣民爱戴，他的父亲就葬在圣索菲亚大教堂。他知道为他的离开和意外的归来道歉，某种程度上是带有一点煽动性的。1218年，当他终于告别这座城市时，他宣布："我在圣索菲亚大教堂，在我父亲的坟墓和您的面前鞠躬。我想征服加利奇，但我不会忘记您，愿上帝允许我和我的父亲一起在圣索菲亚大教堂安息！"[45] 两年前，雅罗斯拉夫·弗谢沃洛多维奇（Iaroslav Vsevolodovich）试图通过占领新托尔若克（Novy Torg）来征服诺夫哥罗德。姆斯季斯拉夫前来拯救诺夫哥罗德人，并找到了一种激励他们的方法：

让我们进军，让我们拯救我们的兄弟和我们的国家，愿新托尔若克不要战胜诺夫哥罗德，让诺夫哥罗德不要在托尔若克的统治之下，因为圣索菲亚大教堂在哪里，诺夫哥罗德就在哪里，上帝在众人中，但也在少数人和正义中[46]。

这篇简短的演讲清楚地确立了这个国家的城市等级制度和诺夫哥罗德无可争议的优势。这将在该城市或全罗斯其他呼吁民众奋起击退敌人的声明中得到呼应。1611 年，当俄罗斯似乎即将崩溃时，牧首赫尔莫金尼（Hermogenes）以非常相似的措辞呼吁人民："到目前为止，在莫斯科、诺夫哥罗德、喀山、阿斯特拉罕、普斯科夫和任何其他城市都没有指挥，但指挥所有城市的是莫斯科。"[47]另外，"胆大者"姆斯季斯拉夫的最后一句话，成为亚历山大·涅夫斯基为涅瓦河战役做准备的最后宣言："上帝不仰仗武力，而依靠正义。"

1228 年，面对雅罗斯拉夫·弗谢沃洛多维奇，诺夫哥罗德人仍然宣称："上帝若帮助我们，谁能抵挡我们呢？"[48]这句话也因为哲学家拉季舍夫的记录而被记下来了[49]，即使这话不完全是原创。事实上，这句话来源于《圣经》（《罗马书》8：31），它的拉丁文版本 *Si Deus nobiscum quis contra（nos）* 在波兰非常盛行。1255 年，另一个男子气概的宣言出自"小人物"[menchii]（拉丁文写作 minores）之口，他们抵制蒙古人借助亚历山大·涅夫斯基对城市所做的财产清查。他们庄严宣誓："让所有人誓死捍卫我们家园诺夫哥罗德的美好生活。"[50]

在诺夫哥罗德，人们依靠王公和他的委托人，但他们至少在最初也有一定的军事文化。该市支持"智者"雅罗斯拉夫对抗斯维亚托波尔克，并对战争结果（1015—1019 年）发挥了重要作用。1097 年，在姆斯季斯拉夫大帝的带领下，诺夫哥罗德人在苏兹达尔的科罗恰（Kolokcha）击败了切尔尼戈夫的奥列格[51]。1170 年冬天对安德烈·博戈柳布斯基发动的令人印象深刻的"七十二国" 联盟的防御性胜利也是当地军事史上的一个高潮，尽管对兹纳梅尼（Znamenie）奇迹的描述将其视为源于神迹[52]。1216 年 4 月 21 日，在苏兹达尔领土上的利皮察（Lipitsa）战役中，诺夫哥罗德人仍然以其机智和战斗技巧而闻名。他们确实受到了来自对立阵营的挑战："我们不要和平，我有这么多人，你们已经冒险走了很远，在这里你们就像岸上的鱼。"然后他们宣布他们不想骑马战斗，而要像他们的祖先在科罗恰一样徒步作战。他们立刻下马开始脱鞋，"他们脱掉了靴子"。在姆斯季斯拉夫骑兵的协助下，他们突破了敌人的防线，因此"诺夫哥罗德人将康斯坦丁放在他父亲在弗拉基米尔的宝座上"[53]。

诺夫哥罗德有过像热那亚或威尼斯那样的海军吗？答案当然需要有所保留。这座城市从未有过军械库，在古代罗斯其他地方也没有军械库。直到 18 世纪之初，当彼得大帝要在圣彼得堡的新城建造一个军械库时，才有必要引入这个词。沿海防御工事建得较晚，而且不是很耐用，尤其是在涅瓦河口。商船队并不为人所知，众所周知，诺夫哥罗德的商人愿意借用日耳曼人的船只进行长途航行。有军用舰队吗？可能不是永久性的。然而，诺夫哥罗德过去曾对瑞典或芬兰的目标进行或支持过一定规模的行动[54]。其使用的船只，如用于掠过伏尔加河和卡马河的船只，可能不属于"诺夫哥罗德共和国"，而是为了这次战役而组织的。指挥船队的长官和他的部下很可能得到了补贴和食物，最重要的是，在远征成功后分享战利品。

亚历山大·涅夫斯基，不受诺夫哥罗德欢迎的英雄（1228—1263 年）

即使在今天，俄罗斯学童最喜欢的历史人物在诺夫哥罗德也并不总是享有同样的受欢迎程度[55]。圣亚历山大·涅夫斯基（巴黎的罗斯大教堂为他而建）是雅罗斯拉夫·弗谢沃洛多维奇的儿子。雅罗斯拉夫在 1215 年至 1228 年间三次试图用武力驯服沃尔霍夫河之城，每次都遭到骄傲的抵抗。1228 年，雅罗斯拉夫遭受了真正的打击。在他前往普斯科夫的路上，普斯科夫人对他关上了大门，因为有传言说他是带着镣铐来的，要让他们屈服。王公在诺夫哥罗德召开谓彻，宣布他的友善意图（当然，他带着箱子，但这些箱子里装着给普斯科夫政要的礼物），并抱怨所遭受的冒犯。然后，他从佩列斯拉夫尔－扎列斯基（Pereïaslsavl Zalesski）公国调来了相当多的增援部队，假装准备对里加进行一次大型远征。但每个人都相信他实际上是针对普斯科夫的。普斯科夫人立即与里加达成休战协议并设置了路障，诺夫哥罗德人拒绝舍弃他们。雅罗斯拉夫最终不得不和他的妻子一起回到佩列斯拉夫尔－扎列斯基。为了挽回面子，他留下了两个儿子狄奥多（费多尔）和亚历山大，由费多尔·丹尼洛维奇（Fedor Danilovitch）和一名军士长协助。然而，该市的暴力事件只在增加，还受到洪水的侵袭。最后，在 1229 年初，费多尔·丹尼洛维奇为了庇护"两位小王子"，连夜将他们带走 56。

亚历山大·涅夫斯基的确切出生日期无法确定，但据推测他是在 1220 年左右出生的；他八岁时象征性地第一次统治诺夫哥罗德。这是为他及其兄长狄奥多设定日程的一种方式，后者似乎注定要巩固其在当地的地位。1233 年夏天，狄奥多正在诺夫哥罗德准备婚礼，"蜂蜜酒煮沸了，新娘带来了，参加宴会的王公邀请了"，而这个年轻人在 6 月 10 日突然去世。狄奥多被安葬在圣格奥尔基修道院 57。

因此，亚历山大被默认是他父亲和兄长的替代品。他从 1236 年开始占据诺夫哥罗德公位，这是罗斯历史上最微妙的时期之一，因为在他即位后不久，蒙古人开始入侵，将"鞑靼枷锁"强加给整个王国 58。1237 年 12 月至 1238 年 2 月，成吉思汗之孙拔都的军队占领了梁赞、克利亚济马河畔弗拉基米尔（Vlodimir-sur-la-Kliazma）、苏兹达尔，大肆抢劫和屠杀，引起恐慌。3 月 4 日，在伏尔加河的支流锡季河（Sit）上，亚历山大的伯父弗拉基米尔·尤里·弗谢沃洛多维奇大公不光彩地去世了。3 月 5 日，托尔若克在没有任何援助的情况下沦陷。鞑靼人骑马前往诺夫哥罗德，没有遇到任何障碍，突然，距离目的地还有 100 俄里，在一个叫伊格内修斯十字架的地方，他们掉头走了[59]。《诺夫哥罗德第一编年史》将之描述为上帝、圣索菲亚和城市守护圣徒之手施加的拯救，由此认为这座城市已经脱离了危险[60]。

在《弗拉基米尔－苏兹达尔编年史》里关于 1238 年入侵的长文中，亚历山大及其父亲雅罗斯拉夫的名字几乎没有被提及。叙述者只是说，尤里大公离开了他的首都克利亚济马河畔的弗拉基米尔，希望与其弟雅罗斯拉夫的军队会合。不过后者并没有参加被视为灾难的锡季河战役。然而，第二年，即 1239 年，被描述为复兴的一年。雅罗斯拉夫突然出现，继承了哥哥的位置，登上了弗拉基米尔大公之位，一切都恢复了秩序。《诺夫哥罗德第一编年史》还讲述了另一件事：1239 年，亚历山大娶了波洛茨克王公布里亚奇斯拉夫（Briatchislav）的女儿亚历山德拉。这个联姻的目的是安抚其领地的南部边界；然而，在同一年，王公和诺夫哥罗德人在舍隆河上建造了堡垒，以提高安全性[61]。

从这两件事的未尽之言可以比较容易地重构事实：当尤里·弗谢沃洛多维奇试图撤退以寻求增援时，其弟雅罗斯拉夫和侄子亚历山大对其悲惨的命运置之不理。同样，当托尔若克遭到鞑靼人的攻击时，亚历山大也没有采取任何行动来拯救它。雅罗斯拉夫随后迅速向蒙古人投降，成为拔都的附庸，并在可汗的

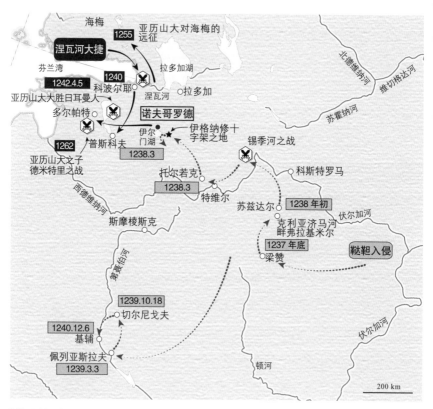

鞑靼人的入侵和亚历山大·涅夫斯基的战役

支持下登上了克利亚济马河畔弗拉基米尔的公位。与此同时，鞑靼人对南部领土的入侵仍在继续，那里的公国没有相互支持，一个接一个地沦陷。1239 年，鞑靼人征服了第聂伯河左岸的主要城市：佩列斯拉夫尔南部（3 月 3 日）和切尔尼戈夫（10 月 18 日）。他们接下去要做的就是在 1240 年 12 月 6 日占领第聂伯河右岸的基辅。

正是在这种大范围灾难的背景下，亚历山大赢得了他最著名的一场胜利，但面对的敌人跟东方的鞑靼部落不能比。1240 年夏天，这些敌人在涅瓦河口登陆。

> 大量的瑞典人、摩尔曼人、索米人和海梅人，乘坐数量庞大的船只，企图占领拉多加城，或者简单地说，占领诺夫哥罗德城和诺夫哥罗德全国[62]。

这一次，亚历山大毫不犹豫。他掌控的部队，包括他可以召集的部队以及诺夫哥罗德和拉多加的小规模部队，人数比对手少，但完好无损。显然，他们不像害怕鞑靼人那样害怕这些北方敌人。他于 1240 年 7 月 15 日与军队前往涅瓦河和平原地带。他的外号涅夫斯基（"涅瓦河英雄"之意），据说来自于这次成功，不过这一说法在 15 世纪前未得到确认。

在《诺夫哥罗德第一编年史》最古老的版本中，这一胜利以令人愉悦的方式呈现，但随后在亚历山大·涅夫斯基的生平描述中着实放大了这一胜利。王公被描述为一个虔诚的宗教战士，捍卫正义事业，反对不虔诚和无耻的入侵者，他们的主要罪行是侵占他人的土地。正是在离开圣索菲亚大教堂时，亚历山大对着他的手下说出我们刚刚谈到的著名宣言："上帝不仰仗武力，而依靠正义。"在涅瓦河边，他得到了他的"祖先"圣徒——殉道王公鲍里斯和格列布的神奇帮助，还有天兵相助，他们在罗斯人并未设防的伊若拉河（Ijora）岸边把瑞典人砍成肉泥 63。

诺夫哥罗德也参与了这场胜利。在《亚历山大的一生》中，插进一段奇怪的表述，以一种更像是旁注（bylines, 见于一些民间的传统史诗歌曲）而不是传记的风格讲述了六位杰出人物的事迹。其中两位英雄被确立为"城市之子"：

> 第二位名叫斯比斯拉夫·雅库诺维奇（Sbyslav Iakounovitch），是诺夫哥罗德人。他多次冲向敌人的军队，只用斧头拼杀。他无所畏惧，许多人被他打倒并震惊于他的力量和勇气……第四位也是诺夫哥罗德人，名叫米查（Miecha）。他步行冲向船只，和他的同伴一起弄沉了三艘船 64。

然而，在冬天，亚历山大"带着他的母亲、妻子和整个家庭，在与诺夫哥罗德人争吵之后"离开了诺夫哥罗德 65。一群敌人似乎正在向这个国家袭来，在斯大林时代，一些历史学家甚至认为这是在实施一项或多或少协调一致的计划，旨在摧毁在另一边被鞑靼人打击削弱的罗斯。事实是，利沃尼亚骑士团利用罗斯内部争端占领了普斯科夫西部的伊兹博斯克边境，然后占领了普斯科夫，城中的一帮人向他们敞开了大门。他们还推进到沃德斯部的海岸，并在科波尔耶建起一座堡垒。与此同时，成群的立陶宛人和异教的楚德人在离诺夫哥罗德城墙三十俄里远的地方肆意破坏乡村："他们把所有的马和牛都从卢加河带走，这样就不可能在乡村犁地了。"诺夫哥罗德人明白，他们无法靠自己的力量解决问题。因此，他们卑微地派了一个代表团去见亚历山大的父亲弗拉基米尔大公雅罗斯拉夫，他显然在避难。但雅罗斯拉夫只同意给他们派亚历山大的一个弟弟安德烈。诺夫哥罗德人似乎满足于此，之后经过"深思熟虑"，认识到只有他们的前王公才能恢复秩序。他们坚持到1241年春天后让他回来。

亚历山大没有浪费时间。在第一次远征中，他包围并占领了科波尔耶，带回了囚犯，并毫不犹豫地惩罚了起异心的沃德斯人和楚德人。1242年春，他逐渐包围了普斯科夫，并相当轻松地解放了它，由他的两个兄弟监管，因为利沃尼亚骑士团只留下了一小撮驻军。这种疏忽也让来自敌对阵营的《利沃尼亚押韵编年史》（*Chronique rimée de Livonie*）的作者深以为憾：

> 如果普斯科夫能得到更好的保护，直到世界末日，这对基督教来说会是一件好事。夺取一个美丽的地方却没有占领

它是一种耻辱[66]。

亚历山大已经开始反击：他对利沃尼亚发动了袭击。决战于 4 月 5 日在边境地区的楚德湖（或佩普西湖 [Peïpous]）进行。这是另一次重要的胜利。亚历山大·涅夫斯基的一生是一场胜利，也是对被俘者的讽刺："那些自称上帝骑士的人赤身裸体地骑在马背上。"《诺夫哥罗德第一编年史》记载，有 400 名日耳曼人死亡，50 人被俘（可能没有区分骑兵和骑士），而楚德人（爱沙尼亚人）的伤亡无数。《利沃尼亚押韵编年史》以罗斯人在人数上的明显优势为失败辩解，但承认伤亡惨重："20 名兄弟被杀，6 名被俘。"[67] 骑士团宣布停战，并放弃对罗斯领土的所有主张。那一年对于在罗斯建立"鞑靼枷锁"同样重要。伟大的窝阔台汗在蒙古去世。拔都曾带领军队沿着亚得里亚海海岸前进，后来撤退到下伏尔加河的萨莱，该地后来成为蒙古帝国最西部的部分金帐汗国的首都，等着罗斯王公们前来朝拜。

从 1242 年到 1246 年，亚历山大在诺夫哥罗德的王公之位上待了四年之久。继他的哥哥狄奥多之后，他的母亲于 1244 年被埋葬在她自己修行所在的圣格奥尔基修道院。1245 年，他参与追剿一支由立陶宛一些"小王公"领导的军队，这些人洗劫了托尔若克地区，并带着战利品和俘虏撤退到白罗斯的地盘。在第一次交战中，亚历山大和诺夫哥罗德的自卫队士兵杀死对方"超过 8 人"。诺夫哥罗德人满足于这一战果而停下脚步，但亚历山大继续带着他的侍从追杀逃兵。他追踪他们，直到最后消灭他们。然后又去追另一群人，并在上帝的帮助下获胜[68]。这件事证明了亚历山大的好战性格，清楚地表明王公指挥的不是一支而是两支独立的军队，诺夫哥罗德自卫队表现出有选择性的服从。

在 1246 年至 1255 年间，亚历山大几乎从这座城市的史册中消失了，至少在最古老、最可靠的《第一编年史》中是这样。1246 年只包含一个简洁的条目："亚历山大王公去拜访鞑靼人"，1250 年的条目回答说："亚历山大王公从金帐汗国回来了，诺夫哥罗德非常高兴。"[69] 1253 年春天，亚历山大的儿子瓦西里担任王公。出生于 1240 年至 1245 年之间的瓦西里还年幼。1255 年，诺夫哥罗德人试图用亚历山大的弟弟雅罗斯拉夫·雅罗斯拉维奇取代他，这导致了亚历山大的强势回归。雅罗斯拉夫逃走了，但亚历山大出于复仇的心情，要求把作乱的人，尤其是邑吏奥纳尼亚交给自己，而居民们拒绝这样做。在大主教达尔梅斯和千夫长克里姆进行了艰难的谈判后，奥纳尼亚放弃了其帕萨德尼克的职位，但保留了他的自由，而亚历山大·涅夫斯基庄严地进入了城市[70]。然而，早春之时，当瑞典人和芬兰人试图侵入纳尔瓦河口的阵地时，他不见了。得去"下国"找他。王公在都主教西里尔二世的陪同下回来了。当都主教对诺夫哥罗德进行教区访问时，亚历山大对海梅发动了一次惩罚性远征，结果好坏参半，然后他离开他的儿子瓦西里返回"下国"[71]。

我们在阅读诺夫哥罗德的资料时并没有意识到，亚历山大的地位已经完全改变了。1246 年，他还是弗拉基米尔大公、拔都的宠臣雅罗斯拉夫·雅罗斯拉维奇[1]之子。但他的父亲于1246 年 9 月 30 日在蒙古哈拉和林去世，成为大汗贵由和拔都之间竞争的牺牲品。这次死亡引发了新一波的恐惧：蒙古人是否打算屠杀所有罗斯王公？亚历山大、他的两个弟弟雅罗斯拉夫和安德烈以及其他南方公国的王公犹豫不决，困惑不已，屈服于金帐汗国的威逼利诱之下。1248—1249 年，拔都的第一次裁定计划让亚历山大成为基辅的大公，安德烈成为克利亚济马河畔弗拉基米尔的大公。这种分配显然不能满足任何人，安德烈和雅罗斯拉夫试图组织一场反鞑靼人的起义。1253 年，亚历山大再次前往金帐汗国，向可汗告发了自己两个兄弟的计划。于是，拔都让亚历山大成为弗拉基米尔大公，换句话说，就是代替拔都统治罗斯的人。亚历山大得到了都主教的支持，这位都主教同意君士坦丁堡牧首的观点，认为向鞑靼人屈服比绝望的抵抗要好。因此，在"无神者"和"嗜血者"的帮助下，亚历山大当上了弗拉基米尔的大公。

罗斯教会支持对鞑靼人的服从，鞑靼人允许他们的封臣享有完全的宗教自由，并免除神职人员的贡品和兵役。因此，亚历山大在世时得到了都主教的全力支持，死后更是如此。正如我们

---

[1]　此处原作者有误，亚历山大·涅夫斯基之父为雅罗斯拉夫·弗谢沃洛多维奇，详见前文。——编者注

所看到的，大公一生的一半时间都致力于战胜"拉丁人"（瑞典人、利沃尼亚骑士团），这些胜利被认为是东正教信仰的胜利。另一半则致力于颂扬自己的苦难，因为他尽最大努力保护自己的国家。对金帐汗国之行的描述是为了维护亚历山大的尊严，还说亚历山大赢得了拔都的尊重。他是"**可怕的罗斯王公**"（原文使用了 grozny 一词——俄语"可怕的、严厉的"之意，后被用来称呼"伊凡雷帝"），他在向"拔都大帝"鞠躬时丝毫没有折损身份 [72]。拔都死于 1255 年或 1256 年；经过几个月的斗争，其弟别儿哥接替了汗位。

然而，亚历山大的所作所为并不令人如意。1257 年，鞑靼人下令对罗斯所有土地进行人口普查，以征收贡品；他们还对主要路线征收商业税。"**百姓一整年都因这事忧愁。**"老帕萨德尼克奥纳尼亚似乎是自然死亡，但他的继任者却被诺夫哥罗德人杀死了。当可汗的使者到达该地时，居民们试图收买他们以避免被列入名单，而瓦西里·亚历山德罗维奇王公则逃到普斯科夫。亚历山大不得不亲自来：他把自己的儿子瓦西里赶出普斯科夫，毫不客气地把他送回"下国"，并严厉惩罚他的几名委托人："**一个被割掉了鼻子，另一个被挖出了眼睛。**"[73] 但真正的摊牌行为发生在 1259 年。可汗的新使节抵达诺夫哥罗德，决意开始人口普查。局势演变成暴乱，"小人物"们顽强抵抗，"大人物"们则准备合作。亚历山大必须为普查官员提供武装护送，然后亲自陪同他们，迫使自己人服从：

根据坏人的决定，进行了人口普查：波雅尔们对自己很宽容，对小人物们很严厉[74]。

亚历山大在离开时，将自己的另一个儿子德米特里推上了王公之位。1262 年，这位年轻的王公赢得了诺夫哥罗德人的尊重，当时他冲破重重包围，成功领导了一场针对多尔帕特的战役。在诺夫哥罗德的编年史中，这一成功掩盖了"下国"对鞑靼人征税的反抗。但这并没有躲过萨莱的可汗追究。亚历山大·涅夫斯基必须向金帐汗国解释原委：

别儿哥把他关在那里，不让他进入罗斯；他在鞑靼人那里过冬，病倒了。

接下来的后果很快就发生了：1263 年秋天，亚历山大"病得很重"回来了。他沿着伏尔加河而上，顺着克利亚济马河试图回到都城，但于 11 月 14 日在戈罗杰茨（Gorodets）小镇去世，"在生命的最后一刻"穿上了修士的衣服[75]。

这位大公的生命之旅在弗拉基米尔终结，都主教于 11 月 23 日在此为他举行了庄严的葬礼，最后用一句名言结束了悼词："苏兹达尔之地的太阳已然落下。"[76]因此，亚历山大没有与其母亲和弟弟们一起被安葬在诺夫哥罗德。1724 年，彼得大帝把他的遗体转移到涅瓦河畔，那里正在建设当时的首都圣彼得堡。

王公与城市的契约（1264—1456年）

亚历山大·涅夫斯基的死标志着一个转折点。其弟雅罗斯拉夫·雅罗斯拉维奇接替他成为弗拉基米尔大公（1264—1271年），同时保留了他在伏尔加河下游特维尔的世袭公位。然而，他未能将自己的权威强加于诺夫哥罗德：《诺夫哥罗德第一编年史》证明了这一点，但最重要的是这在诺夫哥罗德与大公之间的三个条约中得到了证明[77]。他们开创了一个真正的契约制度，雅罗斯拉夫·雅罗斯拉维奇必须作出重大让步，以便与民选官员特别是邑吏共同管理这个城市及其国度。

王公必须"**按照习俗**"统治诺夫哥罗德，不得废除任何宪章，不得无故剥夺任何人的财产，不得驱逐任何人，并发誓"**全心全意、毫无保留、真诚地**"遵守所有条款[78]。相关地区（具体列出的）将由诺夫哥罗德人独占，由王公收取一笔费用作为自由"捐赠"。他向诺夫哥罗德和新托尔若克征收的通行费数额以及他给各地军士的薪俸也都有规定。王公、他的配偶和他的波雅尔不得在乡下持有或获得土地，也不得依约雇佣农民。每个分配土地或收费的租约都必须与邑吏共同授予。在乡村地区，司法是季节性的，采取巡回制度；王公只在盛夏时节派出他的法官。这同样适用于渔猎：

> 夏天去奥兹瓦多（Ozvado）打猎，不能去鲁萨。只能每三个冬天去一次鲁萨，每三个夏天去一次拉多加。根据您父

亲的章程，要捕捉鲟鱼的渔民去拉多加。

什么都不会遗漏：亚历山大·涅夫斯基夺取的牧场（可能是为了养他的德鲁日纳［Droujina］的马）必须归还，"因为诺夫哥罗德的财产归诺夫哥罗德人，属于王公的财产归他。"他们还注意避免嗅觉滋扰："你的猪必须在离城市60俄里的地方。"在两个条约当中，诺夫哥罗德毫不犹豫地以书面形式列出了不满的事情，如同1270年所写的这样：

> 为什么你的捕鸭人要占领沃尔霍夫河，而你的猎兔人要占领平原？你为什么要抢走奥列克萨·马丁金内奇（Oleksa Martkinitch）的房子，为什么要抢走米基福·马努希内奇（Mikifor Manouchinitch）、罗曼·博尔迪耶维奇（Roman Boldyjevitch）和瓦佛洛米（Varfolomei）的钱？还有，你为什么把住在我们中间的外乡人赶走呢？

不满越来越多，城市居民宣布他们不能忍受更多的暴力，并希望找到另一个王公；雅罗斯拉夫不得不让步[79]。

到了下一代，诺夫哥罗德利用了亚历山大·涅夫斯基的两个儿子德米特里和安德烈之间的激烈竞争。德米特里从1276年到1281年以及从1283年到1294年去世期间一直是弗拉基米尔大公，但他的弟弟毫不犹豫地向鞑靼人告发他，并与沃尔霍夫河之城签订了几项"关乎生死"的协议，但并不总是遵守这些协议。当轮到安德烈成为大公（1294—1304 年在位）时，诺夫哥罗德实行"钟摆式"平衡策略，依靠他的堂兄特维尔王公米哈伊尔·雅罗斯拉维奇与他对抗。诺夫哥罗德还与亚历山大·涅夫斯基的小儿子，莫斯科第一任王公丹尼尔（1276 年或 1283—1303 年在位）建立了联系。

在 1291 年至 1294 年之间，在局势动荡中发生了一个重要的变化：帕萨德尼克的职位变成了一年一任。吉尔伯特·德·兰诺伊在 15 世纪初正式证明了这一点：

> 这有两位官员，一位公爵（duc）[tysiatski] 和一位市长（bourchgrave）[posadnik]，他们是城市的执政者，每年更换[80]。

1291—1305 年期间的官员名单是零碎的，但倾向于支持这样一种假设，即在代表该市各区的三五名候选人构成的小组中，人员每年更换一次。有人试图将这些事实与汉萨资料中的简短记录相吻合，这些记录可能支持在诺夫哥罗德存在一个主权委员会 [Soviet Gospod][81]。事实上，我们有一份 1292 年的拉丁文文本，其中提到诺夫哥罗德人的内部共同审议 [ipsi delibarantes et consiliis insidentes]，还有一份 1331 年的古德语宪章，其中使用了"赫伦拉德"[Herren Rad] 一词。但没有一份罗斯的文献提到"主权委员会"或任何其他类似名称的组织：它是 20 世纪的历史学家想象出来的。看来，赫伦拉德应该被理解为"领主会议",而不是主权委员会[82]。

14 世纪的大部分时间,即 1304 年至 1375 年,特维尔王朝和莫斯科王朝之间的争斗占据主导地位,其争端由金帐汗国的可汗调解,诺夫哥罗德紧随其后。

	弗拉基米尔大公	与诺夫哥罗德的条约
特维尔王朝	米哈伊尔·雅罗斯拉维奇,特维尔王公 1282—1318,弗拉基米尔大公 1304—1317;亚历山大·米哈伊洛维奇,特维尔王公和大公 1325—1327 和 1338—1339;米哈伊尔·亚历山德罗维奇,特维尔王公与大公 1368—1399 鲍里斯·亚历山德罗维奇,特维尔大公 1426—1461	GVNP 6—8(1304—1305) GVNP 9—10(1307—1308) GVNP 11—12(1316—1317) GVNP 14(1327) GVNP 15(1371 ou 1376) GVNP 17(1374—1375) GVNP 18(1375—1376) GVNP 20(1446)
莫斯科王朝	尤里·达尼洛维奇,莫斯科王公 1304—1325,大公 1317—1325 德米特里·伊凡诺维奇,莫斯科王公 1359—1389,大公 1364	GVNP 13(1318) GVNP 16(1376) DDG 9(1376)

特维尔的米哈伊尔·雅罗斯拉维奇于1304年获得弗拉基米尔大公的位置，并巩固了他在诺夫哥罗德的权威，他在统治初期与诺夫哥罗德签署的一系列条约就证明了这一点。1316年2月10日，在鞑靼军队的支持下，他给了诺夫哥罗德一个惨痛的教训。这一天，有三个帕萨德尼克被打倒，代表着木匠区、普鲁士街区和内雷沃区，还有另外四个显贵，以及**"许多好商人，天知道还有多少诺夫哥罗德人和新托尔若克人"**。诺夫哥罗德拒绝交出其代理王公阿法纳西（Afanassi），即当时在金帐汗国的莫斯科王公尤里·丹尼洛维奇的弟弟，但最终不得不交出人质，并支付5万磅白银[83]。然而，尤里·丹尼洛维奇破坏了米哈伊尔在金帐汗国中的地位，最终于1318年造成米哈伊尔被处决。尤里成为大公后，与诺夫哥罗德人保持着良好的关系，甚至与他们一起进行了两次针对维堡和德维纳山谷的战役。

莫斯科的伊凡一世（1325—1341年）表现得更加专制，并在1332年至1334年间与诺夫哥罗德发生冲突。他的儿子，"骄傲的谢苗"（Siméon le Fier，1341—1353年）在执政之初就展示了自己的实力，带着都主教去往"整个下国"，但未超过托尔若克，只是为了收取拖欠的税款[84]。德米特里·伊凡诺维奇不能容忍诺夫哥罗德的乌什库尼基在伏尔加河流域犯下的暴行，莫斯科的控制变得更加严密：1366年至1367年，他进行了有限的报复，但在1386年，他对这座城市处以8000卢布的巨额罚款[85]。然而，诺夫哥罗德仍然是其政治制度的主人，并正在改变这一制度。1372年，该城从拥有单一的帕萨德尼克变成了六位帕萨德尼克：一位市长和五位副邑吏，换句话说，每个地区一位副邑吏。诺夫哥罗德人也有能力捍卫自己的切身利益，并在 1398 年和 1401 年用武力阻止莫斯科大公瓦西里一世吞并德维纳山谷。

1413 年，吉尔伯特·德·兰诺伊完整地描述了当时的情况：

> 除了莫斯科大公作为大罗斯的统治者，没有其他君主和统治者，如果公众愿意就接受大公作为统治者，如果他们不愿意，就不接受[86]。

该市对邑吏制度进行了数次改革，将其转变为真正的市民代表制度。1410 或 1411 年时，帕萨德尼克的数量从 6 个增加到 9 个，然后在 1416 或 1417 年增加到 18 个，1423 年增加到 24 个；此外，从 1421 年开始，选举变成了半年一次[87]。这样做的目的不是为了更新精英阶层，因为挑选邑吏的圈子仅限于控制每个地区的大家族。而是，通过增加共同执政的人数和允许更频繁的调整，可以限制暴力的爆发。章程的形式和印章上的铭文也发生了变化。1374—1375 年给诺夫哥罗德大使的指示是"代表米哈伊尔邑吏、马特菲千夫长、波雅尔和显贵、维兰和全诺夫哥罗德"；1446 年，特维尔的大公鲍里斯·亚历山德罗维奇不得不"向全大诺夫哥罗德"宣誓[88]。邑吏的个人印章被"（全）诺夫哥罗德之印"所取代，其中已发现约有一百四十个副样[89]。

1425 年瓦西里一世（瓦西里·德米特里耶维奇，Vassili Dmitrievich）去世后的莫斯科王位继承战争让诺夫哥罗德将钟摆游戏发挥到了极致。瓦西里一世在遗嘱中将他的头衔和土地直接遗赠给了其子瓦西里二世（瓦西里·瓦西里耶维奇，Vassili Vassilievich），这违背了自基辅时期以来规定的传统习俗，即横向继承，兄终弟及 [90]。年轻的瓦西里二世最初受到外祖父立陶宛大公维托夫特的保护，但外祖父于 1430 年 10 月 27 日去世。诺夫哥罗德先是守着西部，并于 1431 年 1 月 25 日与维托夫特的继任者什维特里盖拉（Švitrigaila，俄语为斯维德里盖洛 [Svidrigaïlo]）迅速缔结了睦邻条约 [91]。与此同时，莫斯科的瓦西里二世和他的叔叔尤里·德米特里耶维奇之间的紧张关系日益加剧。在寻求鞑靼汗的仲裁后，两位主角发生了冲突。在 1433 年和 1434 年，瓦西里二世两次被推翻。第二次，他在诺夫哥罗德附近的老城堡（戈罗季谢）避难。他的到来似乎没有得到一致的支持，因为城市居民拿起武器，在王公避难的堡垒前集结，但冲突还没有发生就结束了，不久之后，瓦西里二世重新登上王位，而他的叔叔突然去世了 [92]。然而，局势远未稳定。在立陶宛，什维特里盖拉于 1440 年 3 月 20 日被齐格蒙特一世（Sigismond Ier）推翻，但齐格蒙特一世随后被暗杀。取而代之的是一个年轻的男孩卡齐米日（未来的波兰国王卡齐米日四世）。诺夫哥罗德与他续约（1441—1442 年）[93]。瓦西里二世则不得不应对尤里·德米特里耶维奇的孩子们。他在 1446 年被其中的一个孩子德米特里·切米亚卡（Dimitri Chémiaka）俘虏并剜眼，但在 1447 年，瓦西里二世重新掌权，并让他年幼的儿子伊凡（即后来继位的伊凡三世）于 1448 年开始与自己共治。也正是在这一天，他在莫斯科组织了一次主教会议，选举新的现任都主教，从而结束了都主教一席的空缺。诺夫哥罗德大主教没有参加这次集会，尽管他承认都主教的政治权威；因此，罗斯教会变得独立了。德米特里·切米亚卡被驱逐出他的领地，1449 年在诺夫哥罗德受到"荣誉"的接待，并一直待到 1453 年[94]。后来，瓦西里二世的一名代理人在帕萨德尼克伊萨克·波列茨基（Isaac Boretski）的帮助下，贿赂王公的厨师，安排毒死了他[95]。

瓦西里二世在 1456 年摆脱了最后的对手，很快就对诺夫哥罗德进行了一次不友好的访问。并且自 1264 年以来，第一次对这座城市强加了一项明显限制其自由的条约。诺夫哥罗德的副本和莫斯科的副本并不完全相同[96]，这当然是非常重要的。前者尽可能坚持维护帕萨德尼克的权利，没有这些权利，莫斯科大公就无法主持正义，也无法处置诺夫哥罗德的领地。但莫斯科的副本规定，从现在起，官方文件必须盖上"两位大公"（瓦西里二世和他的儿子伊凡三世）的印章，他们可以在莫斯科审理向他们提出的所有上诉，他们的副手可以不受限制地在诺夫哥罗德行使司法权，除非在战争时期，谓彻不能单独发布章程。最后，诺夫哥罗德必须承诺不接待大公或其家人的敌人，也不接待来自立陶宛或日耳曼的外国"罪犯"。它也不得为那些想为了躲避大公逃往立陶宛避难或投奔日耳曼人的人提供通道。实际上，诺夫哥罗德已经处于莫斯科的保护之下。

瓦西里二世大公 1425—1462；1433 年废黜，1434 年复辟；1446 年废黜剜眼；1447 年复辟 伊凡三世大公 1462—1505；1448 年开始与父亲共治	GVNP 21（1448—1461） GVNP 22—23（1456 年 2 月） GVNP 24（1456 或 1457—1460） ASEI，第三卷，第 15 条（1471 年 3 月 25 日） GVNP 25—27（1471 年 8 月） PRP，第二卷，第 212—218 页（1471 年 8 月） GVNP 第 98 条（1471 年 8 月） ASEI，第三卷，第 14、16 条（1471—1477）

陷落（1456—1478 年）

伊凡三世（1462—1505）作为吞并莫斯科周围罗斯国土的发起人而被后人铭记。然而，在他统治的头十年里，没有任何迹象表明，罗斯东北部由公国组成的传统格局和诺夫哥罗德庞大的"共和国"将会消失。后者的公共生活总是如此动荡。1463 年发生了一场新的骚乱，导致 36 人被驱逐[97]。莫斯科的第一次大吞并是针对诺夫哥罗德，这主要是出于教会政策的原因。诺夫哥罗德大主教尤纳斯（Jonas）于 1470 年 11 月 8 日去世，市民们按照他们的习俗选举了他的继任者狄奥菲勒斯二世。对伊凡三世来说，让这位高级教士在莫斯科接受圣职是至关重要的。即将到来的军事行动是一切都提前准备好了，还是突然决定的？这个问题很难解答。莫斯科消息人士迅速起草了一份带有宣传意味的官方版本文书。诺夫哥罗德的描述也很投入，但在某些细节上似乎更真诚，这些细节证明了这座城市的无能为力和不堪重负。

莫斯科撰写的初稿描述了一个充满智慧和节制的伊凡三世，但确信他对诺夫哥罗德"遗产"的祖传权利。然而，"帕萨德尼克伊萨克·波列茨基的孩子们，连同他们的母亲马尔法（玛莎）和其他叛徒，受到魔鬼的指引"，决定操纵被认为充满勾心斗角争吵不休的谓彻，以迫使它打破既定的传统。阴谋者不想听命于莫斯科，而是想屈从于波兰国王和立陶宛大公卡齐米日四世的统治。鼓动者的"荒谬"言论重复了《诺夫哥罗德第一编年史》中的一些话，以进一步诋毁莫斯科：

> 我们是大诺夫哥罗德的自由人民，莫斯科大公对我们犯下了许多不义和不公的罪行[98]。

所有的调解努力都失败了，叛徒加强了他们的控制，收买了"被剥夺了谓彻权利的农夫"。伊凡三世和都主教腓力徒劳地提醒着，诺夫哥罗德自留里克时代以来一直遵循同样的王公血统，自弗拉基米尔时代以来一直是东正教基督徒。因此，伊凡三世纵使不情愿，犹豫再三，仍决定结束这一前所未有的背离和叛教企图,因为夏天已经到来,他不确定是否有时间再进行选举。他动员了他所有的兄弟,以及特维尔和普斯科夫的军队、他的波雅尔精英、甚至鞑靼军队。在讨伐队伍离开之前,克里姆林宫和莫斯科的所有教堂都举行了游行和祈祷,其他地方也举行了弥撒。一场真正的圣战正在酝酿之中。

一切都很顺利。当一支分遣队前往德维纳山谷时,军队在前行进,伊凡三世跟在后面。1471 年 7 月 14 日发动的舍隆河战役对诺夫哥罗德人来说是一场灾难,尽管他们的人数要多得多(4万比 5 千),但

> 所有这些邑吏和千夫长们,商人和显贵,各种工匠,或者更简单地说,木匠和陶工,都不是在马背上出生的。(同上)

然后他们就散开了。有些人被屠杀,有些人逃跑。许多人被抓获,其中包括伊萨克·波列茨基的儿子德米特里。诺夫哥罗德大主教很快就求和。7 月 24 日,圣鲍里斯和格列布(莫斯科王朝的天定助手)的节日,伊凡三世下令处决诺夫哥罗德精英的四名代表,包括德米特里·波列茨基,并驱逐其他几人。8月 9 日,诺夫哥罗德同意按照明确规定的时间表支付 15500 卢布的赔款。11 日,签署了一项新条约,为莫斯科确认了 1456年的合并,其明确指出,诺夫哥罗德确实是大公"遗产"的一部分,其大主教仍然由该市选举产生,但必须在莫斯科而不是在其他地方任命。这份官方文件盖上了莫斯科的印章,要求严禁

大公的敌人进入这座城市 [99]。莫斯科为了将成果扩大，还颁布了《诺夫哥罗德司法宪章》（*Charte judiciaire de Novgorod*）[100]。

诺夫哥罗德的叙述并没有让波列茨基家族扮演任何特殊的角色，也没有让伊萨克的遗孀——德米特里的母亲马尔法扮演任何特殊的角色，尽管他们的存在毋庸置疑。文中说，诺夫哥罗德人只是在舍隆河战败后才向卡齐米日四世求救，那时已经太晚了。即使在那时，诺夫哥罗德人也提出了一个严格的条件：波兰国王任命到戈罗季谢的副官应是"信仰我们希腊教义的人"；此外，他们还打算维护他们的司法自主权和传统 [101]。叙述中确实提到了一个叛徒，乌帕迪什（矮子，或是魔鬼?），但他是伊凡三世阵营的，因为据说他"用铁塞住了五个为保卫诺夫哥罗德而设的炮台"。更能说明问题的是大主教对他自己军队的命令：他禁止他们与大公的军队作战，只允许他们举起武器对付普斯科夫的军队；这就是他们在舍隆河交战时采取的方式。就像 1238 年鞑靼人的入侵一样，"这一切的发生都是因为上帝的旨意，因为我们的罪恶。" [102]

伊凡三世趁热打铁。他于 1475 年秋天返回诺夫哥罗德，又抓捕了一批人，特别是驱逐了德米特里·波列茨基的弟弟费多尔。他开始没收教堂的一些财产 [103]。两年后，他发起了一场真正的挑衅，使他能够消灭当地的政治自由。他要求被称为君主 [gossoudar] ——这个词适用于奴隶的主人或绝对统治者——而不是领主 [gospodine]，后者是封建领主的头衔，与其封臣保持着忠诚和相互服务的关系。事实上，正是伊凡三世打破了惯例：他一直是诺夫哥罗德的领主，但声称是诺夫哥罗德的一个使团主动授予他新的君主头衔。自瓦西里二世统治以来，莫斯科大公便在他自己的国度使用这个称谓。他还喜欢称自己为"专制君主"（autocrate），这是一个在罗斯有望获得巨额财富的头衔。当诺夫哥罗德的城市居民拒绝服从时，伊凡三世发动了一次远征，最终建立了新的秩序。从 1477 年 11 月到 1478 年 2 月，莫斯科军队整个冬天都在诺夫哥罗德郊外扎营，这座城市不得不一点一点地放弃它的特权。一系列逮捕令下达，旧宪章被取消。1 月 15 日，一份带有 58 枚印章的集体誓言被没收[104]。然后，2 月 3 日，轮到与立陶宛大公和波兰国王缔结的所有条约。2 月 7 日，马尔法·波列茨卡娅和她的孙子瓦西里（费多尔的儿子，已于 1475 年被驱逐出境）与剩余的大多数家族成员一起被流放，取而代之的是来自苏兹达尔的可靠人员[105]。

伊凡三世回到莫斯科，象征性地让人把诺夫哥罗德的一座钟抬到他的身后，以示不再敲响它来召唤谓彻。邑吏和千夫长都活了下来，他们的职位被莫斯科君主的副官所取代。修道院和圣索菲亚大教堂的世俗土地不断被没收，一直持续到 1498 年，估计总面积为 120 万公顷[106]。这么大面积的土地，足以让伊凡三世分配给一个新的贵族阶层，这个贵族正在成为罗斯君主制的支柱之一，即封建地主 [pomechtchiki]。正是在制服了诺夫哥罗德之后，伊凡三世开始对他的弟弟们毫不妥协。当尤里于 1472 年去世时，其公国被伊凡三世完全吞并。1480 年，他在口头上与大安德烈和鲍里斯达成和解，在乌格拉河上与阿黑麻汗对峙，这使他得以终结鞑靼人的枷锁。然后，他一腾出手，就征服了莫斯科的老对手特维尔（1485 年），并将大安德烈及其孩子们投入监狱（1491 年）。由此，罗斯的专制政体确实是在诺夫哥罗德陷落后诞生的。

这座古老的城市在 1478 年后在政治上不复存在，然而，从 1570 年 1 月 2 日至 2 月 13 日，它成了一场真正的军事行动的目标，该行动由沙皇伊凡雷帝及其特辖军［opritchniki］[1] 精心策划并无情地执行。沙皇死后不久，俄罗斯在《诺夫哥罗德第三编年史》中保存了一段令人不寒而栗的记载。它可以通过日耳曼人的叙述来补充，由最终返回的特辖军撰写 107。伊凡雷帝和他的儿子沙雷维奇·伊凡（Tsarevich Ivan）用军队包围了城市，然后攻击郊区的修道院。被怀疑藏匿财富的可敬的修道院长老们被鞭打，直到他们或其家人支付赎金。随后，该城被攻陷。皮门（Pimen）大主教被剥夺了教职并被流放。为了进一步羞辱这个仍然代表当地身份的人物，他被逼着倒骑在马背上离开城市，身上挂着卑贱的歌舞表演者的乐器。大教堂的宝物被剥夺，瓦西里·卡利卡门被拆毁。洗劫开始了。伴随而来的是主要针对富人的大屠杀，妇女和儿童也不放过。他们中的数百人被绞死或从大桥上被扔进沃尔霍夫河。根据伊凡雷帝

---

[1] 特辖军成立于 1565 年 2 月 4 日，由第一代沙皇伊凡雷帝为应对国内外安全环境创立。——译者注

诺夫哥罗德的一条街道（复原后）。让·克洛德·戈尔文的水彩画

的命令拟定的受害者名单中有一千四百九十人，另外有十五人被箭杆"了结"[108]。茫然的幸存者被劝告为伊凡雷帝和他的继承人让他们摆脱"叛徒"而祷告。

诺夫哥罗德的殉难发生在伊凡雷帝恐怖统治的高潮时期，符合他的镇压逻辑，而真实或想象的宫廷阴谋接踵而至[109]。但这也证明了莫斯科对诺夫哥罗德的持续敌意，激发了莫斯科变强的意识。这种对抗将在艺术家和作家的思想和作品中重现，甚至成为罗斯政治文化的典范：这个自由、进取和辉煌的城市，混乱而不团结，因此是弱者，但又能面对压制所有异议的残酷和粗暴的权力，因而也是强者[110]。

注释

1. PVL，第 33 页。

2. PVL，第 35 页。

3. PVL，第 37 页，拜占庭纪年 6488。

4. GVNP，第 31 条，第 58 页（1269）；第 33 条，第 62 页（1301）；第 37 条，第 65 页（1323）；第 39 条，第 69 页（1326）。吉尔伯特·德·兰诺伊在 1413 年提到"bourchgrave"，第 34 页。

5. PVL，第 63—64 页，拜占庭纪年 6527。

6. PVL，第 64 页，拜占庭纪年 6529。《诺夫哥罗德第四编年史》补充强调："布里亚奇斯拉夫一生中的每一天都在对雅罗斯拉夫发动战争"，PSRL，第 4 卷，第 111 页。波洛茨克王朝是弗拉基米尔一个儿子的后裔，他在父亲之前去世。出于这个原因，这个王朝被排除在基辅公位继承之外，但它有时会扮演麻烦制造者的角色。

7. PVL，第 64—65 页，拜占庭纪年 6532。

8. 尤里耶夫（Iouriev）即乔治（Georges），在斯拉夫语中写成格奥尔基 Georgui 或尤里 Iouri。这座城市现在被称为塔尔图（位于今爱沙尼亚）。

9. NPL，第 61、264 页，拜占庭纪年 6732。

10. NPL，第 16、180—181 页，拜占庭纪年 6547、6550、6560。

11. NPL，第 161、470 页。假设伊利亚存在，他大概是在 1018 年至 1020 年或 1030 年至 1034 年之间掌握诺夫哥罗德的王公之位。专家对此意见不同。

12. 罗斯命名法，目前适用于整个民族，但十九世纪前只适用于统治王朝和高级贵族，是用一个人的名字及其父名来称呼这个人，根据性别授予男性或女性不同的字。伊凡的儿子因此被称为伊凡·伊万诺维奇，伊凡的女儿就叫伊凡·伊万诺夫娜。在经常使用相同名字的统治家族中，保留这两个要素以避免混淆是非常有用的。因此，我们遵循这一习俗：弗拉基米尔·雅罗斯拉维奇是雅罗斯拉夫的儿子。如果他的儿子继承了祖父的名字（这是经常发生的事情），他将是雅罗斯拉夫·弗拉基米罗维奇。

13. 参见第五章。

14. GVNP，第 81 条；1991 年 1 月修订，第 135 页。

15. 从 1117 年到 1118 年，我们开始提到在任的帕萨德尼克之死，NPL，第 20—21、204 页，拜占庭纪年 6625—6626。然后，我们对其活动与更替等事情感兴趣。

16. NPL，第 21 页。

17. NPL，第 24、209 页，拜占庭纪年 6644。

18. NPL，第 24、209 页，拜占庭纪年 6644。

19. NPL，第 24、209 页，拜占庭纪年 6644。

20. NPL，第 22、207 页，拜占庭纪年 6640。

21. 见第 62 页和第五章。

22. NPL，第 36、226 页，拜占庭纪年 6688。有关深入研究 12 至 14 世纪罗斯王朝争端的法语资料，请参阅穆查德 2015，第 59—61 页和第 108—120 页。

23. NPL，第 38、230、472 页。

24. GVNP，第 31 条，第 58 页，第 35 条，第 65 页。

25. GVNP，第 39 条，第 69 页。

26. NPL，第 54、253 页，拜占庭纪年 6723。

27. 格兰伯格 2004；DGVE。

28. mir 这个词有两个主要含义：和平；世界或宇宙。后者专门用于指
    代农村公社的微观世界，它试图像一个小世界一样自给自足地
    运作。

29. NPL，第 53、251 页，拜占庭纪年 6722（公元 1214）；NPL，第
    57、258 页，拜占庭纪年 6725（公元 1217）（由诺夫哥罗德人和普
    斯科夫人在野外举行谓彻）；NPL，第 65、270 页，拜占庭纪年
    6736（公元 1228）（在野外的涅瓦河畔举行谓彻）。

30. NPL，第 174 页，拜占庭纪年 6524，另见 PVL，第 62 页，拜占庭
    纪年 6523。

31. NPL，第 51、248 页，拜占庭纪年 6717。

32. NPL，第 53—251 页，拜占庭纪年 6722；NPL，第 379 页，拜占庭
    纪年 6891。

33. NPL，第 30、53、58、67、366 页。

34. NPL，第 175—180 页，拜占庭纪年 6524。

35. NPL，第 67、273 页，拜占庭纪年 6736。雅罗斯拉夫在两年后证
    实了这一安排。NPL，第 70、278 页，拜占庭纪年 6738。

36. NPL，第 388 页，拜占庭纪年 6905（公元 1397）。

37. NPL，第 43、236 页，拜占庭纪年 6704。

38. NPL，第 59、260 页，拜占庭纪年 6726 和 NPL，第 53、252 页，
    拜占庭纪年 6723。

39. NPL，第 70 页，拜占庭纪年 6738。

40. NPL，第 29、216 页，拜占庭纪年 6662。

41. NPL，第 70 页，拜占庭纪年 6738；第 320 页，拜占庭纪年 6778。

42. NPL，第 35、224 页，拜占庭纪年 6684（公元 1176）。

43. 1224 年，NPL，第 64、268 页，拜占庭纪年 6732（公元 1315），

NPL，第 95、336 页，拜占庭纪年 6823（"我们将为纪念圣索菲亚大教堂而死"），或是公元 1398 年，NPL，第 392 页，拜占庭纪年 6906。

44. NPL，第 17 页，拜占庭纪年 6574。

45. NPL，第 57、259 页，拜占庭纪年 6726。

46. NPL，第 55、254 页，拜占庭纪年 6723。

47. AAE，第 2 卷，第 169 条，第 290 页。

48. NPL，第 67、274 页，拜占庭纪年 6736。

49. 见第六章。

50. NPL，第 81、308 页，拜占庭纪年 6763。

51. NPL，第 19、202 页，拜占庭纪年 6605。

52. 见第五章。

53. NPL，第 56、256—257 页，拜占庭纪年 6724。

54. 见第二章。

55. 正如苏联解体前后进行的几次民意调查所证明的那样。

56. NPL，第 66—67、272—273 页，拜占庭纪年 6736。

57. NPL，第 72、282 页，拜占庭纪年 6741。

58. 蒙古人此时建立了一个从中国延伸到罗斯的巨大帝国。然而，罗斯和欧洲的资料往往把他们称为鞑靼人，因为他们领导着一个带有这个名字的部落，这让欧洲人印象深刻。而且它让人想起希腊神话中的塔尔塔罗斯。在本文中，我们将鞑靼人和蒙古人作为同义词使用。

59. 一俄里是 1066.8 米。

60. NPL，第 74—77、286—289 页，拜占庭纪年 6746。

61. NPL，第 77、289 页，拜占庭纪年 6747。

62. NPL，第 77 页，拜占庭纪年 6748。

63. PLDR，第 3 卷，第 430、432 页。

64. PLDR，第 3 卷，第 430 页。

65. NPL，第 78 页，拜占庭纪年 6748。

66.《押韵编年史》，第 179 页。

67. PLDR，第 3 卷，第 434 页；NPL，第 78 页，拜占庭纪年 6750；《押韵编年史》，第 183 页。

68. NPL，第 79 页，拜占庭纪年 6752—6753。

69. NPL，第 79—80 页，拜占庭纪年 6754 和 6758。

70. NPL，第 80—81 页，拜占庭纪年 6761 和 6763。

71. NPL，第 81 页，拜占庭纪年 6764。

72. NPL，第 303—304 页，拜占庭纪年 6754。

73. NPL，第 82 页，拜占庭纪年 6765。

74. NPL，第 82—83 页，拜占庭纪年 6767。

75. NPL，第 83—84 页，拜占庭纪年 6770—6771。

76. PLDR，第 3 卷，第 438 页。

77. GVNP，第 1 条（1264），第 2 条（1266）和第 3 条（1270）。

78. GVNP，第 1 条。

79. NPL，第 88、320 页，拜占庭纪年 6778。

80. 吉尔伯特·德·兰诺伊，第 34 页。

81. 亚宁 1962，第 170—175 页，亚宁 2003，第 247—248 页。

82. LECUB，第 1 卷，第 546 条，第 682—683 页；RLA，第 75 条，第 61 页。另见格兰伯格 1999，第 396—404 页。

83. NPL，第 94—95、336—337 页，拜占庭纪年 6823。这个巨大的数字可能是抄写错误。

84. NPL，第 353 页，拜占庭纪年 6848。

85. NPL，第 369 页，拜占庭纪年 6874—6875；第 380 页，拜占庭纪年 6894。

86. 吉尔伯特·德·兰诺伊，第 33 页。

87. 亚宁 2003，第 278、302—303、328、392—393 页。

88. GVNP，第 17 和 20 条。

89. 亚宁 2003，第 351 页。

90. DDG，第 22 条。

91. GVNP，第 63 条。

92. NPL，第 417 页，拜占庭纪年 6942。

93. GVNP，第 70 条。

94. PSRL，第 16 卷，第 192—193 页。

95. PSRL，第 20.1 卷，第 262 页；第 23 卷，第 155 页，拜占庭纪年 6961。

96. GVNP，第 22 和 23 条。

97. 亚宁 2003，第 392—393 页；PSRL，第 16 卷，第 214 页。

98. PSRL，第 25 卷，第 284 页。

99. GVNP，第 25—27 条。

100. AAE，第 1 卷，第 92 条，PRP，第 2 卷，第 210—218 页。

101. GVNP，第 77 条。

102. PLDR，第 5 卷，第 404—409 页。该记载仅保存在《诺夫哥罗德第四编年史》的两份副本中。

103. PSRL，第 4 卷，第 130、449—450 页和第 25 卷，第 304 页。两个文本的说法不同，但他们一致认为伊凡三世已经回归。

104. 这份文件已不复存在，但它的描述让人想起西方团体的章程。见

第六章。

105. PSRL，第 12 卷，第 171—189 页。

106. PSRL，第 4 卷，第 271 页，第 12 卷，第 249 页；维谢洛夫斯基
1947，第 286—299 页。

107. PSRL，第 3 卷，第 259—260 页。

108. 1583 年秋天，伊凡雷帝向莫斯科的几座修道院发送了一长串要处
决的人员名单，并下令为他们做弥撒以安抚他们的灵魂。斯克林
尼科夫 1992，第 534、536—539 页。

109. 戈诺 2014，第 261—283 页。

110. 见第六章。

第四章

经济生活和日常生活

有两份关于罗斯历史的最古老文献资料显示，诺夫哥罗德和基辅是东欧地区国际贸易的重要枢纽。

在拜占庭皇帝"生于紫室者"君士坦丁七世带领下撰写的《帝国行政论》（第五卷）（948—952 年），描述了罗斯人根据双方在 911 年和 944 年缔结的贸易条约每年去往君士坦丁堡经商的长途行程：

> 从外罗斯到君士坦丁堡的独木舟来自诺夫哥罗德[Nemogardas]，也来自斯摩棱斯克[Miliniska]、柳贝奇[Telioutza]、切尔尼戈夫[Tzernigôga]或维谢格拉德[Vousegrad]，春天在基辅[Kioba]集结，然后开始它们的旅程[1]。

《往年纪事》的序言证实了这一信息，甚至在留里克和他的王朝历史开始之前，物质交流的特选路线，带来了罗斯洗礼的精神皈依。

> 在波利安人（基辅地区的斯拉夫部落）拥有山丘上的领土
> 时，沿着第聂伯河的河道，有一条连接瓦良格人和希腊人
> 所在地区的从希腊人到瓦良格人领地的道路。在第聂伯河
> 上游，人们乘渡船到达洛瓦季河，这条河通向伊尔门湖。
> 沃尔霍夫河从伊尔门湖流出，流入大涅瓦湖（拉多加湖和
> 涅瓦河），其河口与瓦良格海（白海）相连。这片海通向罗
> 马。从那里，通过同一海域，人们可以到达皇城（沙皇格勒
> ［Tsargrad］），皇城通往第聂伯河流入的本都海。

一个环状瓦良格世界出现了，形成一个连接基辅、诺夫哥罗
德、君士坦丁堡和罗马的"瓦良格圈"［orbis varangensis］。
罗斯与拉丁人的关系很复杂，它拒绝了他们的"异端邪说"，
尤其是在 1204 年（十字军洗劫君士坦丁堡）之后，但罗斯仍
然对罗马思想着迷。这可能部分是由于该名字的斯拉夫语形式
"Rim"，它和"mir"组成文字游戏，这个词既指世界，也指
和平。"罗马是整个世界"［Rim-ves' mir］这一句子可能是对
著名的拉丁语"降福罗马城及全世界"［Urbi et orbi］的呼应。
不仅使徒安德烈，据说罗马人圣安东尼也曾从罗马来到诺夫哥
罗德[2]。

更具体地说，诺夫哥罗德人经常四处游历经商，特别是商人和
教士。在蒙古入侵前后，我们在罗斯的各个地方都能见到他

们。他们去了沙皇格勒，接待了希腊人的来访。然而，大多
数商人的目的地是波罗的海港口，特别是靠近多尔帕特（塔尔
图）、雷维尔（Revel，塔林）、里加和哥得兰岛上的维斯比的
诸个城市。他们有时会抵达吕贝克，这里是汉萨同盟的中心，
但往往是日耳曼船只，例如著名的"科根条"（Köggen）途经
此地[3]。它们很少前往更远的地方，而其货物却可以到达所有
市场：向北延伸到卑尔根，向西至布鲁日和伦敦，与香槟交易
市场连接，从而与地中海贸易网络相连。

波罗的海沿岸商业：诺夫哥罗德的汉萨同盟

诺夫哥罗德销售各种商品。价格较低的是当地产品，如木材、
亚麻、鱼肝油。价格稍高的是海鲜（鲟鱼）或猛禽（猎鹰）。
罗斯最受欢迎的出口产品是蜂蜜、蜡，尤其是毛皮。此外，这
里还是来自东方的香料和丝绸的过境通道之一。诺夫哥罗德
商人购买谷物、鱼肉（鲱鱼）等食品，特别是盐和酒。他们求
购缝纫用品：针、纽扣、缝纫线，以及成衣如大衣、裤子和
手套。他们来自斯摩棱斯克的竞争对手要求，为了支付西德维
纳和他们城市之间的运输费用，必须向运输军士提供"哥特手
套"。[4]诺夫哥罗德人对各种金属也有需求：铅、铜、银、银锭
与珠宝制成的家用器皿和其他工具。最奢侈的商品是纸（从
14 世纪开始）和佛兰德斯布。

"伊普尔布" [soukno ipskoe] 是 12 世纪的一份重要文件中的关键信息，该文件是弗谢沃洛德·姆斯季斯拉维奇王公（Vsevolod Mstislavitch）在 1130—1136 年左右授予圣约翰商会的文件：

> 凡希望成为圣约翰商会的成员，应向老（世袭）成员支付 50 镑银子，并向千夫长赠送一匹伊普尔布……主教在（圣约翰）节上唱弥撒，商会和商人给予主教一磅银子和一匹伊普尔布[5]。

商事法庭由千夫长管辖，设在马恩斯河畔施洗者圣约翰教堂附近[6]，完全独立于邑吏。它由从知名人士 [jitie lioudi] 中选出的三位代表组成，代表"黑人"（平民）的千夫长和两名从商人中选出的代表。教堂保留了度量衡的标准：用于测量布匹的"圣约翰肘" [lokot ivanski]，用于称量贵金属的"切镑" [grivenka roublevaïa] 和"蜡秤" [skalvy vochtchanye]。

正义 [Pravda] 的基本要点，即管理波罗的海地区贸易的法则，由两项条约规定，一项是 1191—1192 年由雅罗斯拉夫·弗拉基米罗维奇王公与"哥特兰人、日耳曼后裔和整个拉丁民族"缔结的条约。另一项是 1262—1263 年亚历山大·涅夫斯基及其子德米特里与"日耳曼代表奇沃德（Sivert）、吕贝克代表迪特里希（Dietrich）、哥特兰代表奥尔斯滕（Oasten ou Holste）和整个拉丁民族"签订的条约[7]。然而，这两份条约中的第一份被视为对"古老"和平的确认，这表明贸易已经存在，并在商人之间和平相处或"融洽和睦"[under guden vrded]的情况下进行，无论在位的王公是谁，当冲突影响到一个个地区大国时，各方都会努力维持这种和平[8]。

1191—1192年和1262—1263年的规定与斯摩棱斯克大公与里加和哥特兰在同一时期（1223—1229年间）达成的协议[9]非常相似。一旦确立了自由贸易的原则，对谋杀、殴打、暴力和逮捕的赔偿标准就被确定下来：最重的罚款——20镑（格里夫纳），是针对谋杀使者、人质或牧师的行为。其次则是商人、自由民及其妻女。谋杀、殴打、推搡、撕扯外衣都需要付出代价。强奸女性是被禁止的，也不允许扯下女性的头饰，免得受害者露出头发。社会最底层的是女奴。如果有男人在不破坏她名声的情况下"害了她"，男人应支付一镑，**"如果他再破坏女奴的名声，女奴就自由了"**。其他大部分条款都是围绕着债务和如何收回债务。付款当然受到监管，但贸易双方都受到令人羡慕的保护：他们不会被关进地牢或被扣押货物。违约者有一年的宽限期，但他们的同胞要承担连带责任。在无法证明其诚意的情况下，宣誓也可以，或者通过抽签定夺。此外，诺夫哥罗德拒绝在其法庭审理另一个罗斯城市对一名日耳曼人提起的诉讼，反之亦然[10]。

亚历山大·涅夫斯基沿用了先前条约的条款，并具体说明了某些细节，表现出一种良好的意愿，这反映了罗斯人对发展贸易的热衷：他摒弃了传统的重量单位普特［pout］，而采用了日耳曼人使用的罗马秤。罗斯人保证的和平"一直延伸到科特林（Kotling）"，即涅瓦河口附近的岛屿（现为喀琅施塔得［Cronstadt］）。另一方面，他们否认对卡累利阿发生的事件负有任何责任，这个地区不安全，而且与瑞典人有争议。条约的结尾是将"三幢房屋"转让给日耳曼人[11]。这是他们存放货物的地方，也是他们逗留期间的住所。

从1280年至1356年（第一次"汉萨日"会议［Hansetag］）期间，汉萨同盟是一个政治组织，连接着吕贝克周围的城市网络。诺夫哥罗德从来不是一个真正的汉萨城市，但几个世纪以来，其贸易却能抵达最远目的地。亚历山大·涅夫斯基建立的机制得到了他的兄弟和继任者雅罗斯拉夫·雅罗斯拉维奇的完善。在1266年至1271年间，他倾其所有为里加民众获取了"自由之路"文件[12]。这份文件被描述为执行金帐汗忙哥帖木儿的命令："让日耳曼商人进入你的领地"，换句话说，与一个广泛流传的历史故事相反，"鞑靼人的枷锁"并没有将诺夫哥罗德和罗斯与欧洲其他地区隔离开来；相反，蒙古和平（pax mongolica）为贸易提供了新的保障。

1269年，还是这位雅罗斯拉夫·雅罗斯拉维奇提供了一份更详细的文件，其德语版本广为人知[13]。它区分了日耳曼人的夏季商旅［Somervart］和冬季商旅［Wintervart］，因此，在一个季节发生的争端绝不能影响另一个季节。关于商人妻子的法律地位，还有一个有趣的细节：如果商人不偿还债务，为丈夫担保的妻子将与丈夫一起沦为奴隶；相反地，如果她没有担保就不能要求她偿还债务。1301 年，吕贝克、哥特兰和里加的商人有三条陆路和一条水路的贸易路线[14]。在整个 14 世纪，这些规定仍然有效，1371 年的相关文件重申了其要点[15]。

其他文件涉及对各种具体侵权行为的诉讼，但这些文件的存在本身就证明，诺夫哥罗德人或普斯科夫人可能要求引渡逃跑的债务人、归还被盗货物，或解决各种争端[16]。就他们而言，他们必须承诺提供一种纯净和未变质的蜡，"*就像上帝赐予的那样*"，无论它来自卡累利阿还是下国[17]。1363 年，为了解决与多尔帕特和费林（Fellin）的贸易争端，诺夫哥罗德派遣了特使——每个区派一位波雅尔，这表明后者的代表性对于 "*所有诺夫哥罗德人*" 的一致决定仍然很重要[18]。经过七年的冲突，1392 年 1 月至 2 月签署的《尼布尔条约》（*traité de Nyebur*），再次恢复了自由贸易[19]。

这种情况在 15 世纪仍然没有改变。保存下来的文件重申了与里加、多尔帕特、雷维尔、吕贝克和汉萨同盟的 "*所有 73 个城市*" 的原有和平状况，也包括与利沃尼亚骑士团或瑞典人的和平协议，只要它们不涉及债务追讨或财产归还的问题[20]。然而，1436 年夏天发生了一件事。这次是莫斯科大公瓦西里二世抱怨 "*他的商人们*" 及其货物在雷维尔被扣留。然而，他并没有直接与这个外国城市的政府对话，而是与诺夫哥罗德政府沟通，后者遂要求他们波罗的海的合作伙伴释放相关人员并归还货物 [21]。因此，诺夫哥罗德人有能力利用他们的关系进行调解。在被莫斯科吞并后的几年里，似乎仍维持着这个状况。诺夫哥罗德与利沃尼亚骑士团签订了十年和平条约，与汉萨同盟签署了长达二十年的休战协议，但这些协议是伊凡三世的副官代表其君主进行谈判并签订的 [22]。

立陶宛人也与诺夫哥罗德人达成了协议。1431 年 1 月 25 日由什维特里盖拉签署的条约规定，如果发生争端，将归还文件以示决裂，但在发动战争之前，将遵守一个月的宽限期 [23]。与卡齐米日签订的协议更加郑重，卡齐米日在 1441 年至 1442 年仍只是立陶宛大公 [24]。根据惯例，诺夫哥罗德与大公的臣民立陶宛人，以及维捷布斯克、波洛茨克、斯摩棱斯克和"**其他我们罗斯领土上**"的民众可以进行自由贸易。协议还规定遣返双方的流亡者：奴隶、强盗、债务人、担保人和农民。边境地区是特定的，立陶宛有权在那里征税。和平中断机制与 1431 年的条约相同。

与此同时，日耳曼公馆制定和完善了内部规定，被称为《什拉》[Schra] [25]。其最古老的版本，包括序言和十一条，写于 1250 年或 1268 年左右。在诺夫哥罗德沦陷前，还诞生了另外四条规则 [26]。

《什拉》第一版	约 1250 年或 1268 年
《什拉》第二版	约 1295 年
《什拉》第三版	约 1295—1325 年
《什拉》第三版 a	约 1325 年
《什拉》第三版 b	1346 年
《什拉》第四版	1355—1361 年
《什拉》第五版	1373 年
《什拉》第五版 a	1452 年
《什拉》第六版	1514 年
《什拉》第七版	约 1604 年

《什拉》力求确保商人业务（夏季和冬季）的正常运作，这些商人团体陆续住进公馆，过着自给自足的生活，与他们的故乡长期隔绝：规定每年宣读两次规则。最常见的问题需要毫不拖延地解决，但棘手的事件仍有可能由吕贝克、维斯比和"内部其他城市，如里加、多尔帕特和雷维尔"的监管机构重新审查（《什拉》第五版，第二条）。

公馆由管家［Olderman des Houes］管理。其产生经同行选举，可以两次拒绝担任这一职务，但如果第三次仍坚持将被迫接受或支付 50 马克的罚款。他挑选四个助手，并拥有一幢房屋，可以在那里安置任何他想安置的人。他主持分配其他私人住房或公共大厅的座位；为了从中受益，商旅者需支付租金。除了商人，公馆还接待学徒［Kindere］、伙计或仆人［Knapen, Knechten］。事实上，除了成年男子外，还有未成年人，他们学习贸易和俄语。管家监督销售货物的检查，这是质量的保证。他主持他必须参加的公馆会议 [Stevene]。该会议作出日常决定，也充当法庭的角色。所有形式的违法行为、侮辱、暴力或疏忽均规定了罚款："**让教堂的窗户在晚上开着的人处以一马克的罚款。**"公馆设有监狱（或牢房）。夜间有带狗的守卫巡逻。一位牧师主持圣彼得教堂，每个季节都会让他来，并由商人支付其报酬。他履行牧师职责，也可以按照需求起草信件，当这些信件是私信时，他会得到毛皮作为报酬。商旅们聚集在一起进行商讨，在教堂里祈祷，还一起酿造啤酒，酿酒活动由每周日抽签选出的一名负责人监督。

如果发生冲突，诺夫哥罗德人可能会中止贸易，以向他们的汉萨伙伴施加压力。但长期暂停贸易不符合他们的利益，因此贸易中止很少超过两年。1391 年，在签订《尼布尔条约》的前夕，七年没有"稳固和平"之后[27]，日耳曼人重新出现在一家破旧的公馆，这是一个标志性的事件。

在日耳曼诸国，毛皮贸易为汉萨同盟带来了财富。这里有两件最著名的关于罗斯毛皮贸易的艺术品。第一件艺术品是位于施特拉尔松德的圣尼古拉斯教堂的木板（14 世纪后半叶），它相当精细地描绘了一家日耳曼公馆的情况，当地人来这里出售他们的商品[28]。在森林里，胡子拉碴的农民在树顶上抓松鼠，或将狐狸、貂或紫貂赶出它们的洞穴。然后他们走到一座坚固的城堡里，一个男人在那里迎接他们。根据相关解释，这个男人

诺夫哥罗德的日耳曼公馆（施特拉尔松德圣尼古拉斯教堂的还愿画）

是来自诺夫哥罗德［Novgordfahrer］或里加［Rigafahrer］的
日耳曼人。汉萨同盟中心城市的吕贝克大教堂圣坛的一个祷告
席画像（1425—1450 年）也展示出罗斯毛皮商人的形象：一
个罗斯人穿着长袍、留着长须、戴着厚帽，手里还抱着一只毛
茸茸、长尾巴的动物。

莫斯科吞并各地后，情况发生了变化。伊凡三世毫不犹豫地以
更严厉的方式使用经济手段，为整个波罗的海东部地区的政治
目标服务。1492 年 6 月 7 日，波兰国王卡齐米日四世去世，
他的王国被其儿子们瓜分。伊凡三世的目标是立陶宛，而立
陶宛在亚历山大手中。伊凡三世于 1493 年 11 月 8 日与丹麦结
盟，并开始发动战争。他的一个潜在对手是瑞典，而汉萨同盟
在 1490 年和 1494 年与瑞典签订过协议。伊凡三世从立陶宛手
中夺取了边境领土，并于 1495 年通过将女儿埃琳娜（Elena）
嫁与亚历山大大公首次实施了和平。这一联姻实际上是为罗斯
的新一轮干预做准备的。随后，他在 1495 年至 1497 年间与瑞
典人作战。在 1500—1502 年与立陶宛再次发生冲突，并使罗
斯人在斯摩棱斯克地区和现在的乌克兰东北部获得了更多的领
土。1512 年至 1514 年爆发了第三次战争，这次是继任伊凡三
世的瓦西里三世和亚历山大的弟弟齐格蒙特一世之间的战争：
齐格蒙特一世于 1506 年成为立陶宛大公和波兰国王。就在那
时，罗斯人占领了斯摩棱斯克。1522 年签署的和平协议确保
了近一个世纪的边境和平。

穿着长袍的罗斯人，手里抓着一只长毛动物（吕贝克大教堂的祷告席）

正是在这种背景下，我们必须了解伊凡三世与利沃尼亚和加入汉萨同盟的利沃尼亚城市的关系[29]。1492 年，伊凡三世大公建造了面向纳尔瓦的伊万哥罗德要塞。然而，诺夫哥罗德与利沃尼亚骑士团于 1493 年 3 月 10 日签署了一项为期十年的和平条约[30]。1494 年 11 月 6 日，伊凡三世逮捕了住在诺夫哥罗德日耳曼公馆里的商人，并没收了他们的财产，估计价值为 96000 马克，公馆及其教堂都关闭了。根据《尼康纪事》（*Chronique de Nikon*，莫斯科官方资料）所载，伊凡三世以雷维尔人曾对诺夫哥罗德商人施加"许多侮辱"为理由（他们甚至"在大锅里把大公的臣民活烹"），证明自己此举是符合公义的[31]。的确，1490 年或 1493 年，一名罗斯人在雷维尔因伪造货币而被以这种方式处决：这是当时处理此类犯罪的程序[32]。但这种报复措施的规模和持续时间危害更大。伊凡三世希望迫使汉萨同盟至少保持一种友好的中立，最好是一个对抗敌人的军事联盟。然而，对于雷维尔、多尔帕特和里加来说，公馆及其教堂的关闭是对利沃尼亚的侵略。利沃尼亚骑士团的团长担任调解人，1498 年他在纳尔瓦组织的会谈失败了。1494 年在诺夫哥罗德被捕并被带到莫斯科的日耳曼人质中，有 16 岁的吕贝克市市长的儿子威廉·布鲁姆斯（Wilhelm Brömse）。他是第一批获释的人质之一，但此时已过了两年。谈判仍在继续，其间穿插罗斯与利沃尼亚的唇枪舌战，就像 1501 年至 1503 年期间一样。直到 20 年后，在瓦西里三世的统治下，这场冲突才得以解决。莫斯科君主不会与汉萨同盟达成一项全面协议，使其成为莫斯科的附属机构，而仅限于迈出第一步，即所谓的（以不合时宜的代价）利沃尼亚芬兰化。1514 年，日耳曼公馆重新开放，在当时编写了第六版《什拉》。

货币的困扰

诺夫哥罗德的这些编年史有时对居民的日常生活和物质问题有相当准确的概述。但它们永远比不上一个更直接的资料来源：自 1951 年 7 月 26 日以来，在诺夫哥罗德的地下发现了数百张桦树皮短笺。到目前为止，在诺夫哥罗德出土了 1113 张短笺碎片，约占该研究领域已知文献的 90%。它们的年代跨度范围可以精确到 20 年内，考古地层很容易辨认，因为这座城市的木质路面经常重新铺设。现在可以在网上查阅这些短笺 [33]。

这些短笺很容易用尖刀刻在普遍可用的载体上，用于日常通讯。这种类型的文件被称为"格拉莫塔"[gramota]，这个术语用来指字母表中的字母、私人信笺或由印章验证的羊皮纸上的官方宪章 [34]。看到桦树皮短笺上的债务清单或待收款清单时，它应该更多地被视为一份说明，一份相关人员的备忘录，而不是真正的债权。这一类重要术语每年都在补充，证明了桦树皮短笺在日常生活中的普遍使用，并用当地方言对日常生活进行了非常生动的概述，其中最重要的是购买、销售、债务、继承和租借等事务。

诺夫哥罗德直到1420年才发行自己的货币。在此之前，它的交易体系以外币为基础，但其价值却以动物毛皮为基础。然而，它已经使用一些货币计量单位了。10世纪末以前，迪拉姆（dirham）一直是当地使用的参考货币单位，可交换两种类型的格里夫纳（镑）。银格里夫纳是一个重200克的长扁锭，相当于银马克，而库纳格里夫纳 [grivna-kun]（貂皮格里夫纳）是其价值的四分之一（重51.19克）。雷扎纳 [rezana]（切下的部分）是迪拉姆的碎片，价值1/200银格里夫纳或1/15库纳格里夫纳。从11世纪开始，诺夫哥罗德的贸易以西方银币作为基准，但它越来越贬值。在15世纪，诺夫哥罗德以吕贝克硬币 [Münze]、立陶宛钱币 [Grosch] 或在波罗的海沿岸流通的货币 [Artig] 为基准。在此期间，银格里夫纳被一种新型的、更紧实但更短的铸锭所取代，称为"卢布"（"碎银"）。人们也开始用贝拉 [bela 或 belka]（松鼠皮）流通，其价值是库纳格里夫纳的1/7。

我们得出以下换算体系：

1 卢布 =	13 库纳格里夫纳	91 贝拉	364 貂皮	170 克银
	1 库纳格里夫纳 =	7 贝拉	28 貂皮	13 克银
		1 贝拉 =	4 貂皮	1.90 克银
			1 貂皮 =	0.48 克银

1413年，当吉尔伯特·德·兰诺伊访问这座城市时，他当然关注货币问题：

这是他们的银锭，重约六盎司，没有印记，因为没有铸造金币。他们也把松鼠皮（贝拉）和貂皮（库纳）当做货币[35]。

诺夫哥罗德从 1420 年开始铸币，一直到 1478 年被吞并。1 卢布为 216 登加 [单数为 denga，复数为 dengi]，1 格里夫纳等于 14 登加，1 波尔蒂纳 [poltina]（或半个卢布）等于 108 登加。莫斯科卢布也出现在 15 世纪，但比较晚，只值半个诺夫哥罗德卢布。它的重量为 100 克银，等于 2 波尔蒂纳、10 格里夫纳、40 阿尔蒂尼 [altyni] 和 200 登加[36]。

可以理解的是，贡品征收者 [dannik] 是一个不受欢迎的人。这是一项艰苦的工作，《诺夫哥罗德第一编年史》和桦树皮文献都反映了这一点。1167—1170 年，斯维亚托斯拉夫·罗斯季斯拉维奇王公与帕萨德尼克扎哈里亚（Zakharia）发生冲突，后者对其关于诺夫哥罗德边境的领土分配提出异议。然而，诺夫哥罗德必须努力维持对这些领土的管辖，弗拉基米尔 - 苏兹达尔王公安德烈·博戈柳布斯基也觊觎这些领土。因此，名叫萨瓦的贡品征收者受到当地纳贡人的攻击，他们利用这种混乱，拒绝向他缴纳应付的钱物：

（正面，桦树皮外侧：）萨瓦向弟兄们和伙伴们问好。大家不理我，可是在秋天到来之前我还有贡品要征收，在下第一场雪之前送走，然后再离开。但扎哈里亚派了一个人来，以扎哈里亚的名义发誓："不让萨瓦拿走贡品，哪怕只有一张狐狸皮。我会自己应付。"（或：他会自己证明这一点）这就是为什么他没有立即与我结清账目，也没有去找你们或出现在这里。随后来了一些坏人，他们接见了安德烈·博戈柳布斯基派来的一个人，他的人收到了贡品。而八个（人）在图多尔（Toudor）的命令下，背叛了他们的誓言（或：突然闯入）。我的弟兄们，如果麻烦因此降临到他和他的队伍身上，请对他表示理解。（背面，桦树皮内侧：）正是王公本人把在沃洛克（Volok）和姆斯塔（Msta）获取的土地分给了他的村民。弟兄们，如果大家不与我争辩，并且进行调查，我会乐意寄信给你们（编号 724，约 1160—1180 年）。

1187 年，派往伯朝拉（Petchora）、尤格拉和"波塔奇（Portage）之外"的贡品征收者都被直接杀害了，"有近百名壮士倒下了"[37]。诺夫哥罗德的城墙不一定能提供更安全的庇护。1209 年，在一场叛乱中，底层民众废黜了帕萨德尼克德米特尔，没收了他的财产，并瓜分了这些财产。但最重要的是，他们没收了记录借债人债务的"木板"[doski]，"它们不计其数"。这些木板提交给了斯维亚托斯拉夫·弗谢沃洛维奇（Sviatoslav Vsevolodovitch）王公，他下令流放德米特尔的支持者[38]。

一个世纪后，一张桦树皮提到了在与瑞典接壤的边境地区凯安海（Kaïan，可能在波的尼亚湾北部）征收贡品的情况。所提及的和约可能是《诺特堡条约》（traité de Nöteborg，1323）：

格里戈里致德米特尔。我们都很好。至于你，继续走你的路（即到处征收贡品），不要害怕，我们已经按照尤里王公确定的旧边境缔结了和约，（我？）被派往凯安海的卡累利阿人那里。不要干涉民众的生活，不要伤害凯安海的民众，也不要损害你的名声。（如果你）已经征收了去年的贡品，也为我征收一下。如果你听说我不去诺亚了，你就去吧。这里一切都好，给我捎来你的消息，如果可以，请设法帮助我（编号 286，约 1351 年，或 1360—1380 年）。

桦树皮上最古老的记载是有关个人之间的财务纠纷问题。一位忍无可忍的债权人威胁一个叫斯托扬（Stoïan）的人，要抓捕一位为他提供连带担保的诺夫哥罗德大商人：

吉罗维特致斯托扬。今年是你接受圣木（拿着十字架宣誓？）的第九年。但你还没有给我寄钱。如果你不给我寄来 4.5 格里夫纳，我就会因为你而没收那位诺夫哥罗德人的财产。你最好把钱按约定寄给我（编号 246，约 1025—1050 年）。

也有记录对亲戚或仆人的指示，关于收取各种款项，监督收成，或相当于地租合同的内容：

（外侧）伊凡致德里斯特利夫。如果你已经收到了帕维尔（Pavel）所欠的利息，你也必须收回普罗科皮亚（Prokopia）的利息。如果你已收回这些利息，那就去收扎维德（Zavid）

的欠款。如果你已收到他的欠款，请给我捎来消息，告知他是否已还清所有欠款。（内侧）德里斯特利夫致伊凡。我没看到扎维德，因此一分钱也没收到。我只从普罗科皮亚那里收到了少 1 诺加塔［nogata］的 1 格里夫纳（编号736，约 1100—1120 年）。

向你的母亲问好。我已经给你和邑吏马努伊尔（Manouïl）的人送去了 20 张松鼠皮。而你，内斯特（Nestor），关于头盔，给我寄封信，告诉我你会把它送给谁。当你到达托尔若克时，给马一些上好的干草。把你的锁挂在谷仓上。打麦粒时，你要留在打麦场上。在你面前给马喂燕麦，数量要合理。把干草和燕麦放进谷仓，称下重，并告诉我谁需要黑麦和燕麦（编号 358，约 1340—1360 年）。

米斯尔（Mysl）的孩子们，特鲁凡（Troufan）和他的兄弟们，在此同意从他们的收成中拿出 6 斗黑麦、1 斗小麦和 3 斗麦芽作为赠予物。给主人的孩子们 3 张貂皮和 1 普特蜂蜜，每人一张松鼠皮，总共 3 张，还有 3 把亚麻籽和一只驮着新鲜水果的公羊（编号 136，约 1360—1380 年）。

还可以了解当时一个诺夫哥罗德小商贩的生意来往，他在"下国"经商：

莫伊斯伊致斯皮尔科。如果马泰（Mateï）没有从你那里拿走面包和蜡，你就和普鲁斯（Prous）一起送来。我卖掉了锡、铅和所有的铁制品。我不需要再去苏兹达尔了。我已买了蜡和3个面包。你一定要来这里。你送大约4批锡和2片红铜片过来，货到付款（编号439，约1200—1220年）。

不太富裕的农民，是因为歉收与老爷纠纷的受害者，他们给主人写（或让人代写）道：

奇锡纳（Chichna）和布拉蒂洛沃（Bratilovo）的农民向雅科夫（Iakov）领主问好。来吧，大人，如果你不想让谷物腐烂，就把你的谷物运走吧[39]。现在，大人，我们无能为力了，嫩芽已经冻僵，我们没有东西可以播种，也没有什么可吃的。你们这些领主还没有解决我们双方之间的问题，这样下去，我们要饿死了（编号361，约1380—1400年）。

这些在城外拥有土地的诺夫哥罗德富人与农民或其管家之间的这种直接书信往来是桦树皮短笺的重要组成部分。事实上，正如吉尔伯特·德·兰诺伊指出的那样：

在上述城市中有许多大领主，人们称他们为波雅尔。有这样一个市民，他拥有两百里格[1]长的土地，富有而强大，令人惊叹[40]。

---

[1] lieue，古代海洋和陆地测量单位，但各国不一致，法国的一里格约合4公里。——译者注

记载在桦树皮上最长的文件是一份遗嘱（或遗嘱草案），包括两张桦树皮（编号 519 和编号 520），大约写于 1400—1410 年。一个叫摩西伊（Moisseï）的人留下了他的财产，这些财产是通过分家而得到的：城里的一栋房子和位于伊尔门湖与普斯科夫之间的舍隆河边的几间小住所。摩西伊可能是一位富有的农民或小市民。他为自己的未成年子女指定了监护人，规定如果他们在他之前死亡，可以重新分配他们的份额，然后说明了每块地的地契由谁保管："有关维奇科沃（Vychkovo）的地契由圣埃利亚（Saint-Élie）的牧师尤里（格奥尔基）保管，有关索斯纳（Sosna）的地契则由塔拉西亚（Tarassia）的孩子们保管。"他还总结道：

> 我对任何人都不亏欠，除了我的灵魂欠上帝。上帝为我作证，我的忏悔神甫，圣尼古拉斯的迪奥梅德（Diomède）神甫和圣母玛利亚的奥福诺斯（Ofonos）神甫也为我作证。

卷在遗嘱里的是另一张桦树皮（编号 521），由另一个人所写，依次是对小偷的控诉、两份欠谷物清单，以及一句让人联想到色情交易而非一个好父亲遗愿的话："愿感受到你的心、你的身体以及你的灵魂，为我和我的身体而燃烧。"然而，这让人大跌眼镜的句子不是个例。

诺夫哥罗德的日复一日

编年史记载了由火灾、洪水和政治动荡造成的自然灾害和物价飞涨时期。1128 年冬天，由于食品价格暴涨，人们吃椴树叶、桦树皮、用杵碾碎的木浆，还有糠秕和麦秸。尸体堆积在街道和广场上，不得不雇人把尸体抬到城外，但恶臭味让人无法搬运[41]。1215 年，素食菜单与上述植物类食物大致相同[42]。1230年，人们只能吃当时的宗教戒律里不洁的肉：马肉、狗肉、猫肉，甚至是人肉。再一次，尸体不得不被匆忙地埋入乱葬岗 [skoudelnitsa][43]。编年史作者以一种病态的狂热密切关注物价的飞涨：

> 所有食品在市场上都涨价了：面包、肉和鱼，从那时起，它们就一直很贵。买 1 个面包要 2 张貂皮，1 斗黑麦要 3 格里夫纳，1 斗小麦要 5 格里夫纳，1 斗小米要 7 格里夫纳，这种情况已持续了三年[44]。

火灾有时比忏悔更能激起低贱的本能。1291 年，两名被指控在市场区"抢劫"的"捣蛋鬼"被从桥上扔了下去[45]。1340 年，一场大火造成了严重的破坏：

> 在市场区的圣母教堂，一名牧师被烧死了，但也有人说他是因为遭抢劫而被杀的；的确，整个教堂都被烧毁了，圣像和书籍无一幸免，而火却没有烧到他的一根头发，而所

有的物品被洗劫一空 [46]。

1342 年的大火达到前所未有的规模，民众不得不去乡下避难，或住在沃尔霍夫河上的船里：

> 大火从诺夫哥罗德的丹斯拉夫利亚街（Danslavlia）（位于内
> 雷沃区北部）开始燃烧，沿着河岸蔓延至护城河，一直到
> 圣四十（殉道士）教堂和圣科斯马和达米安教堂（Saints-
> Côme-et-Damien）。三座教堂被烧毁：圣尼古拉斯教堂、圣
> 雅各石制教堂（那里的看守殒命，一个名叫埃西夫·达维多
> 维奇［Esif Davydovitch］的好人被烧死了），还有圣乔治教
> 堂，毁坏严重。人们开始害怕，不再敢住在城里，有些人
> 住在田间，有些人住在被洪水淹没的草地里，还有些人住
> 在河边的船上。可以看到整个城市的人都在逃离，他们逃
> 了整整一个星期甚至更久，由于不敬畏上帝的恶人，人们
> 遭受了许多挫折和损失。主教、修道院院长和牧师们有了
> 宣布斋戒的想法，他们带着十字架在各个修道院和教堂之
> 间奔波，走遍了整个城市，祈祷上帝和他最纯洁的母亲不
> 要迁怒于普罗大众 [47]。

大火肆虐期间爆发了大瘟疫。它于 1346 年从克里米亚开始，首先蔓延至西部，并在 1348 年大范围肆虐。它于 1352 年传播至普斯科夫和诺夫哥罗德，并迅速蔓延开来：

民众接二连三地死亡，沉重而突然，从圣母日到复活节期间，无数平民丧生。这次瘟疫导致死亡的迹象如下：一个人咯血，三天后死亡[48]。

1405 年，大火从平民区的圣约翰街蔓延开来，烧毁了普鲁士街，并在城堡继续肆虐，一直到主教宫：

大火烧毁了 5 座木制教堂和 12 座石制教堂，圣鲍里斯和格列布教堂被彻底烧毁，30 人死亡。邑吏瓦西里·伊万诺维奇（Vassili Ivanovitch）在穿上修士袍后丧生[49]。

火灾和洪水导致的或权贵所要求的城市建设和重建，都会给日常生活带来干扰。直到叶卡捷琳娜二世时期，木材一直是主要的原材料，尽管可以追溯到 11 世纪的最古老的石制建筑仍屹立不倒（圣索菲亚大教堂的部分建筑和其他一些教堂）。显贵的公馆围绕着一个院子而建，栅栏后面将住宅、谷仓、棚屋和工匠作坊集中在一起，后三个建筑通常是附属建筑。整个建筑群会有一个瞭望塔。

桦树皮还记载了更私人化的内容：内心的痛苦、家庭暴力、乏味的写作学习和儿童绘画。毫无疑问，许多桦树皮都是女性写的，就像这张不幸只有零星几句的短笺：

你对我有什么不满，不来找我？我把你当兄弟一样对待。

我已经厌倦了寄给你（信），我知道你不喜欢我给你写信，因为如果你喜欢这样，你就会把注意力（从别处）转移到这封信上，然后赶紧来找我了……如果我的疯狂使你厌烦，如果你嘲笑我是一个可怜的人，上帝会审判你，我也会审判你（编号752，约1100—1120年）。

结婚安排有时只需通知父母同意：

伊安卡（Ianka）和塞利阿塔（Seliata）向雅丽娜（Iarina）问好。孩子想要举行你盼望的结婚仪式，他会在节日期间举行。我求你快点过来。我已经向他保证我会赞同，（这样就）像你之前告诉他的那样：当你来的时候，在同一天，我会主持结婚仪式。如果你那里没有面纱，就买一个送来。哪里有我的仪式，哪里就有你（编号731，约1160—1180年）。

但结婚程序也可以是简单明示的：

（上）米卢沙（Miloucha）致马雷纳（Marena）。大辫子姑娘与斯诺维德（Snovid）结婚。（左下）马伦卡（Marenka）已验处子之身。（右下）米卢沙写道：请付昨天的两个格里夫纳（编号955，约1140—1160年）。

可以了解到，媒人米卢沙成功地让斯诺维德娶了一个年轻的女孩，也就是大辫子姑娘，她可能是马雷纳的女儿，马雷纳也叫

桦树皮：婚姻缔结和生育愿望（1140—1160 年）

马伦卡（昵称）。因此，米卢沙要求支付给自己介绍费，两个格里夫纳就达成了生育的愿望。

婚姻不一定是幸福的，这仍然是一个女人告诉我们的信息：

> 费弗罗尼娅（Fevronia）流着泪问候菲利克斯（Félix）。我的女婿打了我，把我赶出了家门。你是让我进城，还是你自己来这里？我被打了（编号 415，约 1340—1360 年）。

吉尔伯特·德·兰诺伊喜欢用会引起文化误解或别出心裁的语句来强调某种婚姻交易：

> 城里有个市场，男人们在那里买卖妻子，交易的钱用来抵付租金，但我们这些虔诚的基督徒此生都不敢这样做。通过这种交易，可以用妻子换 1 到 2 个银锭，如果对方同意偿付 [soulte]。[50]

在家庭争吵中，人们会说"粗话"（正如中世纪法国的法律文件所记载的）。例如，约 1200—1220 年（编号 531），安娜要求她的兄长克利米亚塔（Klimiata）对科斯尼亚丁（Kosniatin）提出控诉，科斯尼亚丁在一起担保借贷事务中称她为"荡妇"[kourva]，称她的女儿为"妓女"[bliad]，这使得因科斯尼亚丁公开侮辱安娜而感到羞辱的费德（安娜的丈夫）差点杀了她。安娜要求提供证人，如果有人证明她有轻浮的行为，她同意被逐出家门："那我就不再是你的妹妹。"

在一封内容更污秽的信中，一个叫奇尔特斯（Chiltse）的人（这个昵称让人联想到鞋匠的锥子）被指控虐待动物（或恋兽癖?），这损害了他所在地区的声誉：

> 吉罗奇科（Jirotchko）和特科（Techko）致弗多温（Vdovin）。告诉奇尔特斯：你为什么要调戏别人的猪？诺兹德尔卡（Nozdrka）已将此事传开。你让整个地区蒙羞。有一封从河对岸寄来的信，是关于马的，说你对它们做了同样的事（编号 954，约 1100—1120 年）[51]。

在 13 世纪 40 至 60 年代，小昂芬（Onfime）学会了写字，并喜欢在他手边的任何东西上画画。一个破旧的篮子底部是他的玩具，并挂在他的宠物脖子上，上面写着："昂芬向达尼洛（Danilo）问好，我是一只野兽。"（编号 199）他在桦树皮上抄写字母表或音节（编号 200、201、204 和 206），祈祷："主啊，帮助你的仆人昂芬。"（编号 203）他的画描绘的是步行或骑马

小昂芬的写作练习和绘画（1240—1260 年）

195

的人和划船的桨手[52]。

2000 年，人们发现了一块用于书写练习的涂蜡的木板。在蜡层上，写着《诗篇》（*Psautier*）中的诗句：这就是人们通常开始学习写字的方式，因为诗篇已经通过祭礼为人们所熟知。在蜡层下，研究人员试图破译尖刀在木头上留下的几层连续的文字。结果有时让人怀疑，因为他们声称已经破译了多达 16 层的文字。

对这些信件已经比较熟悉的人可以休息一下，正如我们在这张神秘的短笺上看到的那样，简短的文字分栏排列，共两行："一个傻瓜写的，一个傻瓜说的，读它的人……"（编号 46，约 1320—1340 年）。

涂蜡的木板，用于书写练习（1000—1030 年）

桦树皮使用的便捷性甚至吸引了那些不会讲罗斯语的人。人们发现了一张用西里尔字母写的桦树皮，但用芬兰语或卡累利阿语书写，这似乎是一种防雷电的咒语（编号 292，约 1240—1260 年）。在日耳曼公馆的遗址上发现了一

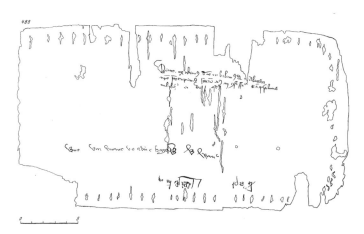

拉丁文书写的祈祷文，该桦树皮在日耳曼公馆的遗址上被发现（1380—1400 年）

张拉丁文的短笺，包含一封圣周星期一的邀请函《诗篇》95 [94]。它可能是邀请参加礼拜的，包括一个关于 vir（男人）、virtus（能力）和 vox（声音）这三个词的文字游戏：

> 来啊，我们要向耶和华歌唱，向我们的救主欢呼。让我们在忏悔中注视他的面容，用诗篇向他欢呼。男人。男性。能力。声音。主对圣母玛利亚的赞美诗。诗行。天选之人来吧。圣约书。四月初一福音第三讲（编号 488，约 1380—1400 年）[1]。

---

[1] 原文此处是拉丁文：Venit[e], ex(s)ultem[us] d(omi)no, iubilemus de[os]alutari n(ost)ro, p(rae)ocupem (us) facie(m) ei(us) in (con)fessi[(one)] (et) i(n) psalmis iubile[(mus)]. Viro. Viri. Virtute. Voce. D(omi)ne H(ymnus) M(ari)a V(irgo). V(ersus). Weni e(lecta). Libri testament sancti. *Kalendae aprilis lectiones III ewangelii* [n° 488, v. 1380—1400]。——译者注

诺夫哥罗德是一座金钱之城、贸易之城，也是一座文字之城，包括爱的文字。这座罗斯中世纪的城市在向我们娓娓道来它的故事。我们可以听到街头巷尾的声音，把握城市的脉搏，知悉住在城里的男人、女人和孩子们的名字，漫步在木制的人行道上，而在其他地方，不管哪里，我们只能听到些许王公骑行的马蹄声。此外，诺夫哥罗德，通常被称为"圣索菲亚之故乡"，是罗斯东正教的圣地之一，是一流的文化和艺术中心。

注释

1. 《原始城市中心》，第338页。

2. 参见第五章。

3. GVNP，第28条。在罗斯文献中，提到了各种类型的船只：boussa（NPL，第246、411页）或chneka，人们就此认识了一个斯堪的纳维亚词，在法国的诺曼方言中是esnèque（NPL，第26、31、39、212、219、230、293、325、412、448页）。但最常见的词是lodia或lodka，意思是普通的船。

4. 1229年斯摩棱斯克、里加和哥特兰之间签订的条约，伊凡诺夫和库兹涅科夫2009，第532、548、567、586页。

5. 原文：NPL，第508—509、559—560页，译文：埃克1933，第476—478页；皮雷纳1930，第563—566；塞夫特尔1963，第267—280页。

6. 参见第一章。

7. GVNP，第 28 和 29 条。亚宁 1991，第 81—84 页。

8. 1301 年，诺夫哥罗德确认了和平，而处于战争中的瑞典人则可能会封锁涅瓦河口。GVNP，第 33 条。亚宁 1991，第 86 页。

9.《斯摩棱斯克协定》，第 10—13、20—52 页。

10. GVNP，第 28 条。

11. GVNP，第 29 条。

12. GVNP，第 30 条；亚宁 1991，第 84 页。

13. GVNP，第 31 条；亚宁 1991，第 84 页。

14. GVNP，第 34 条；亚宁 1991，第 86 页，时间为 1301—1302 年。拉脱维亚国家历史档案馆拥有这份文件的当代纸质副本。这是一份记载在桦树皮上的最古老的罗斯语文件。

15. GVNP，第 41 条；亚宁 1991，第 93—94 页。

16. GVNP，第 332 条（14 世纪初），第 36 条（约 1299—1300 年），第 40 条（1338 年 5 月 17 日），第 44 条（1370—1371 年），第 45 条（1373 年 9 月 29 日），第 47 条（1396 年 1 月 6 日）；亚宁 1991，第 84—85、90—95、98。

17. GVNP，第 41 条（1342 年 1 月 6 日）；亚宁 1991，第 91—92 页。

18. NPL，第 368 页，拜占庭纪年 6871。

19. GVNP，第 46 条，亚宁 1991，第 97 页。约翰·尼布尔是来自吕贝克的使节，当时条约的副本上标有"尼布尔和约"（*Nyeburs vrede*）的字样。

20. GVNP，第 49—51、53—62、64—69、75 条；亚宁 1991，第 94—112 页。

21. GVNP，第 66 条，亚宁 1991，第 111 页。

22. AZR，第一卷，1846，第 75 条；《衰落》（*Recesse*），第 136 条；

亚宁 1991，第 121—123 页。

23. GVNP，第 63 条，亚宁 1991，第 177 页。

24. GVNP，第 70 条，亚宁 1991，第 177 页。

25. 有些人认为这个词的词源是斯拉夫语，但它更有可能来自古斯堪的纳维亚语 skrá，意思是鞣制的皮革、羊皮纸和书。瓦斯默 1971，第 3 卷，第 656 页。

26. 所有的版本，参见施吕特 1911。

27. NPL，第 384 页，拜占庭纪年 6899。

28. 韦策尔和霍瓦尔德 2010；布鲁克 2001，第 97—136 页。

29. 蒂贝格 1995.

30. AZR，第一卷，第 112 条，亚宁 1991，第 123 页。

31. PSRL，第 12 卷，第 239 页，拜占庭纪年 7003。

32. 蒂贝格 1995，第 48 页。

33. http://gramoty.ru；扎利兹尼亚克 1995；德克尔 2018；沙肯 2019；沃多夫 1966 和 1981。

34. 沃多夫 1966，第 203—213 页。

35. 吉尔伯特·德·兰诺伊，第 33 页。

36. 索特尼科娃 1957，第 54—59 页；卡门塞娃和乌斯秋戈夫 1975，第 64—65 页；亚宁 2001，第 143—147 页。

37. NPL，第 38、229 页，拜占庭纪年 6695。

38. NPL，第 51、248 页，拜占庭纪年 6717。

39. 另一种译文："来吧，老爷，看看你的嫩芽，给我们没有腐烂的种子。"

40. 吉尔伯特·德·兰诺伊，第 33 页。

41. NPL，第 22、206，拜占庭纪年 6636。

42. NPL，第 54、253 页，拜占庭纪年 6723，第 69—70 页，拜占庭纪年 6738（公元 1230）。

43. NPL，第 70—71、279 页，拜占庭纪年 6738。

44. NPL，第 66、271 页，拜占庭纪年 6736（公元 1228）。

45. NPL，第 327 页，拜占庭纪年 6799。

46. NPL，第 352 页，拜占庭纪年 6848。

47. NPL，第 355 页，拜占庭纪年 6850。

48. NPL，第 363 页，拜占庭纪年 6860。直到 1427 年，瘟疫仍在罗斯肆虐。

49. NPL，第 398 页，拜占庭纪年 6913。

50. 吉尔伯特·德·兰诺伊，第 33—34 页。

51. 亚宁和扎利兹尼亚克 2006。

52. 沃多夫 1966，第 215 页；《罗斯维京人》，第 123—125 页。

第五章

宗教、知识和艺术生活：北方的索菲亚

诺夫哥罗德最负盛名的是大教堂和主教。其他能体现身份地位的地标是城墙内外的大修道院，以及街区的教堂。抄写员和专业画家通常是神职人员，他们是编年史和圣徒生平、壁画和圣像的作者，有时至少可以部分追溯他们的职业生涯。至于工匠则大多是匿名的。他们是世俗之人，他们的作品丰富多彩：武器和珠宝，护身符和十字架，青铜龙和木马。同样，许多世俗之人也写作，尤其是写在桦树皮上。这些作品比其他任何地方的都更能再现一个伟大的中世纪罗斯城市的生活。

领主式主教

这是一个具有公社主权的自由城市，有一个如同他们君主一样的主教。这个城市与罗斯国所有其他罗斯人都保持着联系，范围非常大，他们信仰基督教，像希腊人一样。在这座城市里有三个中心和五十个教堂。河边有城堡，那里

> 是圣索菲亚大教堂的所在地，据说主教就住在那里……我
> 在城里待了9天，主教每天都派30个人到我这来，送面包、
> 马车、鱼肉、干草、燕麦、麦芽酒和蜂蜜[1]。

吉尔伯特·德·兰诺伊的描述非常精确。诺夫哥罗德既是一个
与其遥远的姐妹佛兰德斯相似的公社，也是一个教会领地，由
一位教会领主统治。它是罗斯东正教的第二大据点，仅次于罗
斯教会领袖都主教的居住地：1299年之前在基辅，然后是克利
亚济马河畔弗拉基米尔，最后，从1328年开始，是莫斯科。
即使在被吞并之后，诺夫哥罗德仍保持着第二名的地位。

诺夫哥罗德主教区的创建日期无法确定。据推测，它紧随
基辅受洗（988年）和罗斯都主教区的创建（约998年）之
后。根据传统，第一位主教是赫尔松的约阿希姆（Joachim de
Cherson），他"夷平了异教神殿，把佩伦（的偶像）砍成碎片，
并下令扔进沃尔霍夫河"；据说他死于1030年[2]。他还以编著
所谓的编年史而闻名，但这很可能是历史学家瓦西里·塔季舍
夫（Vassili Tatichtchev）的杜撰[3]。据说他的弟子以弗伦（Ephrem）
继承了他的衣钵。更有力的证明来自路加·吉迪亚塔（Luc
Jidiata，1036—1059或1060年），他的一篇讲道是当地教牧关
怀最古老的见证。尼西塔斯（Nicétas，约1096—1109年）来
自著名的基辅洞穴修道院。《基辅洞穴修士志》（*Le Paterikon
des Grottes de Kiev*，约1225年）为了纪念这个社区最受尊敬
的修道士，专门为他写了一章。具有讽刺意味的是，尼西塔斯

被他的禁欲主义冲昏了头脑，不顾修道院长的警告，决定在自己的小屋里完全隐居。一个天使般的恶魔说服他停止祈祷，只专注于阅读，很快他就成了《旧约》的权威，像是一位先知，但拒绝听讲《新约》。他的兄弟们猜到是魔鬼左右了他，就把他赶出去了。尼西塔斯忘记了他所知道的一切，但这并没有阻止他成为一名优秀的主教，并在诺夫哥罗德一场大火肆虐时通过祈祷降下雨水[4]。

从 12 世纪中叶开始，诺夫哥罗德的主教由民众选举产生，而在其他地方，主教由王公甄选。然而，选举之后必须举行教会授职仪式，而且只能由都主教在至少两名主教的协助下进行。后来程序逐步完善，人们从三位在本市提名的荣誉候选人中抽签决定。被选中的人被庄严地带到主教宫的寓所里，然后等待都主教的访问，或者必须去拜访他[5]。对 15 世纪最后一批当选的主教来说，访问莫斯科变得至关重要[6]。

阿卡德（Arcade，1156—1163 年）是第一位当选的主教：

> 全城人民聚集在一起，他们同意任命一位由上帝拣选的圣人为主教，他名叫阿卡德[7]。

正是从阿卡德的继任者约翰（1165—1186 年）开始，诺夫哥罗德的主教才有了大主教的头衔。1589 年罗斯牧首辖区建立时，大主教被提升为都主教。这个大主教纯粹是一个荣誉头衔：他没有主教管辖区。但这个头衔排在教会等级体系的第二位。

他是一位真正的公民捍卫者，或者更确切地说，是这座城市的特权代祷者，如果发生冲突，他负责与基辅王公，后来是莫斯科大公进行谈判。因此，他可能会因为自己的行为受到指控或由于王公对这座城市表示不满而被扣押一段时间。例如，由于仆从杜迪卡（Doudika）诽谤，路加·吉迪亚塔于 1055 年被传唤到基辅，三年后洗清所有的嫌疑才得以回来。诽谤者被砍掉了鼻子和双手，逃到了"日耳曼人那里"[8]。1131 年至 1156年的主教尼丰（Niphôn）是一位不知疲倦的旅行者。1147年，在基辅，尼丰是反对主教团自行推选都主教的人之一，这给发起这一程序的伊贾斯拉夫·姆斯季斯拉维奇（Iziaslav Mstislavitch）带来了一些麻烦。尼丰于 1148 年前往苏兹达尔，与伊贾斯拉夫·姆斯季斯拉维奇的叔叔和竞争对手尤里·多尔戈鲁基（Yuri Dolgoruki）合作。次年，他被伊贾斯拉夫·姆斯季斯拉维奇传唤到基辅扣留。但尤里·多尔戈鲁基驱逐了自己的侄子，并在几个月后释放了尼丰。1154 年，尼丰再次前往苏兹达尔，邀请多尔戈鲁基的一个儿子成为诺夫哥罗德的王公。尼丰于 1156 年去基辅拜见新的都主教君士坦丁时去世，也可能是因为他与信徒们关系不融洽。《诺夫哥罗德第一编年史》讲述了尼丰被指控在"掠夺"圣索菲亚大教堂后逃往君士坦丁堡的故事，但此书也为他辩护，强调了他在诺夫哥罗德大教堂、普斯科夫和拉多加所做的重要工作。这些成就是不是代价太高了？尼丰被埋葬在基辅洞穴修道院，他在那里而非他的大教堂里接受了剃度。编年史的结论是，上帝剥夺了城市居民从坟墓中得到的安慰，以惩罚他们的罪恶[9]。

在 12 世纪下半叶，主教一职由诺夫哥罗德人把持，邑吏和千夫长也是如此。约翰一世（1165—1186 年）和格里高利（1186—1193 年）两兄弟相继成为大主教。他们也是城市的建造者。随着时间的推移，诺夫哥罗德的主教们都或多或少地享有神圣的声誉，但约翰的声誉因诺夫哥罗德的两个爱国主义传说而得到加强，这两个传说恰好与当地的特色相吻合。

当安德烈·博戈柳布斯基建立的联盟围攻诺夫哥罗德时（1169—1170 年冬），约翰是大主教。有个关于上帝之母圣像奇迹的故事 [Bogomater Znamenié][10]，说的是当约翰在夜间祈祷时，一个声音对他说："你去圣埃利亚街的圣救世主教堂，把圣母像请来放在城墙上，面对敌人。"但约翰犯了一个错误，派一名教士代替他去，而圣像拒绝移动。事实上，在拜占庭的传统中，圣像会自主行动或不动。当约翰亲自来迎接时，圣母像就让自己动了起来，在城市里四处游走。一个奇迹很快发生，使不虔敬的人（信仰东正教的罗斯人）感到困惑：

> 他们把圣像抬到城墙上，也就是现在德贾蒂纳（街）圣母修道院所在的地方。诺夫哥罗德人站在栅栏后面，不敢战斗，只不停哭泣，每个人都看到自己的灭亡即将到来，因为苏兹达尔人已经把不同城区的街道都瓜分了。到了第六

个小时（中午），罗斯军队的所有人[11]都开始向这座城市发起进攻。他们拔出箭来，像倾盆大雨。然后，在神之旨意影响下，圣像转向城市，大主教看到她留下了眼泪，洒在了自己的长袍上。多么伟大而可骇的奇迹啊！干燥的木头怎么可能流泪呢？这不是眼泪，而是她仁慈的神迹，这是神圣的上帝之母为我们的城市向她的儿子——我们的上帝祈祷，不要让敌人伤害这座城。

然后，由于圣母的祈祷，天主我们的上帝对我们的城市很温柔：他向罗斯的所有军团发怒，黑暗笼罩着他们，就像摩西身上发生的那样——上帝带领犹太人穿过红海时大海吞没了法老。同样的，那些被吓得瑟瑟发抖的人，一个个都瞎了眼，开始自相残杀。看到这个情形，诺夫哥罗德人冲到平原，杀死了一些人，活捉了其他人。

从那时起，苏兹达尔的荣耀和荣誉被夺走，而诺夫哥罗德则在圣狄奥托科斯（Théotokos）的祈祷下得到了拯救。神圣的大主教约翰设立了一个欢乐的节日，整个诺夫哥罗德都开始庆祝，所有的诺夫哥罗德人，男人、女人和孩子，都在庆祝神圣的上帝之母的光辉神迹[12]。

神奇的圣像[13]可以追溯到 12 世纪。圣母被描绘成半身像，祈祷着，基督坐在她的脚跟上。这种类型被复制了很多次，在诺夫哥罗德成了一种特殊的崇拜对象，后来在整个罗斯都是如此。

圣母像，诺夫哥罗德博物馆

约翰的另一个神迹是强迫一个魔鬼背着他去耶路撒冷待了一晚。因此，约翰能够参观圣墓并迅速返回圣索菲亚大教堂。诺夫哥罗德人对圣地非常感兴趣，并且试图按照这个形象塑造他们的城市，但在这个故事中，寓言般的曲折让我们瞥见了当地政治和宗教生活的一些细节。约翰答应恶魔不会透露是如何奴役他的，但约翰无意中破坏了这个约定。于是恶魔可以任意复仇。他以一个无耻女人的形象出现，在主教宫的走廊里多次出现在信徒的眼前，仿佛是从约翰的寓所里出来，并留下了女性的装饰。不久，大主教被指控通奸。人群冲进他的房子，像对待基督一样把他绑起来侮辱，把他拖到木筏上带到很远的地方。羞辱的判决取代了从大桥扔下去的简单处决。但是，约翰坚忍地站立着，小船开始沿着沃尔霍夫河逆行，到达圣格奥尔基修道院，这是城墙外最重要的修道院之一。人们意识到他们做错了，于是忏悔[14]。关于主教道德的谣言，无论是否有根据，都会流传，就像在西方的拉丁教会中有大量关于修道士的民间传说一样。

在 13 世纪的前三分之一，大主教的宝座，就像帕萨德尼克的职位一样，有时会有争议。多布里尼亚·亚德里科维奇（Dobrynia Iadreïkovitch）是一位才华横溢的人物，但他的野心很快就引发了混乱。1200 年左右，他去了君士坦丁堡，对那里的古迹尤其是圣索菲亚大教堂的描述极其细致，重点强调了该教堂的仪式举行、遗物展示和其他特点[15]。现在，它是珍贵的资料来源，因为它描述了君士坦丁堡在 1204 年被十字军洗劫之前的所有辉煌，其记录目的是为了在诺夫哥罗德及其大教堂里重现同样的仪式。这些记录也有助于树立多布里尼亚在自己教众中的声誉。此外，他还"从沙皇格勒[1]带回了主的坟

---

[1]　Tsargrad，当时罗斯人把君士坦丁堡叫做沙皇格勒，意为恺撒之城或者皇帝之城。——译者注

墓"。据推测，这是圣墓的遗物，或者可能是在不同时期制作的缩小模型。

多布里尼亚在库廷（Khoutyn）的圣瓦拉姆（Saint-Barlaam）修道院当修士，化名安东尼。他受到同胞和"勇者"姆斯季斯拉夫王公的喜爱。就在 1211 年 1 月 22 日，爆发了一场骚乱。1199 年获选的大主教老米特罗法内（Mitrophane）平静地领导着他的教众，突然被指控犯有（未指明）不当行为而被废黜并遭到流放，还不能为自己辩护。安东尼立即被选为继任者，并被派往基辅，在那里由都主教授予圣职。回来后，他把米特罗法内在其府邸里建造的教堂献给了圣安东尼[16]。

然而，米特罗法内仍然有支持者。编年史家解释说，他"高兴地"忍受着流亡，就像金口约翰（Jean Chrysostome）或阿格里真托的格雷戈里（Grégoire d'Agrigente）一样，这两位著名的主教都受到了不公正指控。1220 年 3 月 17 日，米特罗法内在"由上帝和圣索菲亚证明其公义"后返回诺夫哥罗德；然而，安东尼受到了都主教的"荣誉"对待，都主教还给了他一个空缺的职位，即普热梅希尔（Przemyśl）主教的职位[17]。这种完全史无前例的妥协相当不合规范。米特罗法内于 1223 年 7 月 3 日去世，被埋葬在圣索菲亚大教堂，人们在那里祈求他的保佑。"同一天"，他被库廷圣瓦拉姆修道院一位名叫阿尔塞纳（Arsène）的可敬的修道士取代。这种匆忙是否暴露了想要阻止安东尼回来的担忧？无论如何，争端又重新点燃了。1225

年，"安东尼大主教从普热梅希尔返回诺夫哥罗德即位，诺夫哥罗德人对他们的这位主教感到满意。"[18] 1228年春，安东尼"自愿"退居圣瓦拉姆，阿尔塞纳再次上位；然而，在秋天，平民起义反对阿尔塞纳，指责他从王公那里买下了主教职位并驱逐了安东尼。他们说，正是因为他，高温才没有下降。阿尔塞纳受到粗暴对待，被迫回到圣瓦拉姆，而安东尼则重返教席[19]。然而，他的权力似乎被削弱了，因为有两个人被安排在他身边，很可能是为了协助他。第二年，王公告诉谓彻，由于上帝对安东尼"施加了惩罚"，需要一位新主教。然后他们选了一个叫斯皮里登（Spiridon）的人。安东尼于1232年10月8日去世，其讣告声明，这位"有福的大主教"在六年七个月零九天里一直是哑巴（也可能是聋子）[20]。

《诺夫哥罗德编年史》早期版本可识别的第一部分在不久之后即1234年结束。这一时刻可以认为标志着城市历史意识的出现，表明自1136年以来，城市发展出了自己的政治生活方式。这种意识在1238年得到了加强，诺夫哥罗德奇迹般地躲过了蒙古人的袭击，后来又在涅瓦河（1240年）和佩普西湖（1242年）取得了胜利，尽管亚历山大·涅夫斯基认为这一荣耀归于他。

莫伊兹（Moïse）也曾两次担任大主教。他于1324年当选，却在1330年不顾大家的要求退居修道院。格里高利·卡利卡（Grigori Kalika）是奴隶街圣科斯马和达米安（Saints-Côme-et-Damien）教区的神父。成为瓦西里大主教后，格里高利以堪称楷模的奉献精神履行了自己的职责。1352 年，格里高利被召唤到普斯科夫试图抵御大瘟疫，但于 7 月 3 日在返回的途中去世。在这种戏剧性的情形下，莫伊兹同意继续履行大主教一职七年，然后再次退隐[21]。在其他情况下，主教的离去既是自发的，也是决定性的：阿列克谢于 1386 年担任主教，近三十年后退休，赐福给他的教徒们，送出诚挚祝愿。约翰在任职二十七年后，于 1414 年效仿行事[22]。

瓦西里·卡利卡是一位孜孜不倦的建造者和优秀的外交家，也是一位作家。在他的主教任期内（1330—1352 年），《诺夫哥罗德第一编年史》的旧版得以完成，这是当地历史的基础。此外，他还亲自给特维尔主教狄奥多写了一封信，在信中他肯定了人间天堂的存在[23]。为了支持他的论点，他引用了《创世纪》中关于创世的叙述和许多伪经的内容，以及他在圣地亲眼看到的基督受难的不可磨灭的痕迹，显然他曾在那里停留过。最重要的是，他提到了"他在诺夫哥罗德的孩子们"的目击者证词。他们中的许多人在"呼吸海"（北冰洋）上航行时，会听到咬牙切齿的声音，看到一条永不眠的巨龙，以及一天三次消失并重新浮现的莫格（Morg）石油河。对他们来说这将是苦难之地的入口，瓦西里也这么认为。更切实的解释是，这是墨西哥湾流的诗意化描述，这股暖流一直延伸到白海。此外，民间传说在北极光中看到蛇或龙，芬兰人的传说中还看到"狐狸火"或"红狐尾巴"[24]。

瓦西里声称，"人间天堂"是由诺夫哥罗德人莫伊斯拉夫（Moislav）及其子雅科夫（Iakov）率领的探险队发现的。他们出发时有三艘大船，后来毁了一艘，另外两艘折腾了很长时间，才最终得见巍巍高山。他们看到山顶出现一个巨大的代祷像［Déésis］（展现基督被圣母和施洗约翰围在中间的形象），涂成最尊贵的天蓝色，"*不是由人创造，而是由上帝的恩典创造*"。太阳没有显现，但这个地方独特的光线多次折射使他们眼花缭乱，他们听到了歌声和欢呼声。他们派了一个探查员爬上斜坡，想看看那上面有什么，但当他到达山顶时，他大笑起来，走向另一边，再也没有回来。第二个也是如此。他们派了第三个人上去，在他的脚上绑了一根绳子，但当他到顶上查看时，他挣扎着，试图逃脱，居然死了，什么也没能告诉他们。于是他们决定返回，不再探个究竟。但据瓦西里说，他们活着回来了，还带着他们的儿孙。这个传奇故事无疑部分反映了拉普兰崎岖海岸沿海航行的现实，并且可以描述类似于北极光的发光现象。16 世纪初访问罗斯的西格蒙德·冯·赫伯斯坦（Sigismund von Herberstein）对"在冰冷的大海中航行"给出了类似的描述："*沿着右边的海岸，他们看到那里有高耸而陡峭的山脉。*"[25] 瓦西里的书信是对罗斯基督教的精神研究和诺夫哥罗德水手来之不易的经历的双重见证。

15 世纪最杰出的人物是尤西米乌斯二世（Euthyme Ⅱ，1429—1458 年）。按照约翰一世和瓦西里·卡利卡的路线，他建造或重建了大量的教堂，并加固了德蒂涅茨。他也是东正教的捍卫者，反对从君士坦丁堡派来促进与罗马共融谈判的都主教伊西多尔（Isidore）。1437 年夏天，伊西多尔抵达罗斯后不久，尤西米乌斯二世前往莫斯科，到了秋天，伊西多尔与庞大的罗斯代表团一起在诺夫哥罗德停留了七个星期，该代表团将前往参加费拉拉的主教会议。尤西米乌斯与阿索斯山的修士们有联系，阿索斯山是东正教不屈的堡垒，并渗透着希腊圣人格里高利乌斯·帕拉马斯（Gregoire Palamas）的精神，后者是伟大的宗教理论家之一，死于 1359 年，更喜欢通过内心的沉默和神秘的幻象与天空直接接触。他给诺夫哥罗德带来了一位才华横溢的圣徒传记作家塞尔维亚人帕乔米乌斯。然而，他并不是不受西方的影响，因为他曾邀请日耳曼人建造他的宫殿，还在那里安装了一个时钟，这是罗斯的第一个时钟。另一方面，伊西多尔是一位优秀的东正教神学家，也是一位人文主义者，对天文学持开放态度，对地理很好奇，读过荷马、索福克勒斯和西塞罗的书。他在意大利的一位匿名的随从写了一本旅行日记，记录了他对西方技术创新的真诚好奇和钦佩[26]。

亲希腊的罗斯人尤西米乌斯可能对伊西多尔这位亲拉丁的希腊都主教的做法感到担忧，但 1437 年的编年史对此没有任何记载，1438 年在人们的观望中过去了。当伊西多尔于 1440 年返回，并宣布于 1439 年 6 月 6 日在佛罗伦萨达成共融时，两位主教之间完全决裂。从 1439 年开始，尤西米乌斯委托编写的手稿中，没有一个序言提到在位的大公，也没有提到都主教。根据编年史记载，1439 年 10 月 4 日，一块石头从圣索菲亚大教堂的拱顶上掉下来，打碎了地板，大主教约翰的遗体露了出来，但仍然完好无损。通过这一奇迹，过去的伟大人物表现出了他们的圣洁以及拒绝与拉丁人共融的立场[27]。次年，尤西米乌斯本人开始寻找诺夫哥罗德另一位标志性圣人即库廷的瓦拉姆的遗物，并欢迎苏兹达尔的谢苗——费拉拉－佛罗伦萨代表团的成员之一，其在被迫加入共融后退出了共融。

1410—1440年是诺夫哥罗德编年史写作最富有成效的时期。在此期间，帕萨德尼克名录的初稿（约1409年）、《马格努斯的遗训》（*Testament de Magnus*，1411—1413年）、《卡拉姆津的诺夫哥罗德编年史》（*Chronique novgorodienne de Karamzine*，1418—1419年）相继出版。新版《第一编年史》完成（1439年），而《第四编年史》的第一部分（1420—1437年和1437—1447年）也同时完成[28]。莫斯科大公瓦西里二世对佛罗伦萨共融的拒绝，伊西多尔的逃亡（1442年），以及之后尤纳斯的当选（1448年），都证明尤西米乌斯是正确的。1449年，尤西米乌斯接待了逃亡中的德米特里·切米亚卡（Dimitri Chémiaka）及其家人，而此人是瓦西里二世的竞争对手，这再次生动地展示了尤西米乌斯的自主性。但他也见证了1456年诺夫哥罗德第一次向莫斯科卑躬屈膝；事实上，正是他与瓦西里二世进行了和平谈判[29]。

甚至在尤西米乌斯二世和伊西多尔发生冲突之前，主教之间的关系就经常紧张。任命大主教的都主教有权访问教会，在此期间，他可以裁定教会的事务并获取收入。但他并不总是受到欢迎。因此，在 1391 年，都主教西普里安（Cyprien）有权享受奢华的接待，但是由于城市居民的誓言，他被剥夺了裁判的权利。他徒劳地提议赦免他们，随后愤然离开[30]。平心而论，诺夫哥罗德大主教在试图以主教身份访问普斯科夫时经常遇到同样的阻力。普斯科夫人甚至试图拥有自己的主教，尽管徒劳[31]。

在与西普里安的争端中，诺夫哥罗德直接向拜占庭牧首区提出上诉，但被要求遵守秩序。然而，君士坦丁堡有时会直接与诺夫哥罗德的主教联系并派遣使者。1354 年，莫伊兹从牧首那里得到了一个装饰着十字架的白色祭披 [Polystaurion]，这似乎赋予了他一定的相对于都主教的自治权。然而，他的继任者阿列克谢并不享有同样的特权[32]。这一事件促成了"诺夫哥罗德白帽"神话的诞生，这是历史文集的一部分，证明了从罗马到君士坦丁堡再到罗斯的"帝国转移"[translatio imperii] 的想法[33]。这个故事是在 1478 年吞并之后撰写的，其主要目的是防止诺夫哥罗德教会的财产被没收。但这种方法在当时收效甚微。但是，为了展现莫斯科的莫大荣耀，需要找回这段历史。

白帽 [bely klobouk] 是君士坦丁大帝在通过洗礼治愈溃疡后，作为一种荣誉授予教宗西尔维斯特（Sylvestre）的。教宗们一直保留着这个神圣的头饰，直到他们在查理曼和教宗福慕（Formose）的时代"陷入异端"。福慕正准备毁掉白帽时，一

位天使出现在他面前，并命令他把这个他不配拥有的东西送到
君士坦丁堡尤维纳尔（Juvénal）牧首（另一版本说是菲洛修斯
[Philothée]）那里。牧首获得另一个异象的警示，要他将帽
子交给诺夫哥罗德的瓦西里（卡利卡）大主教。当瓦西里在圣
索菲亚大教堂戴上白帽时，一个声音从圆顶下的基督救世主圣
像中响起，并祝福他。从那时起，诺夫哥罗德的主教才有戴白
帽的特权，而其他罗斯主教的帽子是黑色的。这一例外随后将
扩展到都主教区。

虽然历史的目的是美化罗斯东正教，但它也充满了拉丁文
化的要素。人们可以从《君士坦丁赠与书》（*Donation de
Constantin*）[1]中辨认出一些拉丁借词，有时是字面上的借词，
这是一部著名的 8 世纪伪拉丁著作，流传至今。白帽流传的灵
感来自于圣西尔维斯特的头饰，其在 14 世纪和 15 世纪流转了
多处，然后于 1485 年在罗马被盗。人们对故事的可能作者和
写作日期提出了几个假设。一些人认为它是在 15 世纪末在根
纳德大主教（1484—1504 年）的领导下写成的，这与一个有
争议的传统有关。另一些人认为这是在 1564 年的教会会议之
后，当时人们对这种白色头饰的合法性提出了质疑。

诺夫哥罗德大主教并没有在 1478 年消失，但他的情况发生了

---

[1]　中世纪最著名和最重要的伪造文件，据称记录了罗马皇帝君士坦丁大帝
　　将大片领土、精神和世俗权力授予教皇西尔维斯特一世（314—335 年在
　　位）及其继任者。——译者注

巨大变化。狄奥菲勒斯（Théophile），这座城市的最后一位民选大主教，于 1480 年被伊凡三世废黜并被拘留；他最终于 1482 年 7 月退位。他的继任者谢尔盖（Serge）于 1483 年 7 月 17 日在莫斯科按照传统程序抽签选出。此外，谢尔盖是来自莫斯科的教士，并在谢尔盖圣三一修道院接受了剃度，这是靠近大公宫廷的修道院之一。他在伊凡三世派来的一名波雅尔、一名司库和一名秘书的陪同下到达。他被夹在这些笨拙的监护人和不想要他的诺夫哥罗德人之间，很快就陷入了一种抑郁之中，并于 1484 年 6 月 27 日退位。相对独立于莫斯科的《圣索菲亚大教堂第二编年史》（*Seconde chronique de Sainte-Sophie*）记载，诺夫哥罗德人"用黑魔法剥夺了他的理智，还说：是神奇的约翰，骑着恶魔，对他做了这件事。"[34] 由此，这座城市最受欢迎的圣人之一再次从坟墓中站起来保卫他的家人。

根纳德·冈佐夫（Gennade Gonzov，1484—1504 年）是莫斯科选出的新大主教，是他那个时代最伟大的教会人物之一。这位顽固的东正教徒率先与沃洛科拉姆斯克（Volokolamsk）修道院的院长约瑟夫一起谴责犹太教徒，这些从他的城市发展起来的犹太教徒被他视为异端。他与他们进行了激烈的战斗，尽管他们在大公的宫廷中享有受保护权。根纳德还努力通过开设学校来更好地培训自己的神职人员。最后还有很重要的一点是，他聚集了一个学术圈子，在 1499 年抄写了第一本完整的俄文《圣经》[35]。在此之前，《旧约》和《新约》的书卷是分开抄写的，用于礼仪或教学用途，如《诗篇》《新约全书》《福

音书》《使徒行传》《先知书》《帕利亚书》……根纳德在其《圣经》
书卷的正典中包含了斯拉夫传统中之前不为人知的卷册，由克
罗地亚多明我会的修士本雅明从拉丁语翻译过来，包括《历代
志》《以斯拉记》《尼希米记》《多俾亚传》《友弟德传》《智慧书》
《马卡比书》。圣杰罗姆（Jérôme）的序言和索邦大学博士尼古
拉斯·德·莱尔（Nicolas de Lyre，死于 1349 年）的注释也被
翻译出来并纳入了根纳德的圣经。尽管是个热心人，根纳德
还是在 1504 年被伊凡三世废黜，取而代之的是谢尔盖圣三一
修道院前院长塞拉皮翁（Sérapion），但其主教任期仅为三年
（1506—1509 年）。塞拉皮翁也被废黜，因为他与沃洛科拉姆
斯克的约瑟夫发生冲突，而后者得到了瓦西里三世的青睐。这
些阴谋表明大主教的地位岌岌可危，从此以后，大主教的任免
取决于莫斯科君主的喜好。

马卡里（Macaire，1526—1542 年）在塞拉皮翁被废黜而主教
位置长期空缺之后，被任命为诺夫哥罗德的主教。他的授职归
功于他没有反对瓦西里三世与其第一任妻子萨洛梅离婚——这
位莫斯科大公和萨洛梅没有孩子。瓦西里三世于 1526 年 1 月
与埃琳娜·格林斯卡娅（Elena Glinskaïa）再婚，后者于 1530
年诞下后来的伊凡雷帝。出于对君主的忠诚，马卡里非常重视
自己的教牧职责。他与迷信和其他异教的残余作斗争，并发起
了一项雄心勃勃的圣徒传记事业，即撰写《大纪事》（*Grand
Ménologe*，约 1530—1560 年），按照日历的顺序汇集了所有圣
徒的生活。许多文本是根据形势编写或修订的。大主教还监督

《诺夫哥罗德第四编年史》的撰写（约 1539 年）。1542 年 3 月，
在伊凡雷帝的一次宫廷革命中，马卡里成了都主教。如果说之
前他的上位让人怀有疑虑，那么他现在已可以胜任这项任务。
在他担任都主教期间（1542—1563 年），他彻底改革了罗斯教
会，并对伊凡雷帝产生了有益的影响。1547 年 1 月 16 日，正
是马卡里为年轻的大公加冕，伊凡雷帝从此成为俄罗斯历史上
第一位沙皇。

修道士、基督徒、忏悔者和异端

诺夫哥罗德的财富体现在城墙内外，尤其是城墙外方圆 30 公
里内的修道院的数量和种类上。

城南的圣格奥尔基（尤里耶夫 [Iouriev]）修道院最初是由一
位王公建造的。传说它可以追溯到"智者"雅罗斯拉夫，其洗
礼名是格奥尔基。他的曾孙姆斯季斯拉夫大帝和他的曾曾孙弗
谢沃洛德是十二世纪初的赞助人。1119 年，弗谢沃洛德开始
建造修道院的教堂[36]。大约在 1130 年，当时的基辅王公姆斯
季斯拉夫写了一封手谕给儿子弗谢沃洛德，慷慨授予儿子一项
特权，弗谢沃洛德以自己名义接受赠与。该文书表示送出布耶
茨的小块土地，连同税收（"贡品、赎罪税和婚姻税"）一并
赠与，作为对修会恳求的回应[37]。后来弗谢沃洛德·姆斯季斯
拉维奇可能于 1134 年在洛瓦季河边加建了一个洪泛区和一个

市镇，"有土地、居民、马匹、森林、蜂箱、池塘"，并下令划定圣格奥尔基修道院和附近圣救世主修道院的领地[38]。修道院里有几位王公的坟墓，从 12 世纪末开始，还有帕萨德尼克或他们子嗣的坟墓。与此同时，修道院在城市生活中获得了一个新的角色。1194 年，萨巴提奥斯（Sabbatios）被任命为圣格奥尔基修道院院长，直到 1226 年 4 月 16 日去世，他一直是修会的领袖，但他被尊为"诺夫哥罗德的大牧长"[39]。这一尊荣使他成为该市的执政官之一，也是大主教和谓彻的修道院系统代表。从 1226 年开始，诺夫哥罗德人自己选举大牧长。修道院院长通常在一生中都会保留他的职位，但大牧长的继任速度很快，尤其是在 14 世纪：他们的职能在很大程度上是政治性的。因此，在 1478 年被伊凡三世下令没收时，圣格奥尔基修道院尤其受影响也就不足为奇：他从修道院收走了一半的土地，多达 720 户 [obji][40]。

诺夫哥罗德北部，圣格奥尔基修道院的对面，在沃尔霍夫河的右岸，是救世主显圣容修道院，也被称为库廷的圣瓦拉姆修道院，在 15 世纪末的占地超过 612 户[41]。这是由私人建造的：1192 年，一个叫亚历克萨·米哈列维奇（Alexa Mikhalevitch）的人在该市下游建造了一座献给主显圣容节的教堂，加布里埃尔大主教将其祝圣，并赋予它修道院的地位。亚历克萨在那里

圣格奥尔基修道院，诺夫哥罗德大牧长的住所

以瓦拉姆的名字归隐[42]。《第一编年史》说他死于 1193 年，但后来又自相矛盾地提到他在 1207 年还活着。无论如何，最早在 1192 年，最晚在 1210 年，他列出了自家的财产："一块土地、一个菜园、鱼鸭网笼、还有牧场。"捐赠对象包括受抚养人："1）一个年轻人和他的妻子，2）沃洛斯，3）带着两个儿子的女儿费夫罗尼亚，4）内达奇，以及六匹马和一头牛。"

这份文件是俄罗斯保存最古老的羊皮纸私人契约。它使我们能够理解语言记录的功能性分布：具体的、实际的事务用诺夫哥罗德语书写，而更庄严的、精神的部分用更考究的语言来写。三分之二是用诺夫哥罗德方言写的，就像桦树皮的碎片一样。另外三分之一出自同一人，但用的是古老的罗斯语，与遗赠书相匹配的是一个警示条款：

> 凡被魔鬼驱使，被恶人引诱，想要从田地、草场或网笼中夺去任何东西的，愿圣救主在今生和来世作他的仇敌[43]。

瓦拉姆很快就广受欢迎[44]。关于他生平的最古老的手稿写于 1323 年之前。第二版手稿（约 1408—1438 年）将瓦西里一世的弟弟康斯坦丁·德米特里耶维奇王子（Constantin Dmitrievitch，

救世主显圣容修道院，即库廷的圣瓦拉姆修道院

卒于 1433 年）奇迹般的痊愈归功于瓦拉姆，这将对他的崇拜引入了莫斯科，并在那里发展。根据更晚的版本，瓦拉姆在将修道院长的职位交给从君士坦丁堡朝圣回来的安东尼后不久去世。

我们知道安东尼在 1211 年就登上了主教宝座，这使得他的修道院长任期可能只有几个月。然而，这两个人似乎相识，安东尼仍然与后来埋葬他的显圣容修道院有联系。他的竞争对手阿尔塞纳（Arsène）来自同一座修道院，但他们的对立在诺夫哥罗德引发了严重的骚乱。可怕的天气加剧了危机：从圣母升天节（8 月 15 日）到圣尼古拉斯节（12 月 6 日），日夜下雨，居民们对持续的高温怨声不迭。

这些情况可能是 16 世纪文献中传说的起源，这些传说赋予圣瓦拉姆预知气象的能力。根据其中一个传说，安东尼大主教在 5 月底或 6 月初邀请圣瓦拉姆，他答应乘雪橇去拜访。事实上，在约定的前一天，下雪了。另一个传说是在 1505 年，瓦拉姆从坟墓中出来，出现在圣器师塔莱斯面前，让他三次从修道院的屋顶上凝视城市。塔莱斯第一次看到伊尔门湖的水淹没了这座城市。第二次，天使向预先选定的受害者发射火光，而其他人则幸免于难。第三次，一团火落在诺夫哥罗德。每一次，塔莱斯都恳求瓦拉姆的祈祷，瓦拉姆为这座城市代祷，然后回到他的坟墓前。这一愿景比瘟疫和洪水的爆发早了一年，这场瘟疫和洪水实际上给这座城市造成了巨大的破坏。后来的一组画像（约 1700 年）展示了这一事件，确立了瓦拉姆作为守护神的声誉[45]。

圣瓦拉姆修道院虽然没有圣格奥尔基修道院富裕，但仍受到富人的青睐。在瓦拉姆的时代，一位叫普罗克查·马里切维奇（Prokcha Malychevitch）的贵族在生命的尽头归隐这里，后来他的儿子维亚切斯拉夫（Viatcheslav）也退隐到这[46]。修道院的修士中也有学者。最新版的《诺夫哥罗德第一编年史》的大部分主要手稿都是在 15 世纪 30 年代末或 40 年代抄写于圣瓦拉姆修道院[47]。

圣安东尼修道院位于诺夫哥罗德北部，在沃尔霍夫河右岸，1117 年首次载入史册，当时的院长安东尼用石头在修道院建造了圣母诞生教堂。该教堂在 1125 年绘上壁画，然后安东尼在 1127 年建造了一座石制膳房。然而，1131 年的告示表明，安东尼直到那一年才被尼丰大主教（1131—1156 年）任命为院长。安东尼死于 1147 年[48]。这个安东尼在诺夫哥罗德人的崇拜中被称为罗马人安东尼。他的传记可追溯到 1570—1580 年，文中说，这位隐士奇迹般地从罗马来到诺夫哥罗德，在 1105 年或 1106 年圣母诞生日（9 月 8 日）从空中坐着岩石而来；飘在他身后的是一个装满财富的桶。据说他受到了尼西塔斯主教（约 1096—1109 年）的庄严欢迎。安东尼的遗嘱保存在 16 世纪的副本中，提到了他与尼西塔斯的关系[49]。这份文件的真实性颇受争议，安东尼对修道院的捐赠可能是假的[50]。

库廷的圣瓦拉姆修道院中的人物画像

在所有的假设中，最有可能的是安东尼来自外地，但更多的是
来自基辅，很可能就来自洞穴修道院。这可以解释主教尼西塔
斯和尼丰的支持，他们都是之前洞穴修道院的修士，这也可以
解释约翰一世（1110—1130 年）的敌意，据说他拒绝任命安
东尼为修道院院长。

离圣安东尼修道院不远的是狐狸山 [Lissitsa gora] 上的圣母诞生修道院，在沃尔霍夫河的右岸，略偏东北。它建于 14 世纪，其石制教堂建于 1393 年。其修会参与了《诺夫哥罗德志》的起草工作；尤西米乌斯二世大主教也在此发迹[51]。

克洛普斯科（Klopsko）的圣三一修道院位于诺夫哥罗德以南 20 公里处，在维里亚哈河（Veriaja）流入伊尔门湖的地方。圣三一修道院规模不大，土地很少，建于 14 世纪末或 15 世纪初。它的名声要归功于一位圣愚[1]米哈伊尔。圣愚出现在东方，然后到了拜占庭，是个疯子，也是个备受争议的圣人，以更高智慧的名义质疑尘世的等级制度和社会规范。圣愚的原型是君士坦丁堡的安德烈，也被称为"愚者"安德烈，其生平（10 世纪中叶至 11 世纪初）非常受欢迎，在斯拉夫语版本中广为人知。根据《基辅洞穴修士志》所载，一些修士已经自愿为了基督而癫狂，甚至暴露在蔑视和殴打之下，例如"隐者"伊萨克[52]。

据传，克洛普斯科的米哈伊尔在 1408 年或 1412 年突然出现在他修道院的墙壁上，并在 1456 年至 1458 年间去世。当莫斯科王公德米特里·伊凡诺维奇·顿斯科伊（Dimitri Ivanovitch Donskoï）的儿子康斯坦丁王公见到米哈伊尔时，认出他是自

---

[1]　le fol-en-Christ，字面意思是"为了基督的缘故而愚痴"。圣愚通常是浑身污垢、半疯、半裸体的游民，脚上甚至套着脚镣。他们有些人几乎不能言语，其声音却被解释成神谕。——译者注

己的一位"亲戚",并称他为米哈伊尔·马克西莫维奇(Michel Maximovitch)。据说米哈伊尔是莫斯科宫廷贵族德米特里·米哈伊洛维奇·博布洛克–沃伦斯基(Dimitri Mikhaïlovitch Bobrok-Volynski)和德米特里·顿斯科伊的妹妹安娜的儿子[53]。他遵循自己的规则,随心所欲地出现和消失,回答问题或嘲笑问题,驯化自然,让泉水喷涌而出,或者让驯鹿像狗一样跟着他。他也站出来反对权贵和统治者。当帕萨德尼克格里高利·基里洛维奇(Grigori Kirillovitch)来威胁在他家门口钓鱼的兄弟们,或者他们的牲畜有时来他的土地上吃草时,他会毫不犹豫地反击:"你会失去胳膊和腿,你无法逃脱溺水的危险!"预言成真了:在与修士们的一场混战中,格里高利差点淹死,他被送到修道院,瘫痪了。米哈伊尔禁止为其康复念经祈祷。他要求这位帕萨德尼克在返回圣三一修道院之前参观该地区的所有修道院。格里高利必须执行:一年多来,他参观了所有的圣所,但还不能复原。只有在这段忏悔期结束时,他才被允许进入圣三一修道院。然后,人们举行仪式庆祝他可以恢复活动自己的胳膊和腿,但米哈伊尔警告说:"谁参加争斗,上帝就摧毁谁!"

这种与强权的对抗不仅仅是一种神圣化的陈词滥调。克洛普斯科的圣三一修道院和诺夫哥罗德的精英之间显然存在敌意。1421年,圣三一修道院的院长狄奥多西被选为大主教,但没有获得都主教的授职,而诺夫哥罗德则饱受饥荒和瘟疫的困扰[54]。两年后,狄奥多西被送回他的修道院,由尤西米乌斯一世取代。之后，米哈伊尔的预测带有更多的政治色彩。他（可能是在 1449 年）宣称德米特里·切米亚卡找到的不是大公的宝座，而是"一座三肘高的坟墓"。他还宣告尤西米乌斯二世将不得不去莫斯科乞求最高统治者[55]。这两个预言都应验了。这位圣人扮演了一种卡珊德拉[1]的角色，预言了诺夫哥罗德的沦陷，但并不特别后悔。他的传记正好可以追溯到 1478—1479年，那时米哈伊尔的预言实现了。第二次编撰是在 15 世纪 90年代，第三次是在 1537 年，由大主教马卡里委托。1547 年，米哈伊尔被列入"新圣徒"名单，被提议受整个罗斯教会所敬拜，当时的马卡里已经是都主教。

如果圣愚是一个必要的抗议者，在任何情况下都可以被容忍，那么异端就并非如此。到 14 世纪末，罗斯教会在教义上几乎完全和平。然而，教士们通过各种迷信行为，反复指责异教的残余。他们还谈到了"双重信仰"，这个表达可以指基督教实践和古老信仰的融合，也可以是拉丁和希腊仪式的融合。

从这个角度来看，诺夫哥罗德仍然是一个享有特权的前哨。《基里克的问题》（*Voprochanié Kirikovo*）是一本忏悔者手册，可追溯到 1136 年，以尼丰主教和三名教士之间的对话形式写成，其中一名教士基里克是圣安东尼修道院的执事和内侍

---

[1]　希腊神话中特洛伊的预言家，向特洛伊人警告木马将导致特洛伊灭亡但却不被相信。——编者注

[*domestikos*] [56]。这些问题是具体的，答案证明了主教的经验。对于每一项罪，告解应与罪人的过错和年龄相称，要给予适当的怜悯。如果一个信徒在圣餐后呕吐，必须考虑他是喝醉了还是生病了而惩罚不同。如果年轻人在没有祝福他们结合的情况下过着婚姻生活，如果父母把生病的孩子带到术士或土医那里而非教区神父那里，如果一个被遗弃的妻子或未婚妻试图在男人不知情的情况下让他喝洗澡水来重新赢得他的眷顾……神父都必须始终根据情况作出判断，并在重犯时表现得更加严厉……

同年，即 1136 年，基里克写了一篇诺夫哥罗德"政治革命"，这是一本年代志，还有一本《数字教学》（*Enseignement sur les nombres*），后者是俄罗斯最古老的数学和天文学论著。在整个中世纪，罗斯人无视罗马和阿拉伯数字，用西里尔字母来表示单位，包括几十和几百。一千用单位字母辅以一个特殊符号表示，但基本系统没有超出一千这个范围。基里克试图超越这些限制。他给出了准确计算时间、月份和年份的明确指示，为非常大的数字（从 1 万开始）发明了新的符号，并适度地将这些知识应用到自己的个人情况中：

> 从我出生到现在是 26 年，312 个月，1350 周零 4 天，等于 9500 天减去 3 天，一共 113960 小时的白天和同等时长的夜 [57]。

他提出的计算很可能是用算盘完成的，直到20世纪，俄罗斯人都在使用算盘。

普通信徒对东正教信仰的内化再次反映在桦树皮这一日常表达的首选载体上。然而，这些桦树皮所验证的宗教经历并不总是完全符合教会的要求，也证明了一些令任何优秀的精修圣人都会感到惊讶的做法。第419号文件（约1280—1300年）是一本小的祈祷手册，由四张纸组合而成，上面写着复活节守夜期间背诵的复活经文：

【第1页】敬耶稣基督，当我们安息在上帝怀里时。哦，主啊，祝福你，父啊，接受我们的晚祷，神圣的主，并赦免

【第2页】我们的罪，因为只有你向世界展示了复活。

【第3页】弟兄姊妹们，包围锡安，绕着转圈，荣耀归于在锡安中从死里复活的人，因为他是

【第4页】我们的上帝，他把我们从罪孽中拯救出来。来吧，弟兄姊妹们，让我们歌唱和敬拜

【第5页】基督，让他的神圣复活闪耀荣光，因为他是我们的上帝，拯救我们脱离我们的过错。

【第6页】由于你的激情，我们从激情中解脱出来，由于你的复活，

【第7页】我们免于腐朽。主啊，荣耀归于你！ [58]

有些树皮刻有抵御发烧的符咒，其措辞或多或少是东正教式

的，因为它呼告圣母或天使，但偏爱西迦勒（Sichaël，也叫撒迦勒Sachiel），基路伯[1]体系中的大天使，他在正典中没有出现，只在某些伪经中出现：

> 西迦勒，西迦勒，西迦勒，天使，天使，主的天使，叫三次（？）天使的名字（？）。（在文件的左侧，有一个希腊十字架和"耶稣基督战胜一切"的字样）（第734号，约1140—1160年）。基督复活了。祂用自己的死亡战胜了死亡。天使西迦勒，天使西迦勒，天使西迦勒。上帝把你赶出去了，生病了，发烧了！（第1022号，约1160—1180年）三次九天使，三次九大天使，凭着上帝之母的祈祷，将上帝的仆人米哈伊尔从发烧中解救出来（第715号，约1220—1240年）。

西迦勒广受欢迎的现象，可以追溯到12世纪，并在15世纪延续，当时一个寓言故事把他和西辛纽斯（Sisinnius，西辛尼[Sisinii]）放在一起。他们站在西奈山顶，看见"七个头发蓬松的女人"从海里冒出来，这是他们努力对抗的恶性发烧的化身（第930号，约1400—1410年）。

除了纯粹的迷信，有两种真正的异端在诺夫哥罗德发展。1375年，有文献在讲述了乌什库尼基强盗的表现之后，第一次非常随意地提到了斯特里戈尔尼克派（Strigolniks）：

---

[1]　意译为"智天使"。基督教神学传统中的高位阶天使。——编者注

同年，异端的斯特里戈尔尼克派中的米基塔执事和"傻瓜"卡普以及与他俩在一起的第三个人被殴打：这些破坏神圣信仰的人从桥上被扔下来[59]。

一些教会书信也抨击这些异端，特别是出自都主教佛提乌（Photius）或彼尔姆的斯特凡的书信，后者是乌拉尔地区的传教士主教，与诺夫哥罗德大主教有联系。斯特里戈尔尼克这个词的词源翻译暗示了"剪毛者"的意思[1]，但没有人确切知道他们剪的什么毛。一个世纪后，沃洛科拉姆斯克的约瑟夫（Joseph de Volokolamsk）声称，卡普是一名剃头匠，来自普斯科夫，他总传播异端教义，直到苏兹达尔的主教丹尼斯遭到君士坦丁堡牧首的明确谴责[60]。

约瑟夫之所以对斯特里戈尔尼克派感兴趣，是为了使他对犹太人的伟大调查更加深入，以及进一步谴责这种影响要大得多的教派发展的新趋势。在苏联时期及其之前，这些持不同政见者的故事让研究人员着迷，对官方东正教的任何质疑都被视为进步的标志，特别是发生在文艺复兴和宗教改革时期的，因为这表明罗斯以自己的方式参与了当时影响西欧的思想热潮。但最近的发现证明，这场罗斯运动与犹太千禧年思潮之间确实存在联系[61]。

---

[1] 俄语 Strigol'nik，字面意思是剪毛者；类似于古斯拉夫语 strišti，意为切割、剪断，源于该教派领袖为新皈依者剪头发之举。——译者注

沃洛科拉姆斯克的约瑟夫声称，在 1471 年，一个叫沙里亚的人把诺夫哥罗德神职人员中的几名教士变成了异端，对基督教教义的要点（基督的神性、三位一体的统一和不可分割性、对偶像的崇拜）提出了质疑，并坚持摩西律法的规定。1478 年后，一些被驱逐到莫斯科的异端，受到高级教士和伊凡三世的长子伊凡·伊万诺维奇之妻摩尔多瓦的埃琳娜的随从效仿。大公自己也被蛊惑了一段时间后才回归东正教。1490 年，伊凡·伊万诺维奇突然去世，摩尔多瓦的埃琳娜及其子德米特里的派系与伊凡三世的第二任妻子索菲亚·巴列奥略（Sophie Paléologue）的派系之间发生了一场争夺王位继承人的斗争。然而，根据东正教所遵循的拜占庭历法计算，第七个千年将于 1491 年 9 月 1 日结束。用来计算复活节日期的表册就停在这个年份……

沃洛科拉姆斯克的约瑟夫的叙述，即使是出于为了彻底击败他的敌人的目的，也不乏根据。沙里亚不是别人，正是基辅的犹太学者撒迦利亚·本·亚哈伦·哈科恩（Zecharia ben Aharon ha-kohen），他认为弥赛亚的到来将发生在根据犹太历法创世之后的 5250 年（即公元 1490 年），并将导致外邦人的皈依。因此，异端是两种千禧年主义相遇的结果。约瑟夫在 1490 年谴责犹太教徒，呼吁在西班牙模式上建立一个罗斯宗教裁判所，并在根纳德当选诺夫哥罗德大主教时得到其支持。1494 年，他们成功地驱逐了都主教佐西姆斯（Zosime），但其他异端仍然受到保护。1502 年，摩尔多瓦的埃琳娜及其子在王位继承斗争中失败并被监禁。两年后，约瑟夫设法将少数顽固分子烧死在火刑柱上。犹太教的诱惑触动了一个原本非常喜欢偶像的城市。

圣像画家、细密画画家和抄写员

油画和小彩画是诺夫哥罗德遗产的一大亮点。宗教画像严格遵守拜占庭教规。很难确定谁是艺术家，因为他很少在自己的作品上签名，不像抄写员有时会出现在手稿的版本中。但诺夫哥罗德的一种方式很快就被认出来了。最著名和最古老的作品与王公、主教或他们的亲信有关。《奥斯特罗米尔福音》[62]（*L'Évangéliaire d'Ostromir*）是东斯拉夫最古老的手稿，上面标着年份（1056 年 /1057 年），是为当时的基辅王公伊贾斯拉夫·雅罗斯拉维奇派去守护诺夫哥罗德公位的帕萨德尼克奥斯特罗米尔创作的。这份享有盛名的手稿可能是在基辅抄录的，有四整页展现福音传道者的细密画（其中一幅现在已经丢失），作者是一位才华横溢的拜占庭艺术家。手稿为 294 页对开本，无可挑剔，五百多个章节的首字母装饰有动物形态和拟人化的图案。据推测，它是为彼时刚刚完工的诺夫哥罗德圣索菲亚大教堂设计。

《姆斯季斯拉夫福音》[63]（*L'Évangéliaire de Mstislav*, 12 世纪初）四幅插图的画家一定熟悉《奥斯特罗米尔福音》，因为在这两

《奥斯特罗米尔福音》(1056 年 /1057 年)

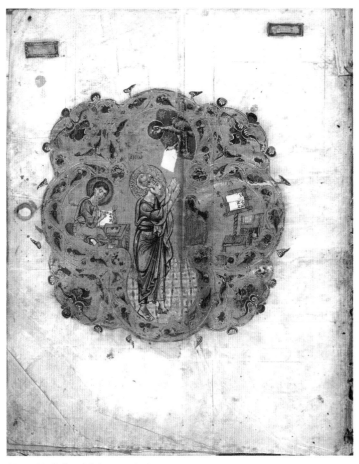

《姆斯季斯拉夫福音》（12世纪初）

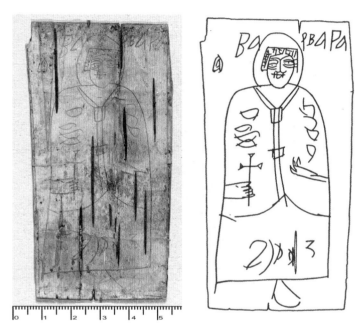

圣芭芭拉，最古老的桦树皮作品之一（约 1030 年）

份手稿上使徒约翰的细密画几乎是一样的。然而，这一由姆斯季斯拉夫·弗拉基米罗维奇大帝（1087 年至 1117 年间的诺夫哥罗德王公）委托制作的手抄本中对比更鲜明的颜色和线条也让人联想到诺夫哥罗德的壁画，以至于人们认为这位艺术家是本地人。这本书还有一个华丽的银色装帧，封面装饰着君士坦丁堡制造的宝石；1551 年，它被都主教马卡里委托完成的同样宝贵的手抄本所取代[64]。此外，似乎没有根据认为 12 世纪末或 13 世纪初精美的弥撒经书来自库廷的瓦拉姆[65]，因为它更有可能来自加利西亚－沃里尼亚（Galicie-Volhynie）[66]。两幅 12 世纪的圣母像画揭示了其赞助者身份可能更低微。第一副画中的圣母像保存在诺夫哥罗德博物馆，画背面是彼得和娜塔莉；第二副画中的圣母像由 P. D. 科林（Korine）收藏，画背面是一位殉道者，也许是朱利安[67]。

桦树皮上最古老的作品之一是一幅风格幼稚的圣像，一边是圣芭芭拉，另一边是救世主（编号：915-I，约 1030 年）。作品的趣味性首先在于"雕刻者"（可能是孩子？）对他试图复制的模型的熟悉程度：毕竟，当时距离罗斯受洗只有大约四十年的时间。一个半世纪后，当地的圣像市场很热闹。为之注入活力的艺术家中有一个叫格雷钦（Gretchine）的人，可以理解为"希腊人"，以一个事件年表和大约二十片显示其名字的桦树皮而闻名，其中一片名字显示为奥利塞·格雷钦（Olisei Gretchine，希腊人以利沙）。它们是在圣三一教堂（城市西南，左岸）的挖掘现场发现的，在一个画家的店铺里，那里仍保留着一些彩色的碎片和圣像的金属涂层[68]。

> 神父问候希腊人（格雷钦）：给我画两个六翼的天使，放在代祷像[Déésis]上面的两个小图标上。我向你致敬。上帝(将是)奖赏的担保人，或者我们可以二者兼得（第549号，约1180—1200年）。

> 神父米纳致希腊人（格雷钦）：带着圣像一起去圣彼得教堂（第558号，约1180—1200年）。

> 6704年（1196年）……马蒂罗斯大主教在门上画了圣母教堂，画家是希腊人（格雷钦）彼得罗维奇[69]。

13世纪和14世纪开始了一个新的发展阶段，当时古罗斯的中心（基辅、切尔尼戈夫、加利西亚、弗拉基米尔–苏兹达尔或罗斯托夫）因蒙古入侵而黯然失色，而莫斯科和特维尔尚未继任。诺夫哥罗德、普斯科夫和斯摩棱斯克是完全幸免于1238—1240年灾难的最大的三个城市。在1238年至1261年的《诺夫哥罗德第一编年史》中，教堂和其他大型建筑的建造似乎有所中断，但建筑传统并没有被打破。内雷迪察（Nereditsa）修道院的壁画描绘了其主人雅罗斯拉夫·弗谢沃洛多维奇王公，是在他于1246年去世时创作的[70]。

现存的13世纪和14世纪的圣像要么是孤立的作品，要么是整

圣尼古拉斯圣像，源自圣灵修道院（13 世纪中叶）

体中仍然微不足道的一部分，因为圣像墙作为完全隔开中殿和唱诗班的画像墙，那时才刚刚形成。圣像墙主要呈现一排当地的圣像组 [mestny riad] 在代祷像一边，被放置在基督的两侧，由圣母和施洗约翰包围，或者置于节庆周期之中。最古老的圣像是 13 世纪中叶的圣尼古拉斯，来自圣灵修道院[71]。这个半身像塑造了祷告中的尼古拉斯，头两边是对称的大天使米迦勒和加百列。其他几位圣人被刻在浮雕或盆架上：登塔者西蒙、鲍里斯、格列布、阿塔纳斯、阿尼西姆、尤多西娅、叶卡捷琳娜和其他女圣人。订购这些圣像的赞助人可能来自富裕的家庭。虽然不能确定，但估计是帕萨德尼克塞门·鲍里索维奇。从 1219 年到 1230 年，他和弟弟格列布都是斯拉夫诺区的实权人物，后者的妻子 1238 年时还健在[72]。

诺夫哥罗德风格的特点是严肃，与其他中心城市的稀有作品形成鲜明对比[73]。因此，诺夫哥罗德地区（13 世纪下半叶）克雷斯奇村威严的救世主[74]是坐在一个装饰华丽的宝座上，有一个靠背、一个大垫子和宽大的装饰，但其姿势端庄，目光坚毅，他周围的圣徒有某种静态的统一[75]。相反，来自罗斯托夫或雅罗斯拉夫流派（13 世纪晚期）的托尔加（Tolga）圣母[76]则在与孩子的关系中流露出更多的温情。她的衣服褶皱、精心设计的宝座和坐垫以及宁静和谐的构图与色彩都使人联想到意大利作品[77]。《西门的诗篇》（*Psautier de Simon*，1270 年）[78]似乎比奥斯特罗米尔和姆斯季斯拉夫的福音书华丽得多。的确，西门只是圣乔治修道院的一个修士，而抄写员只是一个神父的

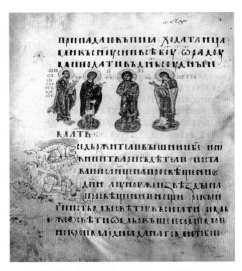

《西门的诗篇》，代祷像和"狂热者"西门（约 1300 年）

儿子。然而，手抄本上有美丽的动物首字母和四位福音书作者的肖像。其中约翰的肖像是根据委托人要求"个性化"的：抄写员所抄根据口述记录福音作者讲话的不是像往常一样的伯罗哥罗（Prochore），而是圣西门。1300 年左右，西门委托圣乔治修道院的另一位抄写员完成《诗篇》[79]，并在其中将"狂热者"西门绘在代祷像旁边[80]。

鲍里斯和格列布的全身圣像，可能是在 1305 年左右，为德蒂涅茨内[81]两个殉教王子的教堂而画，其仍然带有古板和僵硬的痕迹。然而，某些面部特征表明创作者熟悉巴列奥略时期的拜占庭绘画潮流[82]。相比之下，木匠区的圣鲍里斯和格列布教堂的圣像（大约在 1377 年完成）[83]，表现了同样的殉道者在马背上的样子，其明快的风格更符合巴列奥略后期的风格[84]。然而，在 1378 年，这个流派的大师之一，希腊人狄奥法尼斯（Théophane）来到诺夫哥罗德装饰圣埃利亚街的救世主显圣容教堂。他在君士坦丁堡已经很有名了，是罗斯人圣像艺术的主

骑马的圣鲍里斯和格列布，诺夫哥罗德博物馆（约 1377 年）

要灵感来源。他以一种严厉说教的方式，以赭色为主，在穹顶上装饰了一个带着指责表情的全能基督，还有俯视信徒的柱头修士墙，以及一个非常阳刚的三位一体圣像，由中央天使伸出的翅膀占据了主导地位，既是保护，又是威胁。令人赞叹的是，他的三位一体圣像往往与安德烈·卢布廖夫（André Roublev，约1422—1427年）的三位一体圣像相对立。后者的色调更女性化，将三者画在一个完美的圆圈内，暗示着三个实体的完全统一和对神性的更自信的看法[85]。1405年，狄奥法尼斯和安德烈一起参与了莫斯科克里姆林宫天使报喜大教堂的装饰。《西尔维斯特文集》（*Recueil de Sylvestre*）（RGADA[1]手稿53）可能是在14世纪末抄写的，它提供了鲍里斯和格列布王公殉难故事的唯一彩绘版（17副微缩画），然后是亚伯拉罕的传记（5副微缩画）。这位画家没有希腊人狄奥法尼斯的天赋，但他知道如何以一种引人注目的方式呈现这些事情，就像在第128张的反面，刺客们把鲍里斯王公的帽子交给"恶棍"斯维亚托波尔克，作为他们刚刚谋杀王公的证据[86]。

到了15世纪，诺夫哥罗德与莫斯科的艺术交流日益加强。在这两个城市，人们都能感受到受神秘主义者帕拉马斯（palamite）启发的精神和美学研究的影响[87]。都主教彼得

---

[1]　RGADA 为俄语 Rossiiskii gosudarstvennyi arkhiv drevnikh aktov 的首字母缩写，英文全称为 Russian State Archive of Ancient Documents，即俄罗斯国家古代文献档案馆。——译者注

希腊人狄奥法尼斯绘制的柱头修士们（1378 年）

（1307—1326 年）来自加利西亚，但与莫斯科王朝关系密切，他自己也是一位圣像画家。都主教西普里安在经历了许多磨难之后，在 1389 年至 1406 年间领导罗斯教会，他是保加利亚人，对雅典的修会有很深的了解；他通过强制使用耶路撒冷的《礼仪典章》（*Typikon*）[1] 来改革罗斯的礼拜仪式 88；

---

[1]　东政教的礼仪书籍，规定了东正教修会中的生活祈祷规范。——编者注

希腊人狄奥法尼斯绘制的圣三一画像（1378年）

1170年由于圣母显现的奇迹而赢得对苏兹达尔人的战斗是两幅
著名圣像的主题[89]。第一幅绘于15世纪中叶，来自伊尔门湖畔
库里茨科村的休眠教堂[90]，该教堂位于莫斯科军队前往诺夫哥
罗德的路线之一。它相当大（133×90厘米），分为三层。

安德烈·卢布廖夫绘制的圣三一画像（约 1422—1427 年）

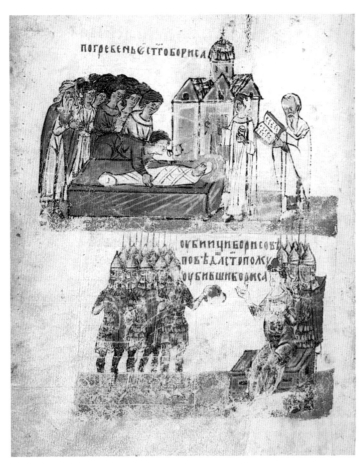

西尔维斯特文集。鲍里斯的葬礼，刺客向斯维亚托波尔克报告（14世纪末）

上面一层生动地描绘了约翰大主教带领的游行队伍，他们把圣像从圣埃利亚街的显圣容教堂带到圣索菲亚大教堂。较低的两层由一座防御塔连接在一起，描绘了诺夫哥罗德人徒劳地尝试和解，以及苏兹达尔人向圣像投下的箭雨，圣像被钉在城墙上，然后诺夫哥罗德人在三个戴着面纱的人物（鲍里斯和格列布，可能还有格奥尔基）带领下有力出击，击败他们的敌人。

第二幅圣像（第 253 页）可以追溯到 15 世纪下半叶，可能最初位于内雷沃区以北丹斯拉夫利亚街（Danslavlia）科耶夫尼基（Kojevniki）的圣德米特里教堂[91]。事实上，丹斯拉夫·拉祖蒂尼奇（Danslav Lazutinich）是 1170 年战役的英雄之一，该街道就是以他的名字命名的。该像也分为三层，尺寸更大（165×120 厘米），创作者更有才华。在上层，游行队伍沿着桥形的美丽木质便道行进。在下层，诺夫哥罗德人得到了从天而降的天使长米迦勒和骑马的圣人战士的帮助：鲍里斯、格列布、格奥尔基，可能还有亚历山大·涅夫斯基，他的存在是不合时宜的，但人们希望，在面对莫斯科可能的攻击时，他能产生威慑作用……

最常见的主题之一是代祷像，无论是在单个的圣像上还是在一排圣像的系列墙板上（见第 255 页）。1467 年（或 1487 年）

1170 年诺夫哥罗德人对苏兹达尔人的战斗（15 世纪下半叶）

的代祷像，来自科耶夫尼基教堂 [92]，分为相等的两个部分 [93]。正如人们所期望的那样，最上面的是威严的基督，两边分别是圣母和施洗约翰、天使长加百列和米迦勒，以及使徒彼得和保罗。在下层画了九个"上帝的仆人为他们的罪孽祈祷"，这九个人指定为"格里高利、玛丽亚、雅科夫、斯特凡、埃夫塞、蒂莫菲、奥尔菲姆和他们的孩子"。男人们光着头，除了最年轻者以外都留着胡子，穿着颜色鲜艳的长袍和皮衣，穿着高筒靴；女人穿着棕色的皮衣和红色的长裙，戴着白色的面纱。其中两个捐赠者可能是 1411 年击败瑞典人的沃伊沃德（队长）格里高利·博格达诺维奇（Grigori Bogdanovitch）和雅科夫·斯捷潘诺维奇（Iakov Stepanovitch）。这里没有肖像，就像扬·凡·艾克(Jan van Eyck)的名画《圣母与大臣罗林》(1435年）一样，捐赠者仍然被限在代祷像的下层，但他们是以真人呈现的，而不是通过他们的守护圣人代表；如果他们的城市及其大家族的古老自由持续下去，也许诺夫哥罗德的艺术家会走得更远。

来自圣索菲亚大教堂圣物室的二十四块木板系列，现在分散在几个博物馆和收藏馆中，也是 15 世纪末的作品 [94]。它们的大小相似（约 24×19.5 厘米），在节日当天，它们轮流在讲坛上展示。木板的背面也有圣人，根据他们的纪念日期或其他关联进行分组（通常为三组）。因此，其中一幅图像将告解神父查里顿、库廷的瓦拉姆和拉多涅日的谢尔盖（Serge de Radonège）放在一起 [95]。最后一幅是两位圣徒的和解，一个是

代祷像，祈祷中的捐赠者（1467 年或 1487 年）

255

典型的诺夫哥罗德人，另一个与莫斯科王朝密切相关，是两个城市之间和解的标志。同时，1459 年，尤纳斯大主教在诺夫哥罗德的城堡门上建造了一座教堂，供奉拉多涅日的谢尔盖，在此之前，诺夫哥罗德人并不崇敬他，尽管他已经被视为莫斯科的主要保护者之一[96]。

实用艺术、民间艺术

诺夫哥罗德人的艺术产品非常丰富，从或多或少精致的服装或马具，到瓦西里·卡利卡委托制作的巨大青铜门，不一而足。使用的材料有木材、兽骨或海象牙、铁、铜、铅或锡、银和金、玻璃、琥珀、陶土、织物和皮革。

基督教的渗透是渐进的。早在 11 世纪就有人佩戴胸前十字架（石制或骨制），但直到 13 世纪才出现护身符[97]。经常雕刻的可能是多莫沃伊 [Domovoï] 的头像，这是房屋之灵。这些雕像相当小（5—9 厘米）。然而，一个 12 世纪中叶铅锡合金的佩伦神（存疑）尺寸达到 17 厘米[98]。从"野蛮人艺术"中传承下来的图案长期存在，特别是在织物上。其动物、拟人或混合图案被简化为几何图案，主要在鞭柄或手杖柄上，或在 13 世纪初的铃铛吊坠上出现两个背靠背熔接的马半身像[99]。许多日常生活用具，如汤匙、盐瓶、梳子，无论是骨制还是木制，都装饰有花卉或几何图案。珠宝、带扣和胸针、别针主要

多莫沃伊的头像，房屋之灵（左边头像出自 13 世纪末，右边出自 10 世纪下半叶）

鸟形的鞭柄（12 世纪初）

是金属材质，遵循相同的灵感[100]。

骨头被用来塑造可以随身携带的小偶像（2.7×3.3 厘米），就像十字架一样，还有描绘龙的装饰板，用角喝酒的仙女（鲁萨尔卡 [roussalka]），很可能参加过涅瓦河战役的骑士，以及国际象棋棋子[101]。孩子们骑着带轮子的小木马玩得很开心[102]。由于东正教会禁止使用乐器，并认为亵渎的歌曲和舞蹈是"邪恶的娱乐活动"，所以乐器的使用就更加特殊。然而，诺夫哥罗德却出土了两件古斯利 [gousli]（弹拨式弦乐器）、还有齐特拉琴（cithares）、勾多克 [goudok]（一种雷贝琴）和瓦尔干 [Vargane]（口簧琴），以及斯科莫罗克 [skomorokh]（喜剧演员）面具。2014 年，发现了一个圆形的金属壁炉，年代为 14 世纪末或 15 世纪初，展现了一个古斯利演奏者在弹奏，旁边两个人在倾听[103]。

胸前的十字架，有时很幼稚，有时很优雅，与之相对的是贵金属的祭坛十字架和巨大的街区十字架。不幸的是，19 世纪中期几位作者描述的安东尼大主教的十字架已经丢失。另一方面，阿列克谢大主教的石质十字架（Alexievski krest，1359—1388 年）仍在圣索菲亚的西墙上，尽管其下部在第二次世界大战期间被损坏[104]。它与 1359 年造的柳多戈什恰亚街（Lioudogochtchaïa）居民的许愿十字架同时存在[105]，后者是用松木制成的。这类纹饰在其他几个诺夫哥罗德的十字架上也曾重复出现，有的是祭品，有的是葬品。

带轮子的木马（12 世纪中叶）

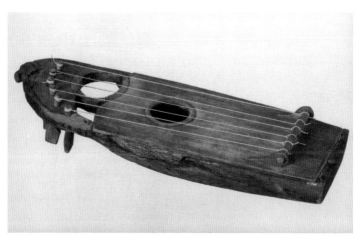

六弦古斯利（12 世纪上半叶）

古斯利演奏者和他的听众（14 世纪末至 15 世纪初）

来自一个私人宅邸的一块 11 世纪下半叶的橡木雕刻柱子（111
厘米）显示了一棵生命之树（棕榈树?）。它以植物交错的图
案延伸，其中出现了狮鹫和半人马。这与瓦西里·卡利卡于
1336 年受委托制作的 23 块大马士革青铜门板中一块上面的场
景相同[106]。其大多数都描绘了圣母和基督的伟大节日，大卫
王的功绩，或在最后审判中权衡灵魂，但其中两个有更令人惊
讶的图案。其中一块描述了世界甜蜜的寓言，出自《贝尔拉姆

柳多戈什恰亚街居民的许愿十字架（1359 年）

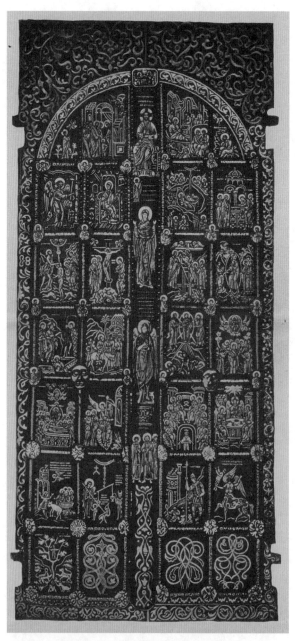

瓦西里·卡利卡刻的大马士革青铜门板（1336 年）

瓦西里·卡利卡刻的大马士革青铜门板：基托夫拉斯将所罗门扔出去。

和约瑟伐特的故事》[1]（*Histoire de Barlaam et Josaphat*），在这个故事中，人紧紧抓住虚空之上的一棵树，试图忘记以狮子和独角兽为象征的围绕着他短暂存在的危险。另一块上面写着"基托夫拉斯（Kitovras）[2]把他的兄弟所罗门扔了出去"。《圣经》中的国王成功地抓住了这只半人马，并用他的力量和智慧从守护的狮鹫手中偷走了钻石，利用这颗钻石，他可以轻易切割出建造圣殿的石头。但他轻率地将基托夫拉斯从枷锁中放了出来。基托夫拉斯抓住了所罗门，把他扔得很高，以至于他落到了应许之地的尽头，在那里他的智者们很难找到他[107]。木柱和铜门讲述着同样的故事。

诺夫哥罗德自 1478 年以来一直没有完全保持原样，将其描绘成古代罗斯的"露天博物馆"是夸大其词。这座城市的大部分宝藏现在都在莫斯科或圣彼得堡的大型遗产部门中。然而，正是在那里，在沃尔霍夫的两岸，早在 18 世纪末，俄罗斯知识分子就感受到了与他们过去时代的特殊交流。当然，莫斯科在1714 年至 1917 年间被剥夺了首都的角色，对他们来说，它是国家的熔炉，是在摆脱蒙古枷锁后付出艰苦努力建立起来的。

---

[1]　以释迦牟尼生平为蓝本编写的基督教传说故事。讲述年轻的王子约瑟伐特在经过种种磨难后经隐士贝尔拉姆度化皈依基督教的故事。——编者注

[2]　斯拉夫神话中的智慧和勇武之神。它被描绘成半人半马的形象，马身有翼。由于这种双重性质，他白天和人住在一起，晚上和动物住在一起。——译者注

但他们也意识到，历史上必要的"罗斯土地合并"是以放弃诺夫哥罗德所体现的"自由"［volnost］精神为代价的。

注释

1. 吉尔伯特·德·兰诺伊，第 33 页。

2. NPL，第 160 页，拜占庭纪年 6497（公元 989）。

3. 见第 6 章。

4. 赫佩尔 1989，第 143—146 页。

5. 选举的详细说明：NPL，第 405 页（拜占庭纪年 6923/ 公元 1415），第 414 页（拜占庭纪年 6929/ 公元 1421）。

6. 1404 年约翰二世之旅（NPL，第 398 页，拜占庭纪年 6912）；1415 年桑松的授职（NPL，第 406 页，拜占庭纪年 6923）。

7. NPL，第 29、216 页，拜占庭纪年 6664。

8. PSRL，第 4 卷，第 118 页。

9. NPL，第 29、216 页，拜占庭纪年 6664。

10. 弗洛 1949a 和 1949b；沃多夫 2003a。

11. "罗斯"一词在这里与诺夫哥罗德相对使用，指的是来自南部和东南部的军队。

12. PLDR，第 4 卷，第 448—453 页。

13. 诺夫哥罗德博物馆，条目号 2175。

14. PLDR，第 4 卷，第 454—462 页。

15. 《朝圣者之书》，第 87—111 页；达格隆 1989。

16. NPL，第 52、250 页，拜占庭纪年 6719。

17. NPL，第 60、261 页，拜占庭纪年 6728。

18. NPL，第 64、269 页，拜占庭纪年 6733。

19. NPL，第 67、272 页，拜占庭纪年 6736。

20. NPL，第 68、274 页，拜占庭纪年 6737；第 72、281 页，拜占庭纪年 6740。

21. NPL，第 342 页（拜占庭纪年 6838）、第 362 页（拜占庭纪年 6860）、第 365 页（拜占庭纪年 6867）。莫伊兹于 1363 年 1 月 25 日去世，NPL，第 368 页，拜占庭纪年 6870。

22. NPL，第 381 页（拜占庭纪年 6896）、第 405 页（拜占庭纪年 6922）。

23. PSRL，第 6 卷，附录，第 87—89 页；塞德尔尼科夫 1927。

24. 在芬兰语中为"revontulet"。

25. 赫伯斯坦 2008，第 1 卷，第 508 页。

26. PLDR，第 4 卷，第 468—493、494—495 页；《库尔图拉·维赞蒂》，第 367、385 页。

27. 利沙切夫 1959，第 69 页。

28. 博布罗夫 2001，第 196—200 页和第 214—215 页。

29. PSRL，第 16 卷，第 192 页（拜占庭纪年 6957）、第 196 页（拜占庭纪年 6964）。

30. NPL，第 385 页；PSRL，第 4 卷，第 371—372 页，拜占庭纪年 6899。

31. NPL，第 343—344 页，拜占庭纪年 6839/公元 1331。

32. NPL，第 364 页，拜占庭纪年 6862；谢德尔尼科夫 1927，第 237 页。牧首的另一封信于 1376 年寄给诺夫哥罗德大主教，NPL，第 374 页，拜占庭纪年 6884。

33. PLDR，第 7 卷，第 198—233 页；罗佐夫 1953；斯特雷莫霍夫 1957。

34. PSRL，第 6 卷，第 236 页。

35. 阿列克谢耶夫 1999，第 195—201 页。

36. NPL，第 21、205 页，拜占庭纪年 6627；亚宁 1996。

37. GVNP，第 81 条，约 1128—1132 年，可能是 1130 年。vira 相当于德语 Wergeld，这是一种关税，规定了支付给受害者或其家人以折赎每项罪行和违法行为的价金额。

38. GVNP，第 79、80 条。

39. NPL，第 65、269 页，拜占庭纪年 6734。

40. PSRL，第 25 卷，第 319 页；obja 代表一个人和一匹马的劳动标准，即表面上养活一个家庭的要求。

41. 亚宁 1996，第 231 页。

42. NPL，第 40、231 页，拜占庭纪年 6700。

43. GVNP，第 104 条；亚宁 1991，第 207 页。

44. 沃多夫 2003b。

45. 《神圣的俄罗斯》，第 671—672 页。

46. NPL，第 50、247 页（拜占庭纪年 6715/ 公元 1207）、第 79、287 页（拜占庭纪年 6751/ 公元 1243）。

47. 博布罗夫 2001，第 73 页。

48. NPL，第 20、204 页（拜占庭纪年 6625）；第 21、205—206 页（拜占庭纪年 6633、6635）；第 22、207 页（拜占庭纪年 6639）；第 27、214 页（拜占庭纪年 6655）。

49. GVNP，第 103 条，约 1110—1131，亚宁 1991，第 206—207 页。

50. GVNP，第 102 条。

51. NPL，第 386 页，拜占庭纪年 6691；博布罗夫 2001，第 115、224 页。

52. 《圣父书》第 36 章；赫佩尔 1989，第 205—210 页；达格隆 1990。

53. 亚宁 1979。

54. NPL，第 414 页，拜占庭纪年 6930、6932。

55. 德米特里耶娃 1958，第 89—167 页。

56. PDKP，第 21—62 列。

57. 卡维尔钦 1995。

58. 梅塞尼尔 1948，第 2.2 卷，第 258—259 页。

59. PSRL，第 5 卷，第 235 页，拜占庭纪年 6883。在 PSRL 第 4 卷第 305 页中，卡普也被称为执事，这似乎排除了另一种可能的翻译："卡普，一个俗人。"

60. 阿列克谢耶夫 2012。

61. 陶布 2016，第 71—130 页。他对这一问题的研究概述非常全面。也是他带来了关于这种异端的犹太起源的大部分新观点。

62. 圣彼得堡俄罗斯国立图书馆（RNB），编号 F.P.I.5。

63. 国家历史博物馆，莫斯科，序列号 1203。

64. 波波娃 1984，第 1—5 页；《装饰实用艺术》，第 150—154 页。

65. 国家历史博物馆，序列号 604。

66. 波波娃 1984，第 8 页。

67. 斯米尔诺娃 1976，第 52 页。

68. 扎利兹尼亚克 1995，第 336—340 页。

69. NPL，第 42 页。

70. NPL，第 74 页，圣保罗修道院的建造（拜占庭纪年 6746），第 83 和 311 页，圣索菲亚大教堂屋顶的修复（拜占庭纪年 6769）；斯米尔诺娃 1976，第 23 页。

71. 俄罗斯博物馆，圣彼得堡，条目号 DRW 2778。

72. NPL，第 74、260、267、276—277、280—281 页；亚宁 1962，第 126—130、138—139、160 页。

73. 斯米尔诺娃 1976，第 54 页。

74. 特列季亚科夫艺术馆，莫斯科，条目号 22938。

75. 斯米尔诺娃 1976，第 161—165。

76. 特列季亚科夫艺术馆，莫斯科，条目号 12875。

77. 《神圣的俄罗斯》，第 230—231 页。

78. 俄罗斯国家图书馆（RGB），珍藏。鲁姆扬采夫，编号 F256。

79. 国家历史博物馆，莫斯科，赫鲁多夫 3。

80. 波波娃 1984，第 11—15 页。

81. 国家历史博物馆，莫斯科，编号 99727 / I—VIII—5754。

82. 斯米尔诺娃 1976，第 178—180 页；《神圣的俄罗斯》，第 74—75 页。

83. 诺夫哥罗德博物馆藏品库，条目号 7574。

84. 斯米尔诺娃 1976，第 219—221 页；《神圣的俄罗斯》，第 272—273 页。

85. 《卢布廖夫的圣三一画像》，第 90—92、101、113、118 页。

86. 波波娃 1984，第 24—25 页。

87. 格雷戈里·帕拉马斯（1296—1359）的教导肯定了人与神之间直接接触的可能性，通过沉默中的深度冥想，使神秘主义者实现愿景。

88. 盖查 2010。

89. 斯米尔诺娃、劳琳娜和戈尔季延科 1982，第 217—220、229—230 页；《神圣的俄罗斯》，第 174—175 页。

90. 特列季亚科夫艺术馆，莫斯科，条目号 14454。

91. 诺夫哥罗德博物馆藏品库，条目号 2184。

92. 诺夫哥罗德博物馆藏品库，条目号 7638。

93. 斯米尔诺娃、劳琳娜和戈尔季延科 1982，第 246 页；《神圣的俄罗斯》，第 292—293 页。

94. 斯米尔诺娃、劳琳娜和戈尔季延科 1982，第 301—320 页。

95. 斯米尔诺娃、劳琳娜和戈尔季延科 1982，第 509 页，第 36 副插图。

96. PSRL，第 16 卷，第 199 页。

97. 《古代诺夫哥罗德》，第 110—114 号。

98. 《古代诺夫哥罗德》，第 203—209 号。

99. 《古代诺夫哥罗德》，第 169—172、90 号。

100. 《古代诺夫哥罗德》，第 125—145 号。

101. 《古代诺夫哥罗德》，第 29—32、155—164、173 号。

102. 《古代诺夫哥罗德》，第 228—230 号。

103. 《古代诺夫哥罗德》，第 23—27 号；2014 年在大莫斯科大街 30 号进行的发掘。

104. 《装饰实用艺术》，第 101、130—134 页。

105. 《神圣的俄罗斯》，第 278—279 页。

106. 《装饰实用艺术》，第 297—321、464—469 页。

107. SKKDR，第 2.1 卷，第 67 页。

第六章

俄罗斯思想中的诺夫哥罗德神话

诺夫哥罗德过去的一些事件引起了人们的特别关注，并成为重写和重读的主题，在俄罗斯政治思想、文学和艺术文化的形成中发挥了重要作用[1]。那是最古老的时期，异教和皈依的时期，是特权时代的第一个时期。一些作者认为，这座城市随意地把自己交给了瓦良格人留里克，然后又皈依了来自希腊人的东正教；另一些人认为，它试图反抗这两者，用英雄戈斯托米斯尔（Gostomysl）和瓦迪姆（Vadim）来捍卫自己的斯拉夫传统。在已经被基督教化的民间传统诗歌的世界里，萨德科（Sadko），一个优秀的商人和熟练的古斯利演奏者，被塑造成俄耳甫斯的形象。吞并的历史时期则展现了帕萨德尼沙玛尔法的个性。作家和思想家把她描述成一个阴谋家或一个女英雄，这取决于他们是将诺夫哥罗德"共和国"看作处于可悲的无政府状态还是失落的天堂。

作为源头的诺夫哥罗德：
从戈斯托米斯尔到萨德科

诺夫哥罗德洗礼的叙述不断被重新诠释和加以丰富。《诺夫哥罗德第一编年史》在其最新版本中，并不像最古老的版本那样仅仅提到了古代偶像的毁灭。它增加了一点别致的东西，可能来自当地的民间传说：

> 拜占庭纪年 6497 年（公元 989 年），弗拉基米尔和整个罗斯公国都接受了洗礼，基辅有一个都主教，诺夫哥罗德有一个大主教，其他城市到处都有主教、牧师和执事。在诺夫哥罗德，赫尔松的约阿希姆大主教摧毁了异教的圣殿，把佩伦的偶像切成块，并命令人扔进沃尔霍夫河。他们把偶像绑起来，拖进泥里，用棍子抽打。他（约阿希姆）禁止任何人在任何地方收藏偶像。早上，皮德巴村[2]的一名居民顺流而下，将陶器运进城，佩伦的雕像碰到他的木筏。他用挠钩推开，说："你，我的好佩伦，你吃饱喝足了，现在你走远点吧"，切成块的雕像就这样离开了这个世界[3]。

在 15 世纪的最后 25 年，在佩伦像被抽打和皮德巴村民把雕像推开的那一刻之间，出现了一个额外的细节：

> 就在这时，占据佩伦（雕像）的恶魔开始大喊："哦，不幸啊，可怜的我落到了这些无情的人手中！"人们把他扔进了

沃尔霍夫河。经过大桥下，他把他的石棒扔在桥上，直到今天，傻瓜们仍然用它来互相残杀，从而给恶魔们带来欢乐[4]。

佩伦的石棒相当于雷神之锤，这个偶像成了争端的导火索，从此以后城市的生活就充满了纷争。这段增添的文字就像一种起源故事，解释了为什么诺夫哥罗德大桥是政治暴力的最佳场所。但我们也可以在当中看到具体记忆的痕迹。事实上，在沃尔霍夫河从伊尔门湖流出处的左岸，诺夫哥罗德的上游靠近戈罗季谢的一个叫佩林（Peryn）的地方，有一个佩伦的神殿。1948 年和 1951—1952 年在那里进行的挖掘相当具有突破性，他们提出的地点复原在很大程度上仍然是假设性的，但该地点的存在已得到证实。因此，我们可以理解为什么在洗礼的故事中，来自佩林的神像顺着流向拉多加的沃尔霍夫河从大桥下经过（下页：佩林挖掘草图；275 页：V.V. 塞多夫复原的草图[5]）。

瓦西里·塔季舍夫（Vasily Tatishchev）在他的《罗斯史》（约 1748—1750 年）中重新唤起了人们对诺夫哥罗德异教历史及其宗教皈依的兴趣。他借助一本未出版的编年史阐明了这一时期，该编年史可能是赫尔松的约阿希姆本人所著[6]。但这个来源很可能是虚构的，只是组合零散的文字，以构建一个令人满意的叙述。

因此，根据《约阿希姆编年史》，促使诺夫哥罗德地区的不同人群从瓦良格人那里索求王公的原因不是内部争吵。事实上，

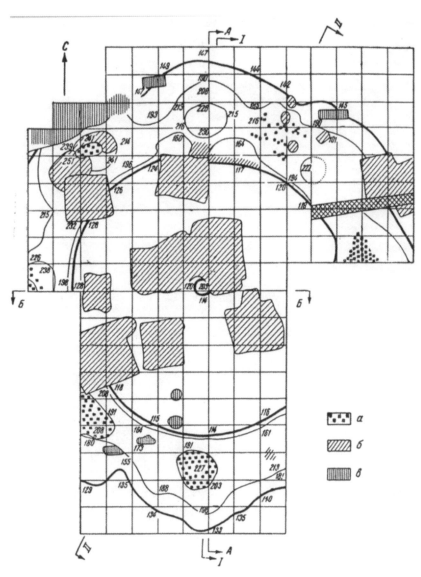

佩林发掘草图

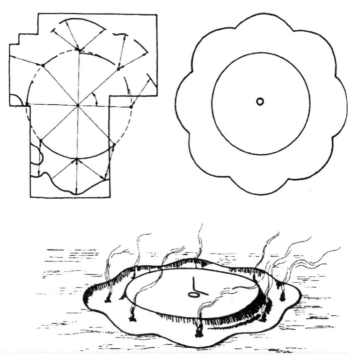

佩林的异教神殿（由 V.V. 塞多夫复原）

由于他们的优秀统治者戈斯托米斯尔（Gostomysl）没有男性继承人，权力的传承只能由其女儿们的后代来完成：其中一个女儿是留里克及其兄弟们的母亲，其丈夫是瓦良格人；而大女儿有个儿子叫瓦迪姆，其父亲是斯拉夫人。一个多世纪后，即989年，弗拉基米尔派他的叔叔多布里尼亚、约阿希姆和千夫长普蒂亚塔（Poutiata）去改变民众的信仰，关键时刻到来了。诺夫哥罗德人非但没有屈服，反而在大桥上组织起武装，斯拉夫大祭司博戈米尔（Bogomil，因其雄辩之才而被称为夜莺）和千夫长乌戈尼亚伊（Ougoniaï）号召人们誓死抵抗。随后他们与普蒂亚塔的部队发生了战斗，但多布里尼亚烧毁沃尔霍夫河畔的房屋，很快就结束了战斗。诺夫哥罗德人急于扑灭大火并请求和平。然后他们必须接受洗礼，新的皈依者被迫在脖子上戴十字架。这就是为什么人们嘲笑诺夫哥罗德人说："普蒂亚塔用剑、多布里尼亚用火给他们洗礼。"这种丰富多彩的叙述采用了拉丁经典所喜爱的表达"用剑与火（毁灭）"[Ferro atque igni]。塔季舍夫对基督教化的解释反映了彼得大帝的改革时代，而塔季舍夫本人是改革的坚定支持者。1721 年，俄罗斯东正教被简化为一个简单的国家机构，由神圣宗教会议管理，再也不能声称自己是进步力量的化身。

戈斯托米斯尔只是《第一编年史》给出的诺夫哥罗德帕萨德尼克名单中的第一个，但我们对他的政治生涯知之甚少[7]。在其注释中，塔季舍夫做了一个大胆的假设，声称千夫长[tysiatski]的级别在古代相当于元帅。虽然他说普蒂亚塔的名字没有出现在《往年纪事》中，但确实出现在"关于弗拉基米尔娱乐表演的老歌"中。 实际上，《往年纪事》里有个普蒂亚塔，但他是 1093 年至 1113 年基辅大公斯维亚托波尔克的总督或千夫长。最后一次提到是在 1113 年，当时的首都发生严重骚乱：在斯维亚托波尔克去世时，他的府邸被洗劫一空。当基辅最受欢迎的弗拉基米尔·莫诺马赫最终接受公位时，危机得到了解决[8]。然而，众所周知，圣弗拉基米尔（死于 1015 年）和弗拉基米尔·莫诺马赫（死于 1125 年）在人们的记忆中经常混淆。因此，塔季舍夫为这位千夫长带来了新的成就，使他恢复了大约一个世纪的活力。

萨德科的史诗歌曲是展示了诺夫哥罗德现实、当地民间传统、印欧神话和骑士小说之间更零散影响的典型案例。在《诺夫哥罗德第一编年史》中，某个显赫的富人索德科（索特科）·西蒂尼奇（Sytinitch）于 1167 年建造了圣鲍里斯和格列布的石制教堂，该教堂拥有优越的地理位置：在德蒂涅茨中，处于主教街尽头，俯瞰沃尔霍夫河[9]。在史诗歌曲中，萨德科是一位非常熟练的古斯利演奏者，他赢得了水王的青睐。多亏了水王，他才能钓到一条金鱼，商人们以高昂的价格从他这买走。然后，萨德科自己做了一个商人，在海上漂流，但他激起了海浪之王的愤怒，他的船处于极大的危险之中。船员们先是把宝物扔进了海里，然后决定把萨德科本人献出来。就这样，他来到了海底王国，在那里他再次弹奏古斯利。被他的音乐所吸引，国王送给他一个美丽的女人。过了一段时间，国王把他与其妻送回了地上。这些情况反映了诺夫哥罗德商人和流浪者的冒险生活，与关于俄耳甫斯或尤利西斯在海面和海底世界旅行的神话相呼应。它们还与 13 世纪以来法国传说中广为人知的《特里斯坦散文体传奇》（*Roman en prose de Tristan*）或《利奥尼亚人特里斯坦》（*Tristan le Léonois*）开头的萨多克（Sadoc）的故事有相似之处[10]：亚利马太的约瑟（Joseph d'Arimathie）有个叫萨多克的侄子，杀死了虐待其妻切林德（Chelinde）的亲哥哥。这对夫妇乘船出逃，但遭遇到暴风雨。船上的一个老人神奇般地了解到船上有一个杀人犯，引起上天的愤怒，于是

揭穿了萨多克。萨多克被扔进海里，但漂到了一个岛上，在一个隐士的陪伴下度过了三年时间。还有许多其他的冒险在等着他……

在斯拉夫派潮流的推动下，奥涅加湖地区发现了俄罗斯民间遗产的滋生地。在那里，民俗学家发现了一个天然的音乐学院，讲故事的人和唱歌的人在那里代代相传这种口头传统。记录和出版奥涅加民间诗歌的先驱者是帕维尔·尼古拉耶维奇·雷布尼科夫（Pavel Nikolaevitch Rybnikov）和亚历山大·费多罗维奇·希尔弗丁（Aleksandr Fedorovitch Hilferding）[Gilferding][11]。当时的俄罗斯艺术家在这些来自民间的英雄和主题中找到了新的灵感。诺夫哥罗德人萨德科因此进入了阿·托尔斯泰的诗歌（1871—1872年）、伊利亚·列宾（Ilia Répine）的绘画（1876年）和尼古拉·里姆斯基·科萨科夫（Nicolas Rimsky Korsakov）的歌剧（1897年）[12]。

伊利亚·列宾：《萨德科》（1876年）

瓦迪姆对抗留里克，叶卡捷琳娜二世 对抗克尼亚日宁

另一位被人津津乐道的英雄是"勇敢的瓦迪姆（Vadim）"，尽管他没有出现在《往年纪事》或任何诺夫哥罗德的编年史中。在《尼康纪事》和《帝国世系表等级》(*Livre des degrés de la généalogie impériale*) 中，提到他的措辞大致相同，这两本书都是 1522 年至 1563 年莫斯科的官方资料来源。第一个相当简洁：

> 6372 年（864 年）……同年，诺夫哥罗德人受到冒犯，他们说："我们注定要成为奴隶，遭受留里克及其家族的一千种折磨"。同年，留里克杀死了勇敢的瓦迪姆，并屠杀了许多与他同谋的诺夫哥罗德人[13]。

《帝国世系表》第一等级的第三章回顾了这一情节：

> 诺夫哥罗德人看到留里克的高贵血统和他的聪明才干，就对大家说："兄弟们，你们要明白，我们将永远受制于一个统治者的枷锁，受制于这个留里克及其后代的统治。他们不仅会废除我们统治自己的自主统治 [samovlastie]，还会让我们成为他们的奴隶。"事实上，就在那时，留里克杀死了一个名叫"瓦迪姆"的勇敢的诺夫哥罗德人，以及许多与他同谋的诺夫哥罗德人[14]。

"自主统治" [samovlasty] 一词可以被理解为中立的自治，但也可以被贬义地理解为无政府状态，这更符合莫斯科人对诺夫哥罗德政治体系的看法。此外，《世系表等级》指出，预言实现了，即使它来自异教徒：诺夫哥罗德人服从于同为异教徒的留里克，然后服从于他的后代，他们在圣弗拉基米尔受洗后成为基督徒。

有几位作者，而且不是无足轻重的作者，在这个非常单薄的情节上加了花絮。塔季舍夫使瓦迪姆成为诺夫哥罗德斯拉夫王公戈斯托米斯尔的孙子，也是留里克的表弟，但留里克是戈斯托米斯尔的长女所生，所以比瓦迪姆地位更重要。塔季舍夫在他个人版本的《往年纪事》中，增加了一个在任何已知手稿中都没有出现的细节。

> 6377 年（869 年）……然后，许多斯洛文尼亚人从诺夫哥罗德逃到基辅，因为留里克杀死了勇敢的斯拉夫王子沃迪姆（Vodim），他们不想沦为瓦良格人的奴隶[15]。

普加乔夫起义（1772—1775 年）之后，叶卡捷琳娜二世开始转向保守统治，同时拿起了笔记述。法国的"自我毁灭"即将来临，女皇所指的是 1789—1793 年的事件。在她的《俄罗斯历史笔记》（*Notes à propos de l'histoire russe*，1783 年）中，她写道，"斯拉夫王子"瓦迪姆代表斯拉夫族起义反对留里克，因为他们认为自己受到了瓦良格人的伤害。留里克作为诺夫哥罗德的第一任大王公做出了坚定的反应，并惩罚了煽动者。但在 1786 年，女皇在《模仿莎士比亚：不遵循一般戏剧规则的历史性表演，以留里克的生平为蓝本》（*Imitation de Shakespeare: représentation historique ne suivant pas les règles usuelles du théâtre, tirée de la vie de Riourik*）的戏剧版本（但从未上演过）中弱化了结局。瓦迪姆是一个嫉妒的阴谋家，他被揭穿了面具，但得到留里克宽恕，留里克用他的宽厚与臣民和解[16]。当时的另一位作家皮奥特·普拉维尔希科夫（Piotr Plavilchtchikov）在他的《留里克》（1791 年演出，1816 年出版）中采用了完全相同的情节。这个主题吸引了叶卡捷琳娜二世，因为她已经在 1778 年委托雅科夫·鲍里索维奇·克尼亚宁（Iakov Borissovitch Kniajnine）用俄语写了一篇《泰特斯的宽恕》（*Clémence de Titus*）。克尼亚宁在 1787 年仍然很受欢迎，因为其作品是由帝国书房出版的，但他所在的共济会就不那么被宽容了。

1789 年，克尼亚宁决定创作自己的《诺夫哥罗德人瓦迪姆》。当瓦迪姆试图反抗时，留里克回答说，诺夫哥罗德人再也不能拿回他们给他的权杖，并把他扔进监狱。但是，要想完成一出真正的戏剧，剧中必须有一个女人。留里克爱着瓦迪姆的女儿拉迪玛（Radima），后者也爱着他。为了平息争端，留里克提出退位，同时回顾说，在诺夫哥罗德"自由"时期，"*动乱、抢劫、谋杀和暴力*"盛行。叶卡捷琳娜不会否认这一说法，但克尼亚宁也敢于为相反的观点辩护，尤其是在这首四行诗中：

"专制主义，到处都是邪恶的创造者 / 甚至伤害了最纯洁的美德 / 通过打开充满激情的自由之路 / 给了沙皇做暴君的自由。"拉迪玛为了不背叛父亲而自杀，瓦迪姆也自焚了。因此，留里克仍然是他无法摆脱的沉重权力负担的唯一保管人。这出戏可以被解读为对两个主角都偏爱，但时间越长，在俄罗斯公开捍卫自由的风险似乎就越大。当帝国剧团正在创作剧本时，克尼亚宁暂停了排练，并于 1791 年 1 月 14/25 日去世。两年后，科学院批准了该剧本的出版。但它刚一出现，叶卡捷琳娜二世就在 1793 年 11 月 11 日下令查封了印刷品。稍后，在普希金（生于 1799 年）这一代，流传着一个传说：克尼亚宁是在秘密远征队（叶卡捷琳娜的警卫队）的黑暗监狱中被折磨而死。1800 年，米哈伊尔·克拉斯科夫（Mikhail Kheraskov）发表了一篇诗体短篇小说《沙皇，或诺夫哥罗德的获救》（*Le tsar, ou Novgorod sauvée*），其中改名为拉特米尔（Ratmir）的瓦迪姆被比作嗜血的罗伯斯庇尔。1830 年，莱蒙托夫在《最后的自由之子》（*Le dernier fils de la liberté*）中为克尼亚宁平反，这是一首标题明确的新诗。因此，这位俄国雅各宾派的名声相当稳固，但却被一个女人的名声所掩盖。

女市长玛尔法

早在 1470 年代后期，莫斯科编年史对伊凡三世 1471 年对诺夫哥罗德的远征就存在有偏向性的描述，谴责"帕萨德尼克伊萨克·波列茨基（Isaac Boretski）的儿子们和他们的母亲玛尔法"是"魔鬼教唆的叛徒"，他们煽动叛乱，造成"国家的损失和自己的毁灭"[17]。莫斯科公国干预的理由绰绰有余，然而，它在另一个文本中出现了新的变化：《树立虔诚的全罗斯大公伊凡·瓦西里耶维奇的正义谦卑形象的圣人书写精选话语》(*Paroles choisies tireés des Saintes Écritures, sur la justice et l'humilié quinstaure...le pieux grandprince Lvan Vassilieuitth de toute la Rous*)[18]。这部作品是在兼并之后创作的，大概在 15 世纪末，它以历史小说的形式勾勒了一个以女人为悲剧主角的故事：

> 魔鬼，这个腐败者，抓住了伊萨克·波列茨基的遗孀玛尔法这个邪恶的女人，这个被诅咒的女人利用谎言嫁给了立陶宛王公米哈伊尔[19]，因为她用美言欺骗，说自己想要嫁给立陶宛国王的一位绅士[20]。事实上，她想把丈夫带回诺夫哥罗德，想两人一起控制整个诺夫哥罗德，成为女主人。于是她开始用邪恶的计划拉拢诺夫哥罗德的所有东正教教徒。由此，她开始迫害虔敬者，就像古代的母狮耶洗别（Jézabel）[1]一样。

这位作者的写作风格更像是布道，而不是编年史，他被自己的

---

[1] 以色列古代国王亚哈之妻，信仰巴力，迫害雅威的信众和先知。——编者注

热情冲昏头脑，仍然把玛尔法比作"邪恶的希罗底"[1]，把迫害"金口"约翰的欧多西娅皇后比作大利拉[2]……她与已故的尤纳斯大主教的代表皮门交好，皮门渴望继承大主教的职位，并毫不犹豫地在佛罗伦萨联盟的都主教大会上接受他的授职。

> 然而，这个皮门怀有这样的希望，他给了这个坏女人玛尔法很多钱，并命令她把钱分发给尽可能多的人，让他们帮助自己做想做的事。这就是为什么这个被诅咒的蛇蝎心肠的邪恶女人不惧怕上帝，在大家面前不感到羞耻，而她就这样导致诺夫哥罗德全国的分裂和灾难，造成了许多灵魂的丧失……这个被诅咒的女人不仅毁了她自己和她的灵魂，她还把自己的几个孩子一起拖入了最终的毁灭，这确实发生了。

白海索洛夫基修道院（Solouki）的《圣徒佐西姆斯和萨巴蒂奥斯的生平》（*La Vie des saints Zosime et Sabbatios*）也是在1500年左右创作的，然后为都主教马卡里（约1530—1560年）的《大纪元》（*le Grand Ménologe*）重新创作，讲述了另一个奇妙的故事。修道院长佐西姆斯来到诺夫哥罗德，试图获得该岛（这是"共和国"领土的一部分）的所有权，并到一些大户

---

[1]　希律·安提帕（Herod Antipas，前21—39年）的第二个妻子，怂恿丈夫杀害了施洗者约翰。——译者注

[2]　《圣经·旧约》中以色列士师参孙的情妇，后参与非利士人计划使参孙失去神力。——译者注

人家乞讨，其中包括"某个贵族玛尔法"。但玛尔法把佐西姆斯赶出去，拒绝他的祝福。他预言说："日子将到，这殿的居民必不再踏这殿的台阶，这殿的门必关闭不开，他们的殿必空无一人。"（《诗篇》69：26）[1] 然后，玛尔法改变了主意，邀请佐西姆参加一个宴会。在用餐过程中，他看到了一个幻象：六个著名的客人没有头。当然，这个奇迹预示着诺夫哥罗德沦陷和其精英被斩首[21]。

玛尔法实际上是帕萨德尼克伊萨克·波列茨基（死于1456—1458年）的妻子，德米特里和费多尔的母亲，德米特里在1471年被伊凡三世处决，费多尔在1475年被驱逐出境，其子瓦西里在1478年和祖母玛尔法一起被流放。作为一个寡妇，她个人管理着一笔重要的遗产，一些保存下来的真实宪章和虚假宣言都证明了这一点。然而，在1471—1478年，她并没有扮演真正的政治角色[22]。《精选话语》与《佐西姆斯和萨巴蒂奥斯的生平》的作者创造了一个不脱离俄罗斯想象力的新角色，现在需要的只是一个名称。她是贵族的贵妇妻子，她在1540年的宪章中被称为帕萨德尼沙（posadnitsa），复制了1492年的文件。这个词可以认为跟其丈夫相关：帕萨德尼克的遗孀。但它包含了讽刺或贬损的意味，特别是因为它的另一个意思是"妾"[23]。因此，人们很容易将其与其他形式的贬

---

[1] 原文如此。但《诗篇》69：26并非如此。——编者注

义女性化进行比较："女市长玛尔法"，如同"女教宗琼安"[1]
（papesse Jeanne）。

在亚历山大一世的统治下，"帕萨德尼沙玛尔法"成了文学中
真正的英雄。对波兰的分割已经结束，正面临着拿破仑威胁的
俄国重新审视自己的过去，情愿把她当做英雄。尼古拉·卡
拉姆津（Nikolaï Karamzine）在 1803 年的《欧洲信使报》（le
Messager de l'Europe）上发表了《帕萨德尼沙玛尔法，或诺
夫哥罗德的屈服》（Marfu la posadnitsa, oula soumission de
Novgorod）。他把玛尔法描绘成一个充满激情和智慧的女人，
穿着诺夫哥罗德共和国衬裙的加图[2]，但"既不伟大，也不高
尚"；她想象自己在捍卫自由，却因狂热而导致自己的毁灭。
早在 1807 年，叶卡捷琳娜二世统治时期著名诗人[3]的侄子帕
维尔·苏马洛科夫（Pavel Soumarokov）就以同样的标题发表
了另一个故事。1809 年，费多尔·伊凡诺夫将卡拉姆津的短
篇小说改编成悲剧诗歌。莫斯科大学世界史教授米哈伊尔·波
戈丁（Mikhail Pogodine）在 1830 年尝试创作了以玛尔法为主
题的悲剧。

---

[1]　传说中于 853—855 年在位的天主教女教宗，传说其在被发现后被打死
　　或囚禁，其事迹被继任者隐瞒。——编者注

[2]　罗马共和国时期的政治家、国务活动家、演说家，公元前 195 年的执政
　　官。——译者注

[3]　即亚历山大·苏马洛科夫。——编者注

卡拉姆津在他的《玛尔法》和他不朽的《俄罗斯国家史（1816—1826年）》中，发展了一种目的论的历史观：俄罗斯的命运是成为一个强大而中央集权的国家，在一个开明的独裁君主的权杖下。他引用了有利于莫斯科的中世纪资料：那些反对合并罗斯土地的人要么是居心叵测的，要么是误入歧途的。然而，玛尔法也有杰出的捍卫者，例如 1822—1823 年的诗人孔德拉季·雷列耶夫（Kondrat Ryleev）。在亚历山大一世悲惨的最后几年，在导致十二月党人的失败政变的秘密社团那里，戴着锁链的玛尔法自豪地宣布："我已经完成了我的命运／我在这个世界上为之而活的一切／我的孩子，我的自由，我的土地／我为祖国献出了全部。"孔德拉季·雷列耶夫是 1826 年 7 月被判处死刑并被处决的五名十二月党人之一。

19 世纪对俄罗斯历史的狂热潮流并没有忘记玛尔法：普希金以及年轻的霍米亚科夫（Khomiakov）都为她献上诗句；冈察洛夫（Gontcharov）把自己的祖母比作"伟大的罗斯人玛尔法"。她的名声传到了杜布罗夫尼克（Dubrovnik），在那里她成了一场悲剧的女主角 [24]。这样的荣耀让画家们不能无动于衷。维克多·瓦斯涅佐夫（Victor Vasnetsov，1848—1926）在 1877 年描绘出一种近乎漫画的粗糙形象：这是一个明显富有、又矮又圆的女人，牵着一个满脸茫然的小男孩的手，在莫斯科大公的爪牙威胁下，走下她家中的木制楼梯。她的脸严肃，顺从，但不卑屈。阿列克谢·基夫琴科（Alexeï Kivchenko，1851—1895）创作了一幅教育插图《诺夫哥罗德的屈服》（*La*

维克多·瓦斯涅佐夫:《帕萨德尼沙玛尔法被捕》(1877年)

soumission de Novgorod,1880年)。在白雪皑皑的背景下,远
处是圣索菲大教堂雄伟的轮廓,上了年纪的玛尔法挺直着身
子,穿着红色的衣服,神色坚定,伴随着一个垂头丧气的少
年,引领诺夫哥罗德人的游行,两旁的士兵严密看守并押送两
人去流亡。在他们的身后,可以看到谓彻的大钟。相反,克拉
维迪·列别捷夫(Klavdi Lebedev, 1852—1916)描绘了一幅悲
剧性和英雄主义的画面。在一片严寒的雪雾中,诺夫哥罗德的
最后一批守卫者有的被冻住了,有的倒下了,有的躺在地上,
目光四散,有的背对着观众。只有玛尔法在画的偏右侧坚忍地
站着,眼睛面对着观众。她用右手握住包裹她的披肩,这不是

阿列克谢·基夫琴科：《诺夫哥罗德的屈服》（1880 年）

克拉维迪·列别捷夫：《帕萨德尼沙玛尔法，诺夫哥罗德谓彻的毁灭》（1889 年）

一种投降的姿态，即使已没有什么可做的了。你可以感觉到画家对自己作品主题的钦佩之情。由于历史的巧合，这位玛尔法没有留在俄罗斯，而是移到了美国。它现藏于威斯康星大学麦迪逊分校的查赞艺术博物馆。1937 年，美国驻苏联大使约瑟夫·戴维斯（Joseph E. Davies）将此画作捐赠给了该机构，他在 1936 年至 1938 年任职期间收藏了大量的俄罗斯艺术品。

在第一次世界大战前夕，一个新的动荡时代重新唤起了人们对玛尔法的记忆，并使其在法国广为人知。赫敏·波尔托拉茨基（Hermione Poltoratzky）是一位著名俄罗斯文献学家的女儿，她在法国长大，并于 1913 年出版了一本名为《俄罗斯概况》的普及读物，其中三分之一是献给诺夫哥罗德帕萨德尼沙玛尔法的。她如此介绍这位主要人物："这位伟大的诺夫哥罗德女人，她热情的爱国主义和雄辩的口才为这个斯拉夫共和国的最后几天增添了如此强大的独创性印记。"[25] 1914 年，在俄罗斯，年轻而刻薄的诗人谢尔盖·叶赛宁（Serge Essenine）发表了一首题为《帕萨德尼沙玛尔法》的诗作为挑战，这首诗立即被禁止出版。其中伊凡三世亲自与反基督者达成协议，镇压这座自由的城市，而玛尔法仍然是上帝的忠实仆人。叶赛宁写道："伙计们，四十年过去了，难道不是时候，我们重新振作起来，继承玛尔法的神圣遗产，大胆地平息莫斯科的喧嚣吗？"

诺夫哥罗德，迷失的民主道路

除了主要具有文学敏感性的文本外，诺夫哥罗德还激发了历史学家和思想家的思考。当克尼亚宁（Kniajnine）重复讲述《瓦迪姆》时，亚历山大·拉季舍夫（Alexandre Radichtchev）写了《从彼得堡到莫斯科的旅程》（*Le Voyage de Pétersbourg à Moscou*），这是 18 世纪后期的重要随笔著作，他于 1790 年自费出版。对新旧首都之间的旅程的每个阶段，作者都进行了一系列哲学思考，揭露了俄罗斯的矛盾，剥去了叶卡捷琳娜大帝众神护佑统治的外衣。有些章节直接抨击农奴制，而这些章节首先会引起君主的愤怒。随后这本著作被禁，作者被流放到西伯利亚。然而，关于诺夫哥罗德的这一章充满了教训，不可忽视。在一种将表面客观性与谴责、冷嘲热讽与深情相结合的阐述中，拉季舍夫对比了诺夫哥罗德和莫斯科两种政治模式。顺便说一句，他既不是第一个也不是最后一个把伊凡三世和伊凡雷帝搞混了的人，因为这俩人同名，都是伊凡·瓦西里耶维奇（Ivan Vassiliévitech），且都残酷地镇压了诺夫哥罗德人（一个在 1478 年，另一个在 1570 年）。他似乎也把他们比作拿着棍棒的佩伦神：

> 编年史记载诺夫哥罗德有一个人民政府。王公很多，但不是很强大。权力掌握在市政官和千夫长手中。聚集在谓彻的人民才是真正的统治者。……贸易是其崛起的原因。内讧和邻邦的贪婪导致其垮台。我在大桥下了车，欣赏沃尔

霍夫河道的奇观。我不禁想起沙皇伊凡·瓦西里耶维奇占领诺夫哥罗德后的所作所为。这个傲慢的统治者被这个共和国的抵抗触怒，他凶狠但聪慧，想要彻底毁灭它。我想象着他站在桥上，像一些人说的那样，拿着一根棍子，出于愤怒，消灭了城里的长者和首领。但是他有什么权利反对他们，他有什么权利侵占诺夫哥罗德？是因为早期的罗斯大公就住在那里吗？还是因为他获得了全罗斯沙皇的头衔？或者因为诺夫哥罗德人是斯拉夫族？但是，当武力发挥作用时，法律又有什么用呢？当一个决定由人民的鲜血形成时，它还存在吗？当没有力量能够应用它时，它还存在吗[26]？

卡拉姆津回应了拉季舍夫，但没有说出后者的名字，他写道："在玛尔法这边是诗歌，在莫斯科这边是散文，在政治上总是占上风。"拉季舍夫在其叙述中增加了几段题为"摘自《诺夫哥罗德编年史》"的段落，作为佐证，他在这些段落中以编年史的方式简要介绍了当地的生活。其结尾如下：

诺夫哥罗德人起草了一份宪章来捍卫他们的独立，并在上面加盖了58个印章来批准它……在诺夫哥罗德，有一个大钟，钟声响起，人们聚集在谓彻讨论公共事务。沙皇伊凡夺走了诺夫哥罗德人的宪章和大钟。然后，在1500年，在1600年，在1700年，在……年，在……年，诺夫哥罗德仍然在那里[27]。

拉季舍夫的诺夫哥罗德是从过去发出的召唤。奇怪的是，早期的斯拉夫主义者宁愿不听。他们当中两位伟大的理论家之一伊凡·基里耶夫斯基在 1832 年对诺夫哥罗德的整个中世纪历史轻描淡写地说道：

> "权利"这个词本身在西方的定义对我们来说是未知的，它只意味着正义和真理。因此，任何权力都不能给予或剥夺任何个人或团体的任何权利，因为真理和正义既不能被出售，也不能被剥夺，而是独立于契约关系而存在。另一方面，在西方，所有社会关系都是建立在契约的基础上，或者努力实现这种人为的基础[28]。

西方主义者之一、未来的社会主义者亚历山大·赫尔岑（Alexandre Herzen）将接替拉季舍夫和雷列耶夫（Ryleev）。他在 1841—1842 年被流放到诺夫哥罗德，并在那里写了小说《谁之错？》[*Kto vinovat?*]（1846）的第一部分。它描述了在一个首府城市生活的极度无聊，在那里，少数高贵和真诚的灵魂，特别是女性，对自己的感情生活无比失望。他去了西欧，希望在那里最终发现一个自由世界，他对 1848—1849 年后的反动派胜利感到震惊，开始再次思考俄国的局势。在《俄国革命思想的发展》（*Du développement des idées révolutionnaires en Russie*，1851 年）中，他用法语写道："莫斯科扼杀了俄国生活中的一切自由，从而拯救了俄国。"[29]1855 年，他在流亡中创办了一份杂志，命名为《北极星》（*L'E' toile polaire*），以纪念已经使用过这个刊名的雷列耶夫。两年后，在他的国家开启自由前景的关键时刻，随着关于废除农奴制的辩论，他推出了一本特别增刊《钟》[*Kolokol*]，很快就比《北极星》更出名。他再次呼吁所有自由人组成谓彻。

我们绝不能低估拉季舍夫所强调的对立：没有力量的法律与没有法律的力量。1790 年，在《从彼得堡到莫斯科的旅程》出版时，这一范式适用于追溯诺夫哥罗德和莫斯科之间的对抗，但也非常应时：它评论了波兰目前被俄罗斯、普鲁士和奥地利瓜分的问题，但没有公开地这样说，以免冒犯叶卡捷琳娜二世。这个二元共和国（由波兰和立陶宛组成）是以法治为基础的国家，其基础是非常复杂的法律公约，规定了国王和议会之间复杂的权力平衡，并赋予议会对任何新决定的否决权。从1772 年到 1795 年，它在邻国的猛烈抨击下灭亡，后者把它的领土分为三个部分。俄罗斯人常常为自己的力量感到自豪，他们无疑已经内化了诺夫哥罗德沦陷所带来的政治学教训。人们很想将莱昂纳德·科恩（Leonard Cohen）关于美国历史的诗句"我们首先占领曼哈顿，然后占领柏林"改成这样："我们首先占领诺夫哥罗德，然后占领柏林"。

然而，我们在拉季舍夫的讲述中感受到的对自由的怀念，即使有点无政府主义，在俄罗斯思想中也得到了广泛的认同，直到今天。建于 1862 年的俄罗斯千年纪念碑仍然矗立在圣索菲大教堂旁边。从留里克到伊凡雷帝，再到亚历山大·涅夫斯基，在独裁者的阴影下，帕萨德尼沙玛尔法·博列茨卡娅（Marfa Boretskaya）被描绘成国家理性的高贵受害者。我们可以想象另一座纪念碑，献给为诺夫哥罗德不屈不挠奋斗的人和钟情于它的人。除了玛尔法之外，还有异教之神佩伦，传说中的瓦迪姆，主教和邑吏，还有这里的异端——无论是"剪毛者"还是犹太人，或是哲学家如亚历山大·拉季舍夫，或是诗人如孔德拉季·雷列耶夫和谢尔盖·叶塞宁，或是革命者如亚历山大·赫尔岑。

注释

1. 尼奎克斯 1998，第 129—140 页；戈诺 2008。

2. 皮德巴河是沃尔霍夫的一条支流，以当地一个镇的名字命名，该镇位于诺夫哥罗德上游约 6 公里处，也被称为皮德布斯基镇。

3. NPL，第 159—160 页，被 16—17 世纪的几部编年史所采用。韦登斯基 2009。

4. PSRL，第 42 卷，第 55 页。

5. 塞多夫 1953，第 92—103 页。

6. 拉夫罗夫 2013；塔季舍夫 1994—1995，第 1 卷，第 108—114 页。

7. NPL，第 164、471 页。

8. PVL，第 116、119、126 页。

9. NPL，第 32、219 页（拜占庭纪年 6675）。1049 年关于第一座圣索菲亚大教堂火灾的条目表明，它位于现在的索特科（索特克）建造圣鲍里斯和格列布石教堂的地方，NPL，第 181 页和 PSRL，第 4 卷，第 116 页（拜占庭纪年 6557）。

10. 维谢洛夫斯基 1886，第 251—284 页；勒塞斯 1890，第 4—5 页。

11. 雷布尼科夫 1861—1867；吉尔费丁 1873。

12. 同年，阿尔芒·西尔维斯特（1837—1901）的三幕七场戏剧《特里斯坦·德·莱奥诺瓦》在法兰西喜剧院首演。

13. PSRL，第 9 卷，第 9 页。

14. 《世系表等级》第 1 卷，第 222 页。

15. 塔季舍夫 1994—1995，第 4 卷，第 113 页。

16. 瓦赫特尔 1994，第 19—45 页。

17. PSRL，第 25 卷，第 284 页。

18. PSRL，第 39 卷，第 149—158 页（《圣索菲亚大教堂第一编年史》，手稿一，N. 卡尔斯基）。

19. 米哈伊洛·奥列尔科维奇，基辅王公，立陶宛血统，但信仰东正教。他在 1470 年 11 月至 1471 年 3 月期间留在诺夫哥罗德，但在伊凡三世战役之前离开了这座城市，没有参加反莫斯科的抵抗运动。

20. 卡齐米日四世，自 1440 年起担任立陶宛大公，自 1446 年起担任波兰国王。他于 1492 年去世。

21. 米涅娃 2001，第 278—279 页；戈诺 2002。

22. 伦霍夫和马丁 2000。

23. S11—17，第 17 卷，第 152 页。

24. 班 1872。

25. 波尔托拉茨基 1913，第 239 页。

26. 拉季舍夫 1988，第 144—145 页。

27. 拉季舍夫 1988，第 147 页。

28. 基里耶夫斯基 1988，第 128 页。

29. 赫尔岑 1851，第 14 页。

1413 年冬天的诺夫哥罗德和普斯科夫：
吉尔伯特·德·兰诺伊的故事

从那里穿过纳罗韦河[1]（le Narowe）进入罗斯国得乘斯莱德[2]（sledes），因为这里地域广袤，积雪覆盖。那有一座名为纽斯洛特（Nyeuslot）的罗斯城堡[3]，距离纳罗韦河 6 里格。人们往往从纽斯洛特出发去往罗斯国，经过一些坐落在荒野的村庄和城堡、穿过森林、湖泊与河流，然后到达大诺夫哥罗德[4]。纽斯洛特城堡距离大诺夫哥罗德 24 里格[5]。

优美的大城市大诺夫哥罗德城位于一个美丽的平原上，周围是大森林，遍布溪流[6]和沼泽，一条名为沃洛斯科的大河[7]穿过这座城市中心，但这座城市的封闭[8]是由石墙和泥土构成的，而塔楼用石头建造。这是一个具有公社主权的自由城市，有一个如同他们君主一样的主教。这个城市与罗斯国所有其他罗斯人都保持着联系[9]，范围非常大，他们信仰基督教，像希腊人一样。在这座城市里有三个中心和五十个教堂。河边有城堡，那里是圣索菲亚大教堂的所在地，据说主教就住在那里。

在上述城市中有许多大领主，人们称他们为波雅尔[10]。有这样一个市民，他拥有两百里格长的土地，富有而强大，令人惊叹。而大罗斯国的罗斯人，除了那些领主以外，没有其他统治者，这是公众所希望的[11]。这是他们的银锭[12]，重约 6 盎司，没有印记，因为没有铸造金币。他们也把松鼠皮和貂皮当做货币[13]。他们在城市里有个市场，男人们在那里买卖妻子，交易的钱用来抵付租金，但我们这些虔诚的基督徒此生都不敢这样做[14]。通过这种交易[15]，可以用妻子换 1 到 2 个银锭，如果对方同意偿付[16]。这里有两位官员，一位公爵[17]和一位市长[18]，他们是城市的执政者，每年更换。这座城市也受上述主教和领主辖制。

女人的头发有两绺挂在背后，男人则有一绺。我在城里待了 9 天，主教每天都派 30 个人到我这来，送面包、马车、鱼肉、干草[19]、燕麦[20]、麦芽酒和蜂蜜[21]。上面提到的公爵和市长[22]还请我吃了晚餐，这是我最奇特、最美妙的一次经历。天气很冷，讲述那里的严寒天气将是一件奇妙的事情，因为我差点因为寒冷而离开[23]。这是一个关于寒冷的奇迹，当[24]你骑马穿过森林时，由于天冷，你能听到树木从上到下嘎吱作响、开裂的声音。我们在那里看到了冻在地上的马粪，因为冰冻而凸起。而且，当一个人晚上在荒野睡觉时，早上会发现他的胡须、眉毛和眼皮由于呼气都冻住了，人又是躺在冰原上，醒来后要费很大劲才能睁开眼睛。另一个关于寒冷的奇迹是，我看到一个长长的陶罐，装满了水和肉[25]，早上在湖边或荒野烧火，我看到水在罐的一端沸腾，在另一端冻结成冰。

还有一个关于寒冷的奇迹，晚上，我用 3 月 3 日从特洛伊带来的两个银杯从结冰的湖中取水喝[26]，我用温暖的手触碰冰面，手指就冻僵了，我一块一块地敲冰，冰面非常结实，取出一块冰，就会带起另外一块。

在冬天，我们在大诺夫哥罗德的市场上看不到任何活物，无论是鱼，还是猪或羊[27]，也看不到任何飞鸟，所有的动物都死了，被冻住了。整个地区的野兔在冬天都是白色的，而在夏天都是灰色的[28]。

大诺夫哥罗德的领主拥有四万匹马和无数虔诚的民众，经常与他们的邻居开战，尤其是与柳弗兰特（Liuflant）[29]的领主开战，并在过去的时间里[30]打了几场大仗。

为了看看这个世界，从大诺夫哥罗德出发，我坐着雪橇，扮作商人，来到了罗斯王国的另一个封闭式大城市，名为普莱斯科[31]。从诺夫哥罗德到普莱斯科，要穿过 30 德里的大森林。

普莱斯科被石墙和塔楼包围得很密实，还有一座巨大的城堡，没有哪个虔诚的基督徒可以进入那里[32]，除非他死了[33]。

有两条大河流经普莱斯科，即莫伊德河和普莱斯科河[34]，这座城市是归属于莫斯科之王[35]的领地。当我在那里时，他们的王公遭到流放与囚禁，我在大诺夫哥罗德见过他。这座城市的罗斯男人把他们的长发披在肩上。而女性的脑后有个冠冕式的发髻，像圣徒一样[36]。

我从普莱斯科出发，返回柳弗兰特，并乘雪橇穿过莫伊德河。再从莫伊德河来到一个大湖的冰面上，叫贝贝斯湖（Pebées）[37]，长 30 里格，宽 28 里格[38]，在湖上的岛屿中，有一些有人居住，另一些则没有。我沿着上述湖泊走了四天四夜，没有找到任何城镇或房屋，最后到达柳弗兰特一个非常美丽的小城镇，名叫德拉普（Drapt）[39]，离普莱斯科有 24[40] 里格。

注释

1. 今天的纳尔瓦河，将俄罗斯的纳尔瓦市和爱沙尼亚分开。

2. 雪橇。

3. 新堡（Châteauneuf），位于佩普西湖畔。

4. 俄语为 Novgorod Velikij（大诺夫哥罗德）。

5. 原文为"30 德里"。

6. 原文为"在广阔的森林和深浅不一的水流之间的平原"。

7. 沃尔霍夫河。

8. 原文为"在这座城市的中部，有一条名为沃洛斯沃的大河，城市被城墙所包围"。

9. 原文为"所有来自罗斯的其他人"。

10. 俄语为 boïare，如兰诺伊所标注。

11. 原文为"除了莫斯科大公作为大罗斯的统治者，没有其他君主和统治者，如果公众愿意就接受大公作为统治者，如果他们不愿意，就不接受。"

12. Keucelle，锭，铸块。诺夫哥罗德卢布直到 1420 年才出现，参见第 4 章第 2 节。

13. 原文中省略了最后九个字。

14. 原文为 sur paine de vie（终生）。

15. 原文为 Changent（交换）。

16. 原文为 soulte（补偿）。

17. tysjackij，见第 3 章。

18. posadnik，见第 3 章。

19. 原文为 foin（干草）。

20. 原文为 Chynaide，即燕麦。

21. 原文为 Servoise de mielz（蜜酒）。

22. 原文为"上述项"。

23. 1412 年到 1413 年的冬天是最温和的，1413 年到 1414 年的冬天是最寒冷的。因此确定了吉尔伯特旅行的日期。

24. 原文为"这是一件奇妙的事情，在这寒冷的天气，当……"。

25. 原文为"看到一个装满肉和水的罐子"。

26. 从这里开始，手稿中本段的结尾就这样写了。原文为"我的手指冻僵了，敲打的冰块由于冻得紧密而扯起两大块"。

27. 原文为"无论鱼、猪还是羊都没有"。

28. 吉尔伯特在这里重述了一个传说，这个传说在俄罗斯的故事中流传了很长一段时间。

29. 这些是利沃尼亚骑士团（利夫兰）的骑士，他们在 13 世纪征服了
    这个地区并将其基督教化。

30. 原文为"在以往"。

31. 普斯科夫。

32. 原文为"所有人非必要时不能进入的地方"。

33. 这段话让人想起 12 世纪散文小说《威尔士人珀西瓦尔》中的一个
    插曲，第 1 卷，第 202 页，比利时藏书家版。

34. 韦利卡亚河与普斯科夫河（存疑）。

35. 莫斯科大公。

36. 原文为"像圣徒一样在脑后"。妇女不允许露出头发，并戴着一种
    将头发束在后面的装饰品，即 kokochnik。

37. 佩普西湖。

38. 原文为"长 30 里格，宽 10 里格"。

39. 多尔帕特或德尔普特，这座城市由罗斯王公"智者"雅罗斯拉夫于
    1030 年以尤里耶夫的名义建立，后纳入波罗的海范围。它是吉尔
    伯特时代天主教的主教区所在地，但拥有一个重要的罗斯东正教
    社区。如今是爱沙尼亚的塔尔图。

40. 原文为 34。

参考文献

1. 常用缩略语

AAE 《俄罗斯帝国档案馆和图书馆中由帝国科学院考古队收集的文献》(4卷)，圣彼得堡，1836

ASEI 《十四世纪末至十五世纪初罗斯东北社会经济史文献集》(3卷)，莫斯科，1952—1964

AZR 《考古委员会收集和出版的俄罗斯西部历史文献集》(5卷)，圣彼得堡，1846—1853

Chronique rimée 《利沃尼亚押韵编年史》，D. 布辛格 & M. 奥利维尔译，巴黎，2019

DDG 《14至16世纪大公和附属王公属灵信件》，莫斯科、列宁格勒，1950

GVNP 《大诺夫哥罗德和普斯科夫的文书》，莫斯科、列宁格勒，1949

LECUB 《利沃尼亚、爱沙尼亚和库尔兰文件集附摘要》，第1卷，雷瓦尔，1853

NG   《挖掘出土的诺夫哥罗德桦树片上的文书》，莫斯科，1953——每份文书都标上序列号存档，并以序列号的形式发布在以下网站上：http://gramoty.ru

NPL   《诺夫哥罗德第一编年史（早期和晚期版本）》，莫斯科、列宁格勒，1950

PLDR   《古代罗斯文学合集》（12 卷），莫斯科，1980—1994

PDKP   《古代罗斯教会法合集》，圣彼得堡，1880

PRP   《罗斯法律合集》（7 卷），莫斯科，1952—1963

PSRL   《罗斯编年史全集》，圣彼得堡、莫斯科，1846

PVL   M. B. 斯韦尔德洛夫编，《往年纪事》（第二版），圣彼得堡，1996

RLA   《罗斯－利沃尼亚文件集》，圣彼得堡，1868

S11-17   《11 至 17 世纪罗斯语词典》，莫斯科，1975

SKKDR   《古代罗斯文学家和文学词典》（8 卷），列宁格勒转圣彼得堡，1987—2012

Smolenskie gramoty   《13—14 世纪的斯摩棱斯克文书》，莫斯科，1963

2. 参考和研究资料

Ahrweiler 1976   AHRWEILER, H., *Byzance: le pays et les territoires*, Londres, 1976

Alekseev 1999   ALEKSEEV, A. A., *Tekstologija slavjanskoj Biblii*, Saint-Pétersbourg; Cologne, 1999

Alekseev 2012   ALEKSEEV, A. I., *Religioznye dviženiya na Rusi poslednej treti XIV – načala XVI v.: strigol'niki i židovstvujuščie*, Moscou, 2012

Aleškovskij 1974   ALEŠKOVSKIJ, M. X., « Social'nye osnovy formirovanija territorii Novgoroda IX-XV vv.», *Sovetskaja arxeologija*, 1974.3, p. 100-111

Ban 1872   BAN, M., *Marta posadnica, ili Pad Velikog Novgoroda: tragedija u pet razdjela*, Dubrovnik, 1872

Baye 1901   BAYE, J. de, *À travers quelques villes historiques de la Russie. Souvenirs d'une mission*, Paris, 1901

Belova 1999   BELOVA, O. V., «Il'ja sv.», in *Slavjanskie drevnosti*, t. 2, Moscou, 1999

Bobrov 2001   BOBROV, A. G., *Novgorodskie letopisi XV veka*, Moscou, 2001

Bogusevič 1939   BOGUSEVIČ, V. A. « Magdeburgskie vrata XII v.», *Novgorodskij istoričeskij sbornik*, 6, 1939, p. 22-29

Bouard 1957   BOUARD, M. de, « À propos des vases acoustiques», *Annales de Normandie*, 7e année, no 3-4, 1957, p. 358

Brisbane, Moltby,   BRISBANE, M., MOLTBY, M., HAMBLETON,
Hambleton et Nosov   E.,NOSOV, E. N., « Afrikanskaja obez'jana pri
dvore novgorodskix knjazej», dans *U istokov russkoj gosudarstvennosti: k 30-letiju arxeologičeskogo izučenija Novgorodskogo Rjurikova Gorodišča i Novgorodskoj oblastnoj arxeologi českoj èkspedicii, 4-7 oktjabrja 2005 g.*, Novgorod, 2005, p. 74-81

Brück 2001   BRÜCK, T., « Zur Geschichte der Stralsunder Rigafahrer von der Mitte des 14. bis zum Beginn des 17. Jahrhunderts», dans *Fernhandel und Handelspolitik der baltischen Städte in der Hansestadt*, Lüneburg, 2001, p. 97-136

Centres proto-urbains   KAZANSKI, M., NERCESSIAN, A., ZUCKERMAN, C.(éd.), *Les Centres proto-urbains russes entre Scandinavie, Byzance et Orient*, Paris, 2000

Chronicon   WESTERBERGH, U. (éd.), *Chronicon*
Salernitanum   *Salernitanum*, Stockholm, 1956

Cumont 1894   CUMONT, F., *Chroniques byzantines du manuscrit* 11376, Gand, 1894

Dagron 1989   DAGRON, G., « Pèlerins russes à Constantinople. Notes de lecture», *Cahiers du monde russe et soviétique*, t. 30.3-4, 1989, p. 285-292

Dagron 1990   DAGRON, G., « L'homme sans honneur, ou le saint scandaleux », *Annales*, 1990, p. 929-939

Dekker 2018   DEKKER, S., *Old Russian Birchbark Letters: A Pragmatic Approach*, Leiden ; Boston, 2018

Dekorativno-prikladnoe iskusstvo	*Dekorativno-prikladnoe iskusstvo Velikogo Novgoroda: Xudožestvennyj metall XI-XV veka,* M., 1996
Dmitrieva 1958	DMITRIEVA, L. A., *Povesti o žitii Mixaila Klopskogo,* Moscou ; Léningrad, 1958
Dollinger 1988	DOLLINGER, Ph., *La Hanse,* Paris, 1988
Doronin 1958	DORONIN, P., «Dokumenty po istorii Komi: Vyčegdsko-Vymskaja (Misailo-Evtixievskaja) letopis'», *Istoriko-filologičeskij sbornik Komi filiala AN SSSR,* Syktyvkar, no 4, 1958, p. 257-271
Drevnij Novgorod	*Drevnij Novgorod: prikladnoe iskusstvo i arxeologija,* Moscou, 1985
Eck 1933	ECK, A., *Le Moyen-âge russe,* Paris, 1933
Edelby 1990	EDELBY, N., *Liturgikon: Missel byzantin à l'usage des fidèles,* Beyrouth, 1990
Epistolae Karolini	*Epistolae Karolini aevi,* t. 5, Berlin, 1928
Frolow 1949a	FROLOW, A., « Le Znamenie de Novgorod: les origines de la légende», *Revue des études slaves,* t. 24, 1949, p. 45-71
Frolow 1949b	FROLOW, A., « Le Znamenie de Novgorod: évolution de la légende», *Revue des études slaves,* t. 24, 1949, p. 67-81
Getcha 2010	GETCHA, J., *La réforme liturgique du métropolite Cyprien,* Paris, 2010
Gilbert de Lannoy	POTVIN, Ch., HOUZEAU, J. -C. (éd.), *Œuvres de Ghillebert de Lannoy: voyageur, diplomate et moraliste,* Louvain, 1878

Gil' ferding 1873   GIL'FERDING, A. F., *Onežskie byliny, zapisannye Aleksandrom Gil'ferdingom letom 1871 goda*, Saint-Pétersbourg, 1873

Gonneau 2002   GONNEAU, P., « Solovki au péril de la mer, havre de sainteté et enjeu de pouvoir entre Novgorod et Moscou (XVe-XVIIe s.)», *Cristianesimo nella storia*, t. 23, 2002,p. 681-704

Gonneau 2008   GONNEAU, P., « L'intelligentsia et la vieille Russie», *La Revue russe*, t. 30, 2008, p. 45-58

Gonneau 2014   GONNEAU, P., *Ivan le Terrible, ou le métier de tyran*, Paris, 2014

Gonneau et Lavrov 2012   GONNEAU, P., LAVROV, A., *Des Rhôs à la Russie: Histoire de l'Europe orientale*, 730-1689, Paris, 2012

Granberg 1999   GRANBERG, J., «The *Sovet Gospod* of Novgorod in Russian and German Sources», *Jahrbücher fur Geschichte Osteuropas*, 47 (1999), p. 396-404

Granberg 2004   GRANBERG, J., *Veche in the Chronicles of Medieval Rus: A Study of Functions and Terminology*, Göteborg, 2004

Hepell 1989   HEPPELL, M., *The Paterik of the Kievan Caves Monastery*, Cambridge (Mass.), 1989

Herberstein 2008   HERBERSTEIN, S. von, *Zapiski o Moskovii v dvux tomax*, Moscou, 2008 (2 volumes)

Herzen 1851   HERZEN A., *Du développement des idées révolutionnaires en Russie*, Paris, 1851 [publié sous le pseudonyme d'Iscander]

Ibn Rusteh
IBN RUSTEH, *Les Atours précieux*, traduction de G. WIET, Le Caire, 1955

Ivanov et
Kuznecov 2009
IVANOVS, A., KUZNECOVS, A., *Smoļenskas-Rīgas aktis 13. Gs.-14. gs. pirmā puse = Smolensko-Rižskie akty XIII v.– pervaja polovina XIV v.*, Riga; Daugavpils, 2009

Ivanov et
Kuznecov 2016
IVANOV, A, KUZNECOV, A., « Dogovor Novgoroda s Gotskim beregom i nemeckimi gorodami o mire i torgovle 1259-1263 gg. s priloženiem kopii Novgorodskoj dogovornoj gramoty s Gotskim beregom i nemeckimi gorodami 1191-1192 », dans *Novgorodika – 2015: Ot Pravdy Russkoj k rossijskomu konstitucionalizmu: materilay V meždunarodnoj konferencii*, t. 2, Novgorod, 2016, p. 376-396

Janin 1962
JANIN, V. L., *Novgorodskie posadniki*, Moscou, 1962

Janin 1976
JANIN, V. L., « *Ešče raz ob 'Ustave knjazja Jaroslava o mostex'»*, *Sovetskaja arxeologija*, 1976.3, p. 157-162

Janin 1977
JANIN, V. L., *Očerki kompleksnogo istočnikovedenija: srednevekovyj Novgorod*, Moscou, 1977

Janin 1979
JANIN, V. L. « K voprosu o proisxoždenii Mixaila Klopskogo», *Arxeografičeskij ežegodnik za 1978 g.*, 1979, p. 52-61

Janin 1988
JANIN, V. L., *Nekropol' Novgorodskogo Sofijskogo sobora: cerkovnaja tradicija i istoričeskaja kritika*, Moscou, 1988

Janin 1991   JANIN, V. L., *Novgorodskie akty XII-XV vv.: xronologi českij kommentarij*, Moscou, 1991

Janin 1992   JANIN, V. L., « Bolotovskij dogovor o vzaimootnošenijax Novgoroda i Pskova v XII-XIV vekax », *Otečestvennaja istorija*, 1992.6, p. 3-14

Janin 1996   JANIN, V. L., « Les monastères de Novgorod au Moyen Âge dans la structure des institutions d'État», dans DMITRIEV, M., GONNEAU, P., LEMAÎTRE, J.-L. (éd.), *Moines et monastères dans les sociétés de rite grec et latin*, Genève; Paris, 1996, p. 223-236

Janin 1998   JANIN, V. L., *Novgorod i Litva: pograničnye situacii XIIIXV vekov,* Moscou, 1998

Janin 2001   JANIN, V. L., « Geld und Geldsysteme in mittelalterlichen Novgorod », dans *Novgorod: Das mittelalterliche Zentrum und sein Umland im Norden Russlands*, Neumünster, 2001, p. 143-148

Janin 2003   JANIN, V. L., *Novgorodskie posadniki,* 2e éd., revue et complétée, Moscou, 2003

Janin et Zaliznjak 2006   JANIN, V. L., ZALIZNJAK, A. A., « Berestjanye gramoty. Iz Novgorodskix raskopok 2005 g.», *Voprosy jazykoznanija*, 2006.3, p. 3-13

Kamenceva et Ustjugov 1975   KAMENCEVA, E. I., USTJUGOV, N. V., *Russkaja metrologija*, 2e éd., Moscou, 1975

Karger 1966   KARGER, M. K., *Novgorod velikij: arxitekturnye pamjatniki, Léningrad;* Moscou, 1966

Kavyrchine 1995   KAVYRCHINE, M., « Le traité de Kirik sur la chronologie: Novgorod, XII e siècle», *Revue des études slaves*, t. 67.2-3, 1995, p. 265-286

Kireevski 1988   KIREEVSKI, I., *Essais philosophiques*, Namur, 1988

Kul'tura Vizantii   *Kul'tura Vizantii: XIII – pervaja polovina XV v.*, Moscou, 1991

Lavrov 2013   LAVROV, A., « Vasilij Tatiščev, 'Mabillon russe' ou mystificateur? La Chronique de Joachim dans l'Histoire de Russie (v. 1748-1750)», dans GONNEAU, P., RAI, E., (éd.), *Écrire et réécrire l'histoire russe, d'Ivan le Terrible à Vasilij Ključevskij (1547-1917)*, Paris, 2013, p. 77-88

Lenhoff et Martin 2000   LENHOFF, G, MARTIN, J., « Marfa Boretskaia, Posadnitsa of Novgorod: A Reconsideration of her Legend and her Life", *Slavic Review*, 59.2, 2000, p. 343-368

Levkievskaja et Tolstaja 2009   LEVKIEVSKAJA, E. E., TOLSTAJA, S. M., «Paraskeva Pjatnica», in *Slavjanskie drevnosti: Etnolingvističeskij slovar'*, t. 4, Moscou, 2009, p. 631-633

Livre des Degrés   LENHOFF, G. D., POKROVSKY, N. (éd.), *Stepennaja kniga carskogo rodoslovija po drevnejšim spiskam = The Book of Degrees of the Royal Genealogy: A Critical Edition Based on the Oldest Known Manuscripts*, Moscou, 2007-2012 (3 volumes)

Livre du pèlerin   « Le Livre du pèlerin », dans KHITROWO, B.
                       (éd.), *Itinéraires russes en Orient*, Genève, 1881,
                       p. 87-111

Lixačev 1947   LIXAČEV, D. S., *Russkie letopisi i ix kul'turno-
                       istoričeskoe značenie*, Moscou ; Léningrad, 1947

Lixačev 1959   LIXAČEV, D. S., *Novgorod Velikij: očerk istorii
                       kul'tury Novgoroda XI-XVII vv.*, Moscou, 1959

Löseth 1890   LÖSETH, E., *Le Roman en prose de Tristan:
                       le roman de Palamède et la compilation de
                       Rusticien de Pise: analyse critique d'après les
                       manuscrits de Paris*, Paris, 1890

Mango 1958   MANGO, C., *The Homilies of Photius Patriarch
                       of Constantinople*, Cambridge (Mass.), 1958

Mavrodin et Orlov 1975 MAVRODIN, V. V., ORLOV, S. N., « K voprosu
                       ob 'Ustave' knjazja Jaroslava 'o mostex'»,
                       Sovetskaja arxeologija, 1975.2, p. 89-99

Medynceva 2012   MEDYNCEVA, A. A., « 22 drevnerusskix
                       glagoličeskix nadpisi-graffiti XI-XII vekov iz
                       Novgoroda», *Slovo: Časopis Staroslavenskoga
                       instituta u Zagrebu*, 2012. 62, p. 63-99

Mercenier 1948   MERCENIER, E., *La Prière des Églises de rite
                       byzantin. 2e édition*, Chevetogne, 1948-1953 (2
                       tomes en 3 volumes)

Mesnil et Popova 1993 MESNIL, M., POPOVA, A. A., « Démone et
                       chrétienne: sainte Vendredi», *Revue des études
                       slaves*, t. 65, 1993, p. 743-762

Mineeva 2001	MINEEVA, S. V., *Rukopisnaja tradicija Žitija prep. Zosimy i Savvatija Soloveckix (XVI-XVIII vv.)*, Moscou, 2001 (2 volumes)
Mouchard 2015	MOUCHARD, F., *La Maison de Smolensk, une dynastie princière du Moyen-âge russe, 1125-1404*, Paris, 2015
Niqueux 1998	NIQUEUX, M., « Le mythe de Novgorod dans la littérature russe», *Slovo*, t. 20-21, 1998, p. 129-140
Orlov 1965	ORLOV, S. N., « K topografii Novgorodskix gorodskix koncov », *Sovetskaja arxeologija*, 1965.2, p. 92-103
Pirenne 1930	PIRENNE, H., « Drap d'Ypres à Novgorod au commencement du XIIe siècle», *Revue belge de philologie et d'histoire*, t. 9.2, 1930, p. 563-566
Poltoratzky 1913	POLTORATZKY, H., *Profils russes: une princesse russe à Rome; la comtesse Roumiantzeff; un évêque russe; Marfa Possadnitza*, Paris, 1913
Popova 1984	POPOVA, O., *Russian Illuminated Manuscripts*, Londres,1984
Poppe 1976	POPPE, A. « K istorii romanskix dverej Sofii Novgorodskoj», *Srednevekovaja Rus'*, 1976, p. 191-200
Potvin 1866	POTVIN, Ch. *Perceval le Gallois, ou le conte du Graal, publié d'après les manuscrits originaux*, Mons, 1866-1871 (6 volumes)
Radichtchev 1988	RADICHTCHEV, A., *Voyage de Pétersbourg à Moscou*, traduction de M. et W. BERELOWITCH, Paris, 1988

Recesse   *Die Recesse und andere Akten der Hansetage*, t. 3,
                            Munich,1893

Rekate 2005   REKATE, E., « *Novye gipotezy o romanskix
                            bronzovyx vorotax Sofijskogo kafedral'nogo
                            sobora v Novgorode*», position de thèses, 2005
                            https://www.bibliofond.ru/view. aspx?id=76932

Roty 1992   ROTY, M., *Dictionnaire russe-français des
                            termes en usage dans l'Église russe*, 3e éd., Paris,
                            1992

Rozov 1953   ROZOV, N. N., « Povest' o Novgorodskom belom
                            klobuke, kak pamjatnik obščerusskoj publicistiki
                            XV veka», *Trudy otdela drevne-russkoj literatury*,
                            t. 9, 1953, p. 178-219

Russie Viking   BERTHELOT, S., MUSIN, A. (éd.), R*ussie
                            Viking: Vers une autre Normandie? Novgorod et la
                            Russie du Nord des migrations scandinaves à la fin
                            du Moyen-Âge (VIII e-XVe s.)*, Paris ; Caen, 2011.

Rybakov 1938   RYBAKOV, B. A., « Delenie novgorodskoj zemli
                            na sotni v XIII v.», *Istoričeskie zapiski*, 2, 1938,
                            p. 132-152

Rybnikov 1861-1867   RYBNIKOV, P. N., *Pesny, sobrannye P. N.
                            Rybnikovym*, Moscou ; Saint-Pétersbourg ;
                            Petrozavodsk, 1861-1867(4 parties en 2 volumes)

Saint Bertin   GRAT, F., VIEILLARD, J., CLÉMENCET, S.
                            (éd.), *Annales de Saint-Bertin*, Paris, 1964

Sainte Russie   DURAND, J., GIOVANONNI, D., RAPTI, I.
                            (éd.), *Sainte Russie: l'art russe des origines à
                            Pierre Le Grand*, Paris, 2010

Šaskol'skij 1978	ŠASKOL'SKIJ, I. P., « Sigtunskij poxod 1187 g.», dans ID. *Bor'ba Rusi protiv krestonosnoj agressii na beregax Baltiki v XII-XIII vv.*, Moscou, 1978
Schaeken 2019	SCHAEKEN, J., *Voices on Birchbark: Everyday Communication in Medieval Russia*, Leiden ; Boston, 2019
Schlueter 1911	SCHLUETER, W., *Die Nowgoroder Schra in Sieben Fassungen vom XIII. bis XVII. Jahrhundert*, Dorpat, 1911
Sedel'nikov 1927	SEDEL'NIKOV, A. D., « Vasilij Kalika: l'histoire et la légende », *Revue des études slaves*, t. 7. 3-4, 1927, p. 224-240
Sedov 1953	SEDOV, V. V., « Drevnerusskoe jazyčeskoe svjatilišče v Peryni», *Kratkie soobščenija Instituta istorii material'nojkul'tury*, 50, 1953, p. 92-103
Skrynnikov 1992	SKRYNNIKOV, R. G., *Carstvo terrora*, Saint-Pétersbourg, 1992
Smirnova 1976	SMIRNOVA, E. S., *Živopis' Velikogo Novgoroda: seredina XIII – načalo XV veka*, Moscou, 1976
Smirnova, Laurina et Gordienko 1982	SMIRNOVA, E. S, LAURINA, V. K., GORDIENKO, E. A., *Živopis' Velikogo Novgoroda: XV vek*, Moscou, 1982
Sorlin 1991	SORLIN, I., « Les Premières années byzantines du *Récit des temps passés*», *Revue des études slaves*, t. 63 (1991), p. 9-18
Sotnikova 1957	SOTNIKOVA, M. P., « Iz istorii obraščenija russkix serebrjanyx platežnyx slitkov v XIV-XV vv.: delo Fedora Žerebca 1447 g.», *Sovetskaja arxeologija*, 1957, p. 54-59

Stefan Bathory   *Povest' o prixoženii Stefana Batorija na grad*
                          Pskov, Moscou, 1952

Stremooukhoff 1957   STREMOOUKHOFF, D., « La Tiare de saint
                          Sylvestre et le Klobuk blanc», *Revue des études*
                          slaves, t. 34, 1957, p. 123-128

Strumiński 1996   STRUMIŃSKI, B., *Linguistic Interrelations in*
                          Early Rus': Northmen, Finns, and East-Slavs
                          (Ninth to Eleventh Centuries), Edmonton;
                          Toronto; Rome, 1996

Szeftel 1963   SZEFTEL, M., *Documents de droit public relatifs*
                          à la Russie médiévale, Bruxelles, 1963

Tarvel 2007   TARVEL, E., «Sigtuna hukkumine», *Haridus*, 7-8,
                          2007, p. 38-41

Tatiščev 1994-1995   TATIŠČEV, V. N., *Sobranie sočinenij*, Moscou,
                          1994- 1995 (5 volumes)

Taube 2016   TAUBE, M., *The Logika of the Judaizers: A*
                          FifteenthCentury Ruthenian Translation from
                          Hebrew, Jerusalem, 2016

Tiberg 1995   TIBERG, E., *Moscow, Livonia and the Hanseatic*
                          League 1487-1550, Stockholm, 1995

Trifonova 1995   A. N. TRIFONOVA, A. N., « Bronzovye dveri
                          Sofijskogo sobora v Novgorode», dans *Novgorod*
                          i Novgorodskaja zemlja. Istorija i arxeologija:
                          materialy naučnoj konferencii, 9, Novgorod,
                          1995, p. 230-242

Trinité de Roublev   *Troica Andreja Rubleva: antologija = Trinity by*
                          Andrei Rublev: An Anthology, Moscou, 1981

Valerov 2004   VALEROV, A. V., *Novgorod i Pskov: očerki politićeskoj istorii Severo-Zapadnoj Rusi XI-XIV vekov,* Saint-Pétersbourg, 2004

Vasil'ev 2005   VASIL'EV, V. L., *Arxaičeskaja toponimija Novgorodskoj zemli (drevneslavjanskie deantroponimnye obrazovanija),* Novgorod, 2005

Vasmer 1971   VASMER, M., *Ètimologičeskij slovar' russkogo jazyka,* Moscou, 1971-1973 (4 volumes)

Vernadsky 1959   VERNADSKY, G., *Essai sur les origines russes,* Paris, 1959

Veselovskij 1886   VESELOVSKIJ, A. N., « Tristan i Izol'da», Žurnal ministerstva narodnogo prosveščenija, t. 248, décembre 1886, p. 251-284

Veselovskij 1947   VESELOVSKIJ, S. B., *Feodal'noe zemlevladenie v SeveroVostočnoj Rusi,* t. 1, Moscou; Léningrad, 1947

Vie d'Étienne de Perm   DRUŽININ, V. (éd.), *Žitie Svjatogo Stefana episkopa Permskogo, napisannoe Epifaniem Premudrym,* Saint-Pétersbourg, 1897

Vodoff 1966   VODOFF, V., « Les Documents sur écorce de bouleau de Novgorod », *Journal des savants,* 1966, p. 193-233

Vodoff 1981   VODOFF, V., « Les Documents sur écorce de bouleau de Novgorod », *Journal des savants,* 1981, p. 229-281

Vodoff 2003a

VODOFF, V. «Le culte du Znamenie à Novgorod: tradition et réalité historique», dans *Autour du mythe de la Sainte Russie: Christianisme, pouvoir et société chez les Slaves orientaux (Xe-XVIIe siècles)*, Paris, 2003, p. 143-158

Vodoff 2003b

VODOFF, V. «Culte des saints et météorologie à Novgorod au Moyen-âge: à propos du culte de saint Barlaam de Xutyn'», dans *Autour du mythe de la Sainte Russie: Christianisme, pouvoir et société chez les Slaves orientaux (Xe-XVIIe siècles)*, Paris, 2003, p. 159-163

Voyageurs arabes

CHARLES-DOMINIQUE, P. (éd.), *Voyageurs arabes: Ibn Fadlân, Ibn Jubayr, Ibn Battûta et un auteur anonyme*, Paris, 1995

Vvedenskij 2009

VVEDENSKIJ, A. M., « Tekstologičeskij analiz letopisnogo skazanija o kreščenii Novgoroda», *Trudy otdela drevne-russkoj literatury*, 60, 2009, p. 267-280

Wachtel 1994

WACHTEL, A. B., *An Obsession with History: Russian Writers Confront the Past*, Stanford, 1994

Weitzel et Houwald

WEITZEL, S. M., HOUWALD, C. Freiherr von, *Die Reliefs des Rigafahrergestühls in St. Nikolai Stralsund*, Stralsund, 2010

Zajcev et Kušnir 1980

ZAJCEV, I. A., KUŠNIR, I. I., *Ulicy Novgoroda*, Léningrad, 1980

Zalizniak 1995

ZALIZNJAK, A. A., *Drevnenovgorodskij dialekt*, Moscou, 1995 ; 2e éd., 2004

著作权合同登记号 图字：01-2022-0284

图书在版编目（CIP）数据

看见诺夫哥罗德 /（法）皮埃尔·格努著；程水英译 . —北京：北京大学出版社，2024.5

ISBN 978-7-301-34617-4

Ⅰ. ①看… Ⅱ. ①皮… ②程… Ⅲ. ①诺夫哥罗德－历史 Ⅳ. ① K512.9

中国国家版本馆 CIP 数据核字（2023）第 219012 号

Originally published in France as:

Novgorod. Histoire et archéologie d'une république russe médiévale (970-1478) by Pierre Gonneau

© CNRS Editions 2021

Current Chinese translation rights arranged through Divas International, Paris

巴黎迪法国际版权代理 (www.divas-books.com)

书　　　名	看见诺夫哥罗德 KANJIAN NUOFUGELUODE	
著作责任者	〔法〕皮埃尔·格努（Pierre Gonneau） 著　程水英 译	
责 任 编 辑	魏冬峰　李凯华　陈佳荣	
标 准 书 号	ISBN 978-7-301-34617-4	
出 版 发 行	北京大学出版社	
地　　　址	北京市海淀区成府路 205 号　100871	
网　　　址	http://www.pup.cn　　　新浪微博：@ 北京大学出版社	
电 子 邮 箱	zpup@pup.cn	
电　　　话	邮购部 010-62752015　发行部 010-62750672 编辑部 010-62753154	
印 刷 者	北京九天鸿程印刷有限责任公司	
经 销 者	新华书店	
	880 毫米×1230 毫米　16 开本　20.5 印张　220 千字	
	2024 年 5 月第 1 版　2024 年 5 月第 1 次印刷	
定　　　价	108.00 元